"十三五"国家重点图书出版规划项目
西北联大与现代文明丛书
◎ 郭立宏　李寻　总主编

知识分子何谓

西北联大知识分子群体研究

李寻 主编

西北大学出版社

图书在版编目（CIP）数据

知识分子何谓：西北联大知识分子群体研究 / 李寻主编．—西安：西北大学出版社，2017.9

（西北联大与现代文明 / 郭立宏，李寻主编）

ISBN 978-7-5604-3759-0

Ⅰ．知… Ⅱ．①李… Ⅲ．①国立西北联合大学—知识分子—群体—研究 Ⅳ．① D693.71

中国版本图书馆 CIP 数据核字（2015）第 262364 号

"十三五"国家重点图书出版规划项目

西北联大与现代文明丛书

总 主 编 郭立宏 李寻

知识分子何谓：西北联大知识分子群体研究

主　　编	李寻
出版发行	西北大学出版社
电　　话	029-88302590　88303593
邮　　编	710069
经　　销	全国新华书店
印　　装	西安华新彩印有限责任公司
开　　本	787 毫米×1092 毫米　1/16
印　　张	19.75
字　　数	265 千字
版　　次	2017 年 9 月第 1 版　2017 年 9 月第 1 次印刷
书　　号	ISBN 978-7-5604-3759-0
定　　价	72.00 元

图片提供　西北大学档案馆、陕西理工大学西北联大汉中办学纪念馆、城固县博物馆苟保平等单位和个人

序一

从大历史的角度来看，对西北联大的伟大意义无论做多高的评价都不过分。

西北联大是西北地区现代高等教育的源头，自1937年成立到如今，已经分蘖出70多所现代高校。在这方面，学术界已经做了深入的研究，达成广泛的共识。

西北联大还是中国现代化过程中一个至关重要的发展环节，这方面，则有待更深入的研究和讨论。

自19世纪中叶以来，受世界历史大潮流的影响，中国形成了东部沿海地区发达、中西部地区相对落后的经济格局。现代文明的要素总是先出现于东部沿海地区，然后逐步向中西部地区渗透。到今天为止，东部沿海地区相对发达、中西部地区相对落后的总体格局依然没有根本性的变化。

现代文明的渗透是个缓慢的过程，靠渐进式渗透不仅发展缓慢，而且永远也改变不了大的战略格局。只有采取非常规的超大规模的文明内迁，才能使落后的中西部地区获得跨越式的发展。

从过往的历史来看，中西部地区的跨越式发展只经历过两次：一次是抗日战争时期的教育、工业大规模内迁；另一次是新中国成立后的三线建设。在这两次大规模现代文明内迁过程中，西北联大都发挥了十分重要的作用。

其实早在全面抗战之前，国民政府就已经在规划将平津地区部分高校迁入陕西，成立"西北大学"，但没有付诸行动。全面抗战的爆发为这项战略构想的落实提供了契机。战争的残酷破坏以及它所激发出的高昂爱国热情，消除了寻常内迁的动员难度与社会成本。平津地区的一流高校快速"空降"西北，并在随后的八年中分立成5所独立的大学。经过新中国成立后的快速发展，到三线建设时，以西北联大为基干的高校已经发展到了30多所，遍及各个行业，为国家的工业发展、现代文明建设培养了关键性的人才。值得强调的是，这些人才已不只局限于西北，而是分赴全国各地，为国家的现代化建设服务。

大学是现代文明之母，不仅表现在大学带来了新的理念、新的知识、新的技术，还在于大学所培养出的具有现代理念与知识、技能的人才，分赴实际工作岗位后，经过数十年的埋头工作，在各个具体领域里推进了现代文明的发展。基于这种认识，我们对于西北联大的研究溢出教育领域，进入更为广阔的现代文明范围。目前呈现在读者面前的这四本书，就是这项研究工作的阶段性成果。

其中《热血书生上战场：西北联大与抗日战争》不仅记载了当年西北联大师生投笔从戎、走上抗战前线的热血故事，还辑录了当时数位西北联大校长的回忆录，从各个层次展现出设立西北联大时的战略考量。《现代地质学重镇：西北联大与现代地质事业》《现代医学之源：西北联大与现代医学事业》，分别从地质矿产和医学两个领域，回顾了西北联大所做出的重要贡献。《知识分子何谓：西北联大知识分子群体研究》则从价值观的角度重新定义现代知识分子的意义，指出：高扬自由主义理念，固然是知识分子的使命之一；但埋头苦干、在每一个物质生产领域里扎扎实实地建设现代文明的基础，同样是现代知识分子的重要使命。从大历史的角度来看，西北联大知识分子群体所做的工作，更具建设性的意义。

"西北联大与现代文明"的研究才刚刚开始,在我们所涉猎的范围,如教育文化、家政、纺织工业、航空工业、现代农业、水利等多个方面,均可看到西北联大的影响,未来将会有更多的研究作品问世。

　　从大的历史格局来看,中国的现代化必须是整体的现代化,东部沿海地区发达、中西部地区落后这种不平衡的格局如果不改变,就不能说国家已经实现了全面的现代化。只有中西部地区崛起了,才意味着中国真正崛起了。当前形势下,党中央、国务院又提出"一带一路"的战略构想,这项高瞻远瞩的战略构想给中西部地区又带来了一次重大的发展机遇,西北联大的后继者们当抓住这次机遇,再立新功,争取在实现全面现代化的过程中做出更大的贡献。

　　是为序。

郭立宏
2017 年春

序二

为什么要纪念西北联大

中国知识分子在民族大义面前，与祖国共命运、与河山同沉浮、义无反顾的献身精神不应忘记！

他们对祖国西北开发使命的崇高自觉不应忘记！

他们期待祖国辽阔西北有发达的高等教育的愿望不应忘记！

西北联大与西南联大是国民政府同时决策组建的两个大学共同体。七七卢沟桥事变之后，中华民族处于生死存亡的危急关头。1937年9月10日，国民政府教育部第16696号令："以北京大学、清华大学、南开大学和中央研究院的师资设备为基干，成立长沙临时大学。以北平大学、北平师范大学、北洋工学院和北平研究院等院校为基干，设立西安临时大学。"其中长沙临时大学不久转徙云南，合组西南联合大学；而西安临时大学迁至陕西汉中，改为国立西北联合大学。十分遗憾的是，目前有关西北联大的文献研究极为薄弱，其史实很少为世人所知。

事实上，西北联合大学对中国高等教育的发展产生过重要推动作用，在中国高等教育史上具有十分重要的地位。

一、西北联大是西北高等教育生长发展的重要推动力量

在组成西北联大的几所高校到来之前，西北虽然有一些高等教育的萌芽，但根基相对薄弱，且时断时续。例如，原清光绪二十八年（1902）设立的陕西大学堂，辛亥革命后（1912）改名为省立西北大学，20世纪20年代升格为国立西北大学，旋更名为国立西安中山大学，但在1931年被改为西安高中。而西北联大的主体都有比较好的基础，有较强的实力。例如北平大学，1927年由北洋政府下令将北京9所国立大学合并而成，包括工学院、医学院、农学院、法商学院、女子文理学院5所学院，各院均有各自的历史。北洋工学院创建于1895年10月，原名天津西学堂，后用过北洋大学堂（1903）、北洋大学校（1912）、国立北洋大学（1913）等校名，是中国第一所现代意义上的大学。北平师范大学发端于1902年创立的京师大学堂师范馆，1912年改名为"国立北京高等师范学校"，1923年7月改为"国立北京师范大学校"，1931年7月，与被改名为"北平大学第二师范学院"的女师大合并，成立"国立北平师范大学"，是中国第一所师范大学。北平研究院1929年9月9日成立，以北平大学的研究机构为基础，有物理、化学、镭学（后改为原子学）、药物、生理、动物、植物、地质、历史等9个研究所。这些院校和研究机构迁徙来到西北，组成一个高等教育联合体，大大提高了西北地区高等教育的实力。

在西安期间，西安临时大学分为第一院、第二院、第三院共三大院，包括文理、法商、教育、农、工、医6大学院，24个系。其中校本部为第一院，在西安城隍庙后街四号（含国文系、外语系、历史系、家政系）；第二院在今西北大学太白校区（有数学系、物理学系、化学系、体育学系，以及工学院6系）；第三院在北大街通济坊，

有法商学院3系（法律学系、政治经济学系、商学系）、农学院3系（农学系、林学系、农业化学系）、医学院（不分系）和教育系、生物系、地理系。西安临时大学教授共计有106名，包括文理学院的黎锦熙、许寿裳、陆懋德、赵进义、傅种孙、曾炯、张贻惠、岳劼恒、刘拓、张贻侗、金树章、黄国璋、殷祖英等35人，法商学院的沈志远、寸树声等12人，教育学院的李建勋、马师儒、袁敦礼、董守义、齐璧亭、王非曼等15人，农学院的周建侯、汪厥明、虞宏正等16人，工学院的李书田、周宗莲、李仪祉（兼）、魏寿昆、张伯声、潘承孝等22人，医学院的吴祥凤、严镜清等6人。西安临时大学于1937年11月15日开学上课，据1938年2月10日的统计，全校学生总计1472人（含借读生151人）。学生以文理学院（439人）、工学院（386人）、法商学院（279人）居多。

太原失守后，日军沿同蒲铁路南下，侵抵晋陕交界的黄河风陵渡一带，西安东大门告急。国民政府西安行营主任蒋鼎文命西安临大再迁汉中。1938年3月16日，西安临大正式迁离西安。全校千余师生编为1个参谋团，1个大队，下分3个中队14个区队106个分队，每个中队500至600人，先乘火车至宝鸡，再徒步200余公里，过渭河，涉凤岭，渡柴关，翻越秦岭到达陕南汉中。

1938年4月，国民政府行政院第350次会议通过《平津沪地区专科以上学校整理方案》，教育部根据《方案》下令："国立北平大学、国立北平师范大学及国立北洋工学院，原联合组成西安临时大学，现为发展西北高等教育，提高边省文化起见，拟令该校院逐渐向西北陕甘一代移布，并改称国立西北联合大学。"（《国民政府教育部给西安临时大学的训令》，1938年4月3日）在汉中初期，西北联大依然设有6个学院23个系，分布在三县六地。其中大学本部及文理学院设于城固县城考院（有国文系、外国语文系、历史学系、数学系、物理学系、化学系、生物学系），教育学院全部及工学院大部设于城固县城文庙（有教育学系、家政系、矿冶工程学系、机械工程学系、电讯工程学系、化学工程学系、纺织工程学系），法商学院设于城固县城小西关外原县简易师范旧址（有法律学系、政治经济学系、商学系），体育、地理、土木三系和附设高中部设于城固县古路坝天主教堂，农学院在沔县（今勉县）武侯祠（有农学系、林学系、农业化学系）；医学院设于南郑县居民聚居区，不分系。

1938年7月，根据教育部令将西北联大工学院、农学院独立设校。农学院迁设陕西武功（今陕西杨凌），工学院设在城固县城南古路坝。同月，根据国民政府教育部《战时教育实施方案》中关于"中等学校师资，设立师范学院，予以培养"，"师范学院应独立设置，或将大学教育学院改称"等规定，西北联大教育学院改称师范学院。1939年8月，西北联大再次改组，由文、理、法商三学院组建国立西北大学，医学院独立设置，称国立西北医学院，师范学院独立设置，称国立西北师范学院。西北联大从而有国立西北大学、西北工学院、西北农学院、西北医学院、西北师范学院等5校。但这些学校并没有因为分立而缩小，反而得到扩大和发展。

如西北大学按凡成大学者必拥有3个以上学院之规定，将文理学院分为文学院与理学院，法商学院共设3院12系，形成了文学、史学、哲学、经济学、法学、社会学、数学、物理学、化学、生物学、地理学、地质学等完整的高等文理教育体系。1944年9月，西北大学奉命新设边政系。1946年5月，西北医学院（汉中部分）又奉命并入西北大学，改称西北大学医学院。1949年，陕西省立商业专科学校（1941.09—1949）、陕西省立医学专科学校（1938.04—1949.05）、陕西省立师范专科学校（1944.07—1949.05）等并入西北大学，至1949年10月，西北大学已拥有文、理、法、商、医4大学院15系。

西北工学院复汇入东北、中原工学高等教育，形成了土木、矿冶、机械、电机、化工、纺织、水利、航空，以及从本科生到研究生的完整高等工程教育体系，师生共 4000 余人，是当时国内工科学科齐全、人数最多的一所工科高等学府。

西北农学院由西北联大农学院与国立西北农林专科学校合并而成，设有农艺学、森林学、农田水利学、畜牧兽医学和农业化学等 6 系和农业经济专修科。1940 年增设植物病虫害系、农业经济系，1941 年增设农业科学研究所农田水利学部，1946 年增设农业机械学系和农产制造学系，形成了农艺、植物病虫害、森林、园艺、农田水利、畜牧兽医、农业化学、农业机械、农产制造、农业经济，以及从专科生、本科生、研究生到职业技术教育的完整的高等农学教育体系。

西北医学院汇入陕甘医学教育，奠定了西北医学高等教育和西北医学科学的基础。

西北师范学院设立有国文系、英语系、史地系、公民训育系、数学系、理化系、博物系、教育系、体育系、家政系、劳作专修科系。还极力从事西北社会教育，大大推进了西北中等教育、小学教育的现代化进程。

抗战胜利后，这些学校除西北工学院、西北师范学院一部分迁回平津复校为北洋工学院、北平师范大学、河北省立女子师范学院以外，所有分出院校皆留在西北，为西北地区构建文、理、工、农、医、师范等较为完整的高等教育体系奠定了牢固的基础。

今天在西北的西安交通大学，汇入由西北医学院发展来的原西安医科大学以及由西北大学法商学院发展来的原陕西财经学院。西北工业大学汇入西北工学院的大部分院系。西北农林科技大学汇入西北农学院的基础。至于西北大学则完全由国立西北大学演化而来，西北师范大学完全由西北师范学院演化而来。此外，西安的不少高等院校均与西北联大有直接源流和传承关系。从某种意义上来说，没有西北联合大学，就没有今天的西北高等教育。

二、西北联大的办学理念和文化传统具有独到的光彩

与西南联大一样，西北联大发展了战时大学联合管理体制。据1937年10月11日国民政府教育部部长王世杰发布的《西安临时大学筹备委员会组织规程》，西安临时大学以教育部、北平研究院、北平大学、北平师范大学、北洋工学院、东北大学、西北农林专科学校、陕西省教育厅等代表组成筹备委员会。王世杰兼任主席，聘任李书华、徐诵明、李蒸、李书田、童冠贤、陈剑翛、周伯敏、臧启芳、辛树帜等9人为委员。不久，又决定西安临时大学不设校长，指定徐诵明、李蒸、李书田、陈剑翛4人为常委，由常委商决校务。其中徐诵明是北平大学校长，李蒸是北平师范大学校长，李书田是北洋工学院院长，陈剑翛是教育部特派员。

西北联大沿袭西安临大制度，也不设校长，由校务委员会、常委商决校务。校务委员会为西安临时大学筹备委员会，常委依然是徐诵明、李蒸、李书田、陈剑翛。后因陈剑翛请辞，教育部复派胡庶华接任常委，同年10月，又派张北海任校务委员。校务委员会作为西北联大的统一领导机构，具有勘定临时大学校址，设置科系，吸收师资，容纳学生，决定已有各种设备之利用及新设备之设置等职能。

西北联大有统一的校训。1938年10月19日西北联大第四十五次校常委会议决议，以"公诚勤朴"为校训。根据黎锦熙的解释，其中"公"是以天下为公，"诚"是不诚无物，"勤"是勤奋敬业，"朴"即质朴务实，表达了西北联大为国家富强和民族复兴不懈奋斗的赤子情怀。西北联大有黎锦熙撰成的校歌歌词。其词曰："并序连黉①，

---

① 黉：(hóng) 学校。

卌①载燕都迥。联辉合耀，文化开秦陇。汉江千里源嶓冢②，天山万仞自卑隆。文理导愚蒙；政法倡忠勇；师资树人表；实业拯民穷；健体明医弱者雄。勤朴公诚校训崇。华夏声威，神州文物，原从西北，化被南东。努力发扬我四千年国族之雄风！"校歌将三校在平津办校40年，各有鲜明特色，在秦陇联合举办文理、政法、师范、农、工、医教育，以"公诚勤朴"为校训，传承民族文明，发扬民族精神的办学目标做了高度概括。

西安临大和西北联大出版有《西安临大校刊》和《西北联大校刊》，现存30期100余万字，包括分出各院校的校刊完整记载了西北联大母体与子体的历史。

特别值得指出的是，在西北联大的迁徙过程中，国民政府逐渐意识到西北联大对"发展西北高等教育、提高边省文化水平"具有重大意义，开始为构建西北高等教育格局做长远考虑。南迁汉中以后，徐诵明、陈剑翛二常委赴汉口向国民政府教育部陈立夫部长汇报工作时，本有继续向四川迁移的设想，而陈立夫指出："西北联合大学系经最高会议通过，尤负西北文化重责，钧以为非在万不得已时，总以不离开西北为佳。"根据国民政府建设西北后方的战略，教育部着手为西北建设完整的高等教育体系，遂有西北联合大学分设为国立西北工学院、国立西北农学院、国立西北大学、国立西北医学院、国立西北师范学院五校之举。对于这一重大战略部署，当时就有姜琦教授指出："民国二十八年（1939）夏，教育部鉴于过去的教育政策之错误，使高等教育酿成那种畸形发展的状态，乃毅然下令改组西北联合大学，按其性质，分类设立，并且一律改称为西北某大学某学院，使它们各化成为西北自身所有、永久存在的高等教育机关。"

---

① 卌：(xì) 四十。
② 嶓冢：古人称汉江源头。

根据国家的需要,西北联大及其分离出的国立五校逐渐形成了扎根西北、传承文明、放眼世界的办学理念。1939年5月2日,西北联大在城固本部举行开学典礼,常务委员的报告即说明:"本校现改名为国立西北联合大学,其意义一方面是要负起开发西北教育的使命,一方面是表示原由三校院合组而成。"(《西北联大在城固本部举行开学典礼志盛》,《西北联大校刊》第1期)国防最高委员会委员长蒋中正为西北大学1940年毕业同学会题词:"械朴多材。"教育部部长陈立夫1940年6月曾到国立西北大学视察,并为西北大学第四届同学会题词:"学成致用,各尽所长,经营西北,固我边疆。"1941年,西北学会成立大会在西北大学举行,并创办《西北学报》,明确学会以"确立民族自信、加强民族团结、研求精神学术、砥砺个人品性、复兴民族本位文化、促进西北建设"为宗旨。1943年11月,西北大学主办的《西北学术》月刊创刊号出版,校长赖琏指出:"国立西北大学创设陕西,吾人远观周秦汉唐之盛世,纵览陕甘宁青新区域之广大,不惟缅怀先民之功绩……故我们要恢复历史的光荣,创建新兴的文化,建设一个名副其实的西北最高学府,真正负起开发大西北的重大使命。"①编辑部主任郭文鹤在"发刊词"中也指出:"西北大学,为西北最高学府。……今者学校当局,痛感文化使命之重,椎轮大路,先轫本刊,借以发扬我民族之精神,融合现世界之思想,且特别研究民族发祥地之西北数省,以冀对西北建设有所赞益,其意义至深且大也。"它说明,西北大学逐渐明确了"发扬民族精神、融会世界思想、肩负建设西北之重任"的办学愿景,表达了传承中华五千年灿烂文明、融汇世界优秀文化成果、建设祖国辽阔西部的高远追求。而独立出来的西北师院,也在1940年接到国民政府的命令和甘肃临时参议会的邀请后,决定西迁兰州,并于1944年全校迁到

---

①赖琏:《题词》,《西北学术》,1943(1):扉页。

兰州办学。西北医学院也在侯宗濂先生的主持下，在1945年抗战胜利前夕做好了西迁甘肃办学的准备。

西北联大及其各学校主要是精神上的统一。在临时大学和联合大学期间，虽然西北联大有形式上的统一，但是并不妨碍各院校相对独立地组织教学活动。学生毕业时，发给的毕业证上，都有原有学校公章。1937至1939年，西北联大毕业学生660余人，仍发给原校毕业证书。其中北平大学251人，北平师范大学307人，北洋工学院39人，河北省立女子师范学院11人，他校转学借读生57人。在联合大学分立为五校以后，虽然学校的独立性得到加强，但西北联大各子体之间也保持着密切联系。最先分出的西北工学院与西北大学在近两年的时间共有一位校长。西北师范学院虽然在1939年8月名义上分出，但直到1944年11月完全迁往兰州前，一直在城固与西北大学合班上课，90%以上的教授合聘，共用图书馆等教育资源。西北医学院1946年8月复与西北大学合并回迁西安。五校联合招生、联办先修班、联办社会教育、联合创建西北学会，甚至联合争取权益，对外共同发声。西北联大"公诚勤朴"的校训为大多数学校所承续，或直接继承（如西北大学），或演为"公诚勇毅"（西北工业大学）、"诚朴勇毅"（西北农林科技大学）。1945—1946年，国民政府教育部命令国立西北大学分批为西北联大二十七年度、二十八年度两届各院系160余名毕业生（借读生、转学生）换发毕业证，这些毕业证书同时加盖有西北联大四常委徐诵明、李蒸、李书田、陈剑翛的签章、所在院院长、国立西北大学校长刘季洪签章和教育部核审章，表明分出各院校在更名七八年后，仍有精神上的联系。

三、西北联大取得了意义深远的教育成就

1937—1946年之间，西北联大与其子体国立五校形成了505名教

授、1489名员工的教职工队伍，培养的毕业学生9257名。

在西北联大与其子体国立五校的教师中，有徐诵明、李蒸、李书田、胡庶华、汪奠基、黎锦熙、马师儒、许寿裳、曹靖华、罗根泽、陆懋德、黄文弼、罗章龙、袁敦礼、虞宏正、张伯声、林镕、沈志远、汪堃仁、魏寿昆、盛彤笙、刘及辰、曾炯、傅种孙、张贻惠、黄国璋、李仪祉、高明等一大批著名学者。学生中有师昌绪、叶培大、傅恒志、史绍熙、吴自良、高景德、张沛霖、李振岐、赵洪璋、涂治、侯光炯、于天仁、王光远等杰出人才。

国文系黎锦熙开创拼音方案研究，编纂多部陕西地方志，所著《方志今议》被奉为现代方志学的"金科玉律"。外文系曹靖华一生致力于传播俄罗斯和苏联文学，号称现代苏俄文学第一人。历史系陆懋德研究中国史学方法成就卓著，其《中国上古史》与《史学方法大纲》分获1941年（第一届）、1942年（第二届）教育部著作发明奖。1939年3月，西北联大师生对汉张骞墓进行了考古发掘，并提出了保护维修方案。吴世昌撰稿、黎锦熙书丹的《增修汉博望侯张公墓道碑记》碑文对此有详细记载。王子云带来教育部西北艺术文物考察团历年间在河南、陕西、青海、甘肃等地搜集的1000余件文物，出版《中国历代应用艺术图纲》等10余部著作，出版西北文物丛刊，开中国艺术考古的先河。黄文弼三次参加西北科学考察团，获得了大量文物，发现西汉纸，首次论证了楼兰、龟兹等古国的位置，填补考古空白。李建勋领导的教育研究机构，分设教育原理、教育心理、教育行政、教材教法4部，开展工作。李建勋主持的《战时与战后教育》，程克敬主持的《师范学校训育》，鲁世英主持的《师资人格》，金树荣主持的《中等学校英语教材及教法之研究》《中等学校毕业生英语写作错误之分析》等，对当时的教育产生了积极作用。

数学系曾炯，以两个"曾定理"和一个"曾层次"闻名，丘成桐认为他是20世纪唯一可与日本数学家齐名的中国数学家。地质系张伯声的地壳波浪状镶嵌构造学说被公认为地质构造五大学派之一。地理系黄国璋是我国传播近现代西方地理科学的先驱,特别对中国古地理学的改造发挥过重要作用。农学院汪厥明为我国农业统计学科的创始人。虞宏正为我国西北地区的农业科学教育事业做出了开拓性工作。医学院蹇先器是中国皮肤性病学科的奠基人之一。林几是中国现代法医学的创始人。严镜清是国内遗体捐献的发起人和践行者。体育系袁敦礼、董守义在1945年联名倡议,首次提出我国申办奥运会。

西北联大及其分立五校的学生中不乏杰出人物。例如师昌绪,1945年毕业于西北工学院,2010年荣获国家最高科学技术奖。赵洪璋,1940年毕业于西北农学院农艺学系,培育出我国小麦推广面积第一的"碧蚂一号",毛泽东主席多次接见他,亲切地称他"挽救了新中国",人们也把他和水稻专家袁隆平并称为"南袁北赵"。

四、西北联大集中体现了优秀知识分子共赴国难的民族精神

抗战时期,平、津、冀四校一院,从平津冀沦陷区到西安,复从西安南迁陕南汉中,其中部分力量再从汉中迁西康[①]、迁兰州。抗战胜利后,一部分再回迁复校,大部分扎根西北。

整个联大的图书馆,刚开始时只有2000多册图书。教育部规定抗战期间教师的工资按"薪俸七折"发放,再加上抗战和通货膨胀的影响,教授只能靠微薄的薪金和"米贴"维持最低限度的生活。学生上晚自习用自制油灯照明。联大常委徐诵明1938年5月2日在联大开学典礼上就明确指出,上前线同敌人作战是救国,我们在后方

[①] 西康,中国旧省名,设置于民国二十八年(1939)。1955年,第一届全国人民代表大会第二次会议决议撤销。

研究科学，增强抗战力量，也一样是救国。师生们不畏艰苦，谱写出我国战时高等教育壮美的诗篇。

在日军入侵、国难当头的大环境下，联大主动适应抗战需要，积极开展抗日救国活动。1938年9月8日，全校组织了734名学生参加了为期两个月的陕西省学生军训活动。史学家许寿裳教授在军训中，还以《勾践的精神》激励学生，李季谷教授讲《中国历史上所见之民族精神》，用"卧薪尝胆""荆轲刺秦"和文天祥的《正气歌》，激发学生爱国情怀。这些活动对振兴联大师生民族精神，发扬爱国主义精神，发挥了积极作用。西北联大有300余师生报名从军抗战。1944年43岁的地质地理系教授郁士元主动要求到抗日前线，被称为"抗战以来教授从军第一人"。

由上可见，西北联大将高等教育体系系统植入西北，奠定了西北高等教育的基础。它从知识、思想、文化等方面促进了西部地区的社会进步，为战后中国西北建设奠定了思想文化基础，为21世纪的西部大开发蓄积了宝贵的人力资本。它凝聚和发扬了中华民族不屈不挠的精神，为中国高等教育的发展积累了宝贵的历史经验。胡锦涛总书记在清华大学一百周年校庆大会上的讲话中指出，我国高等教育凝聚了两大光荣传统：文化传统与革命传统。西北联大以其独特的历史地位和作用，成为20世纪我国高等教育精神传统的生动体现。

国立西安临时大学—国立西北联合大学，是中国高等教育一段很重要的历史。为了使这一重大历史为世人认知，更加全面地了解20世纪我国高等教育的精神传统，传承和创新大学文化，我们钩沉、访谈、复原历史，以学术的形式围绕西北联大的办学历程、教育理念、教育成就展开探讨。

方光华

2016年秋

引言

知识分子何谓？

知识分子是什么？社会对知识分子有怎样的要求，他们又能真正做到何种程度？在当代中国，知识分子又能真正负担起何种使命？这些问题，向来众说纷纭，莫衷一是。既然想在这个争议不断的领域发表一点自己的看法，只能花费些笔墨，从头说起了。

一、知识分子身份的由来与转换

可以简单地把全社会的人分为两种：一种是受过教育，有文化、有知识的人；另一种是没有受过教育，没文化的人。前者即是最初的知识分子。由此看来，知识分子只是一种身份，即受过教育，有知识的人。但这个身份是暂时性的，受教育毕竟是有时间段的，学生总要毕业，毕业后进入不同的岗位，身份就发生了变化：进入政界当官的，就成了官员；进入商界发财的，就成了商人（现在流行的称呼是企业家）。这些人，按通常的观念，已经不是知识分子了。甚至连那些进入企业从事技术工作的技术人员，也不被认为是知识分子。比如，同是学习机电专业的研究生同班同学，留在学校里教书，当教授的理所当然地被视为知识分子，而进入企业当高级工程师的，一般被视为科技人员，而非知识分子。所以，从职业特征来看，一般来说，只有那些从事教育或正在接受高等教育的人是知识分子。现在，中国教育水平发达了，一般人把博士研究生才视作知识分子，本科生不算。在新中国成立初期，中专毕业生就被视作知识分子，纳入知识分子政策管理的对象。从职业的角度看，知识分子身份的获得是通过进入或留在公认的文化教育体系内，而这种身份的丧失，则是因为职业发生了转换；流出文化教育系统之外，成为其他领域的人，获得了另外一种社会身份。

然而事情并未就此打住，由于并非所有社会成员都能接受同等的教育，受到较高程度教育的人总是少数，所以，社会对这些受过较高程度教育的人就提出了各种高于其他社会成员的要求。而这些人对自己的身份也是有明确认识的，再加上他们所受的教育中，有一部分就是关于他们这个身份的人该干什么的知识，所以，他们必须有个说得过去的自身定位。然而，受教育的后果之一，就是他们会比那些没受过教育的人对自己的行为有更多的解释方式。这样一来，知识分子这个概念便变得极为模糊，几乎是个人人都可以自定义其所指的概念了。我们通常所见到的许多关于"知识分子"问题的争论，争论各方所说的"知识分子"根本就不是一回事。

社会对知识分子的要求，虽然说法纷繁，但归根到底就是一件事：要求他们充当"救世主"！再具体些说，救世主有两种类型，一种是巫师，另一种是英雄。所谓"巫师"型的救世主，是指社会希望知识分子们通过常人没经过也不知道是怎么回事的知识研究过程，获得一种超出常人的能力，凭这种能力可以为社会解决所面对的问题。比如，在瘟疫发生时，渴望有神奇医术的知识分子能迅速控制住疫情，治好疾病，让人们免于死亡的威胁；在地震发生时，希望能有科学家掌握预测科学，能提前预测地震的来临地点与时间等。人类最初的知识分子就是巫师（罗素等很多西方学者对此有深入的解释，本文不多赘言），直到现在，有着新称谓"科学家"的知识分子们仍在时不时地扮演着"巫师"的角色。所谓"英雄"，是当人们面临危机，特别是社会方面的危机时，普遍希望那些受过高等教育、号称是精英的知识分子，能挺身而出，以无畏且高贵的献身精神，担当道义，拯救人民于水火之中。人们希望知识分子是反对不公的英雄，是反对腐败的英雄，是反抗暴政的英雄，是带来自由的英雄，是带来平等、正义的英雄，等等。

从知识分子这个群体自身来说，他们是来源十分复杂、且分化十分复杂的群体。可以说，社会全体人口中有多少种人，知识分子中就有多少种人，并不因为受教育的经历就使他们形成了共同的价值观。这是一个不断分化的群体，他们的分化除了有受社会需求拉动的外在原因，也有受自己内心愿望驱动的内在动机，有些人意识到社会需要巫师，而自己也的确能做巫师的时候，便选择了巫师的角色。例如，中国汉代设符创道的张宝、张梁兄弟，唐代的李淳风，明代的刘伯温，以及今日不少大学哲学系毕业的易学专家等。也有些人意识到社会需要英雄、自己也是可以做英雄的，便选择了英雄的道路。例如，俄国的民意党（民粹派知识分子）、布尔什维克，以及中国共产党的创建者们。当这些知识分子选择了新的角色后，马上会发现自己必须转变观念，被社会认为能解决某种疫病的医生不能说这病根本没法治的真实结论，必须像做法术一样大模大样地承诺"此病可防可治"，然后引领大家有序地"躲"起来，"避开"染病的可能。而投入献身与杀戮并行的战场上的政治英雄，很快便适应了真实的斗争环境，发现他们真正所能做的事情与书斋里的清白梦想有天壤之别。

社会对满足了他们要求的知识分子（就是那些已经转变成非知识分子的人）极其宽容，只要能解决他们认为必须迫切解决的问题，社会不关心这些人用的到底是什么手段，是不是兑现了其在书斋里的承诺。社会需要的不是满足某种教条化定义的"知识分子"，而是解决实际问题的"巫师"与"英雄"，"知识分子"这个群体对于社会来讲，其实际的作用只是"巫师"与"英雄"的储备库。但对于正在满足或还没有满足他们要求的"知识分子"群体要求十分苛刻：社会要求这个鱼龙混杂的群体中每一个人都能像他们所要求的那样成为救世主，可是这个群体中的绝大多数人是做不到的，于是便有了对"知识分子"的批评和"知识分子"的自我辩解。

"救世主"的"选拔"只是不定期的非常事件，经过选拔后，总要有人留下来，而且是大多数人，这些留下来的人就是我们前文说的那些知识分子。能做救世主的"巫师"和"英雄"们都走了，尽管还有潜在的"救世主"不断补充进来，但具有"救世主"禀赋的人毕竟是极少数，绝大多数进入"知识分子"队伍的人，其实和那些无缘进入这个体系的人一样平庸：他们成为所谓"知识分子"，并不是为了充当救世主来的，而仅仅是因为通过这个渠道可以获得更多、更稳定的收入，更优厚的生活条件。这种平庸性也是"知识分子"屡遭批评的一个原因。

上面这些叙述的核心意思是：知识分子是由接受教育而产生的一个群体，社会要求这个群体中能产生"救世主"，而这个群体的确也贡献过"救世主"，但成为"救世主"之后的知识分子，已经不再是"知识分子"了。实际上，人们所公认的知识分子，或"知识分子"这个词实际所指的，只是正接受教育或从事文化教育工作的那些人。社会对这些人的要求是变成"救世主"，即成为"非知识分子"，社会的这种要求往往是通过本身也是知识分子的人表达出来，而且用的是知识分子群体内的话语模式，往往把那些成为"救世主"的"非知识分子"称为"真正的知识分子"。通过上述分析，我们发现，社会对知识分子的要求是成为"非知识分子"的"救世主"，对那些不能成为"救世主"、留下来继续从事文化教育的，长久稳定存在的知识分子群体本身却没有明确的要求，这些真正意义上的知识分子在强大的"救世主"需求的压力下，自身的角色意识被深深地压抑下去了。

本文所要探讨的就是，对于不能成为"救世主"的这个知识分子群体，社会应该提出怎样的要求，他们又能做到哪些事情？

二、知识与知识分子

受过教育的人自古就有，但"知识分子"却是近代的产物，这是由"知识"的性质决定的。在古代社会，占主流地位的知识是对于个人意志和社会群体关系的认识，大致相当于现在所说的人文、社会知识；而关于自然界的客观知识并未入得大雅之堂，它们在医师、工匠，甚至巫师的行业里传承，作为一种实用技艺发挥作用，相当于现在的"社会服务业从业者"。这种情况，中西方是大致相似的，只不过古代西方（即欧洲）由于政治分裂和基督教势力的政治化，他们的受教育者主要集中在教会，且可以在各国之间选择去就（如同中国古代春秋战国时期），而中国由于大一统的实现和宗教势力的薄弱，形成了政治中心主义的传统，受教育者以当官为唯一目的，所传授的知识也主要是政治哲学。那些受过教育的人在古代西方被称为"文化人"，古代中国称为"士子"。所以，用现在的"知识分子"的概念去套用古代社会的人，难免牛头不对马嘴；中国古代没有"知识分子"，只有当官和没当上官且准备当官的人；当上官后也没有什么知识分子，只有大官小官、得势与失势之分。有些现代学者，把中国古代官场中失势的人，比如宋代的苏轼、明代的东林党人称为知识分子，而把他们的对头，比如章惇、张居正等则称之为官僚，未免概念混乱！都是官僚，也都是受过教育，都是知识分子！这种区分无益于认清问题。

近代科学革命之后，以自然为对象的自然科学获得了独立的知识地位，而且由于其势力强劲，甚至将社会方面的主观知识也以科学化的名义强行"改编"。在能改变客观世界的强大物质力量的打击之下，政治权力的代表——官府和经济权力的代表——商人，不得不与从事这种知识生产的人坐下来"谈判"，达成共享权力的默契，掌握了关于自然界的客观知识的人成为一个独立的不依赖于官僚与商人的职业群体，独立的知识分子阶层由此产生了。

人类的知识形态与传承机构也发生了重大变化，客观性的自然科学知识成为知识的主流形态（最直观的表现是各国理工科专业的学生都远多于文科专业的学生）。在欧洲，以教会为母体，演化出近代的大学。在中国，虽然变化要晚于欧洲二三百年，但也在20世纪初完成了这种转变，以培养官员为核心的科举制度（包括与之配套的官学、私学体系）被废除，代之以新式的学校。

由此看来，近代知识分子是依靠自然科学知识的客观性而获得职业上的独立性。拥有资本的商人为发更大的财，必须通过向知识分子购买新的知识（所以，知识也有产权），而国王们为获得更强大的权力，也必须依赖知识分子发明新式武器装备。人们已经熟知西方近代民主制度基于立法、行政、司法的三权分立，其实，那只是来自近代早期西方学者的浅表观察，他们看到的是表面现象。构成现代西方民主基础的本质是政治、资本、科学的三权分立，这三种权力各有各的独立来源，如此，才能形成互相抗衡、互相制约、又互相需要的分立关系。而立法、行政、司法本质上都是政治权力，用罗素的话来说：一切法律的最终依靠都是国家权力，没有什么可分的！

"知识分子"这个术语出现得比较晚，比科学革命还晚，在欧洲，出现在19世纪中期以后，在中国，出现在20世纪初。而且，由于前文所说的社会对知识分子提出的"救世主"要求的原因，这个词一出现，就带有强烈的社会政治色彩：在法国，知识分子是指能担当社会正义的文化人；而在俄国，则是指分担社会苦难，为拯救人民而奋斗的人；在中国，则指那些带来新的思想，使中国走上了强大、富裕的现代新道路的人。但这些"术语"所实际指的人已是新的文化教育机构培养出来的人，只有当这些知识分子已经存在，社会才能提出让他们成为"救世主"的要求。

三、中国问题的特殊性

科学革命的发生不是无本之木，它源于欧洲更古老的智慧传统，在希腊的古典时期，诞生了最早一批思考客观世界的哲人，如泰勒斯、苏格拉底、柏拉图、亚里士多德等，那时，希腊知识体系中主要是后来成为现代自然科学思想基础的客观知识，人们把这些知识统称为哲学（既包括现代意义上纯思辨的哲学，也包括数学、天文学、医学、农学等现代意义的自然科学）。正是在这种哲学传统中，才有了哥白尼、伽利略、培根、牛顿、莱布尼兹等推动的科学革命。

与之同为"轴心期"的中国春秋战国时期，也出现了思想井喷，即后人称之为百家争鸣的热闹时期。但是，出于先天思维方式的差异，中国诸子百家的核心思想是人的意志与人的社会关系，简单地说，基本上都是政治哲学，政治哲学构成当时的主流知识形态，这种智慧传统诞生不了现代科学，反而是对科学思想的抑制性因素，而且一直延续到今天。现在，中国虽然有了传承自然知识的学校和科研机构，但那只是在西方文明强大压力下被迫接受的形式化的东西。由于缺乏先天的科学思维，中国的科学家们迄今为止没有能够贡献出可以成为本国科学家革命基础的原创性的科学思想，所谓科学活动其实始终是向西方学习的一种活动，而这种学习依赖得更多的是国家的政策和财力。由于这个缘故，中国虽然有了现代的科学教育机构，有了现代的知识分子，但始终未获得像西方知识分子那样的独立性，始终未能形成可与政治、资本成鼎足之势的平衡力量，这可能也是现代中国制度与西方制度有所不同的深层次的原因。

在这种强大而深远的文化传统影响之下，中国对"知识分子"这个真实存在的群体的接受，远远不如对来自西方（包括俄罗斯）政治化的"知识分子"这个概念的接受，在中国的文化语境中，人们往往完全忽略了知识分子的"客观知识性"这种文化属性，而片面地强调这个概念所包含的"救世主"这一社会要求的政治属性，而且，更多的是要求"英雄"式的救世主，而非"巫师"式的救世主。

在古代中国，"士人"们留下最多、也最能感动现代人的文献，是为民请命的记录和怀才不遇的慨叹，前者是社会对于"救世主"需求的映射，后者是受教育者对自身命运的感伤，它们之所以能引起如此强烈的共鸣，是因为现实世界里充满类似的心灵。

在现代中国，政治中心主义仍是品评知识分子的主流参照系，不论官方或民间，均是如此。只不过官方所力挺的乃是那些创制时期的"英雄"，即有共产主义思想的先进知识分子；而民间则尊崇那些能满足他们对于现存权力逆反心理的所谓自由知识分子：蔡元培、胡适、傅斯年等。由于知识分子本身享有话语权优势，民间对自由知识分子的尊崇，实际上构成现在中国知识分子研究文献的主流，人们不仅发掘出一切自由知识分子的自由言论传统，还发掘那些并非自由主义者，如陈独秀的自由言论传统，还批判那些背叛了自由主义言论的知识分子，如新中国成立以后的冯友兰、贺麟、金岳霖等。一言以蔽之，人们所推崇的就是反专制、反当权者的所谓"自由主义言论"，这其实也是社会需要"救世主"的心理需求的折射。这种需求几乎完全过滤掉了现代意义上的知识分子，尤其是过滤掉了最具本质意义的"知识"因素，仍然在中国传统的文化语境中原地踏步。这种文化的另一种表现形式即政治失意后的故作旷达之举，也随之成为热谈，现代人所津津乐道的一些知识分子怪癖或花边逸事

（如金岳霖与林徽因的三角恋爱，辜鸿铭的怪论，刘文典的狂妄，等等）不过是那些无法进入现代权力中心的边缘化的知识分子的泄愤性共鸣而已。

四、回归知识本位来认识知识分子

我们认为，应该在知识本位这个参照系上来认识知识分子，我们所讨论的是那些没有成为"救世主"（"英雄"或"巫师"）的知识分子们应尽什么样的社会义务，又能尽什么样的社会义务，而不是期望这些知识分子如何成为"救世主"。只有这样的讨论，才能从政治中心主义的传统中剥离出来，显现知识分子的本相，才能促进中国文明的现代化转型。

先说社会能够，也应该对知识分子提出的要求，其实，无非就是两条：

第一，要创造、传承客观性的科学知识；

第二，要能坚守、担当最基本的天理人伦原则。

先说第一条，创造、传承科学知识，应是知识分子的本分，本来不是多难的事儿，但对中国知识分子来说，是有些困难的。由于先天科学思维方式的欠缺和政治文化中心主义传统的外在压力，近代以来的中国知识分子并没有独立的原创性知识发现，也并没有发动起中国本土的科学革命，到今天依然如此。近代以来，中国的知识进步主要依靠对外学习，而学习的重心总是那些为"国计民生"所迫切需要的工业科学与技术。这些科学技术的唯一买家就是国家，所以，中国知识分子沿袭的仍是中国古代文人"学成文武艺、卖与帝王家"的老套路，既然所能卖的是只有一个买家的货物，那么自然就会形成国家垄断的"买方市场"，知识分子就依然是政治的附庸物。造成这种现象，固然有文化传统、政治决策等方面的因素，但更主要的原因还是知识分子自身的因素，他们在知识上的无能导致了"买方市场"的嚣张。而要解决问题，也只能依靠知识分子自身的突破，因为依靠"买方市场"的变化永远创造不出新的知识，"买方市场"只能根据国外市场已经验证过的所谓"先进性"来下订单，没有一个国家（包括西方国家），能为充满不确定性的科学探索活动埋单，这是由政府的天性所决定的，他们只能对被公认是"正确的"产品付钱。而新知识的发现，本来就是一项充满不确定性的冒险活动，这种冒险的"成本"只能由知识分子本身来承担，而中国知识分子所缺乏的，正是科学上的"冒险"精神。

创造、传承科学知识是知识分子必然做到的，能不能做到都得做，如果做不到这一条，实际上就没有知识分子！

再说第二条，坚持最基本的天理人伦原则。其实，坚持基本的天理人伦原则，不只是知识分子的义务，也是每一个普通人的义务，只不过知识分子受过教育，社会对他们的要求更高而已。要把这条说清楚，首先得厘清天理人伦与政治的关系。简单地说，天理人伦是人类政治活动的基础和边界，但不是政治本身，由于它是人类政治活动的基础，所以，有时与政治搅在一起，甚至就是一回事。比如，在出现外族入侵时，国家独立就是全民族的最高天理；当一个政权已经腐朽透顶，推翻这个腐败政权就是最高的人伦。这时，政治活动和天理人伦就是统一的。在中国，不管你有多大学问，如周作人，当汉奸是无论如何也不能原谅的；在欧洲，无论你有多么高深的思想，如海德格尔，与纳粹结盟，也是不能宽容的。这当然是种政治判断，但也是天理人伦的最基本的底线。

但是，如果深入地介入政治活动，卷入某个组织的权力体系中，那就是真正介入了政治，而政治活动本身是争夺权力、运用权力的活动，权力是实际的最高原则，在政治活动中，起决定作用的划线站队，不只取决于理念原则是否一致，更多地取决于能否为权力而达成一致，有时，个人交情甚至共同爱好（如打牌、踢球）等起的凝聚作用可能都要超过理念原则。知识分子是权力世界之外的群体，他们无法、也不应该在权力世界中承担义务。简言之，社会能要求知识分子的，只是在涉及民族根本利益和人民生命、自由与尊严这些最基本的天理人伦原则时，要有所担当，要表明自己的原则立场；而不能要求他们深陷于政治活动中，随时保证划线站队正确。所以，不能用某某主义（自由主义、保守主义等）之类的政治符号来给知识分子贴标签，用马克思的话来讲就是，"我只知道我本人不是马克思主义者"。

知识分子在本质上与政治是疏离的，这主要是出于以下几个方面的原因：

第一，知识分子中最易于转为政治人物的那些人已经投身到实际政治活动中。去当救世主了，剩下的只是那些不热衷政治，或心有余而力不足的人了，这些人自知自己不是搞政治的料，所以，躲着政治。

第二，知识分子由于其工作的特殊性，会将政治也当作一种客观的科学对象来认识。因此，总爱揭去政治活动中的一些"障眼法"，他们对"偏执"一词的政治宣传往往会持批判审视的眼光，这种眼光会让任何一个政治团体感到不舒服，政治活动家和知识分子双方彼此都意识到这种疏离，总是亲近不起来。

另外，知识分子这个群体是个比较中庸的或者说平庸的群体，前文已经讲过，人们之所以接受教育，并不是因为想当圣人，而是想过比别人好一点儿的日子；那些想当圣人，而且也敢去当圣人的人成为"救世主"，走了；剩下的只是那些过好个人小日子的愿望强于拯救天下苍生愿望的凡夫俗子。所以，这个群体中的人相对来说，更自私自利一些，也更怯懦软弱一些，那些大公无私和心狠手辣的人不都去当"救世主"了嘛！所以，在余下的这个知识分子队伍中，智力上杰出的或有人在，但在道德品质上杰出、富有献身精神、与受苦受难的下层民众同甘共苦的人，远不如革命党中的人多。

由此，我们再来说一说社会不能要求知识分子做什么！简单地说就是一条：不能要求知识分子整体上都成为"救世主"！那不仅做不到，而且也会使这个阶层失去其应有的社会职能，从而使社会变成一个不正常的社会。

不能要求知识分子整体上成为"救世主"有以下具体的含义：

第一，不能把知识分子作为某种政治方向的代言人，无论什么政治方向，不论是保守主义还是自由主义，知识分子都没有那么多原则的立场。前文说过，知识分子本质上与政治是疏离的，他们对政治的看法，既没有实际政治家对夺权、掌权实际技巧的精准把握，也没有下层群众对自己生活境况的切身体会，所以，与实际政治总有距离。一个研究政治哲学的知识分子可以被不同的政治流派奉为鼻祖，也是出于这种原因。比如，密尔既被右翼的保守主义视为理论来源，也被左翼的社会主义运动视为先驱人物。说明知识分子所提出的只是有很大弹性的政治哲学解释，而不是一种天然正确、且明确的政治活动方向。

第二，不能把知识分子视作道德高尚的圣徒，让他们承担社会公平、正义的道德支撑。事实上，在争取自己个人利益方面，知识分子与其他社会阶层一样自私自利。人们之所以受教育，就是想使自己免于过社会下层的日子。如果让这些受过教育的人，放弃自己的好不容易经过奋斗而获得的生活条件，和底层人民一起受苦受难，那是他们做不到的。当然，有些人能做到，像彭湃、夏明翰这些革命者都能散尽万贯家财，为普通农民而献出自己的生命，但这些人已经不是他们的知识分子，而是英雄式的"救世主"了。因此，知识分子关于民间疾苦和政治改革的言论，在很大程度上渗透了他们独特的阶层利益，且可能远离社会实际需要，对于这些言论，是需要分析的。

上述看法其实是针对现实问题有感而发，因为在当代中国知识分子的研究文献中，所研究的并不是知识分子，而是没有成为"救世主"、又可能被当作潜在的"救世主"的人，寄托的乃是研究者们政治现实的愿望，如梁启超、陈独秀、蔡元培、胡适、傅斯年等人，其实都是政治活动家，不是知识分子了。近年来，对这些人物的"热炒"，看中的乃是他们反抗掌权者的态度，寄托了现实政治变革的梦想。

另外，我们也要警惕对知识分子提出的巫师型"救世主"的社会要求，现今充斥于各种媒体中的"专家"们实际上正反映出了人们的这种心理需求。可事实上，知识分子对现实问题，比如，食品安全、医疗保险、就业、经济增长方式、房地产价格的看法，要么是隔靴搔痒，要么是为某一集团代言，鲜有科学价值，这也是社会提出不适当要求，而知识分子勉为其难的结果之一。

以政治中心主义的眼光去看待知识分子问题，不仅出自传统思维的文化惯性，也出自现实的政治环境要求。迄今为止，无论从哪个角度看，中国还不能说是个现代化国家，只是官方所称的发展中国家，无论政治、经济、文化都还保留着很多前现代的因素，当代学者们出于对国家现代化的关切，借前辈知识分子的观念与际遇，表达某些现实政治诉求，这有一定的合理性。但我认为，以政治中心主义来做学问的负面后果更大一些：一是强化了知识分子的空想哲学与社会各阶层实际政治诉求的疏离，不利于促进在实际利益博弈中的公共理性良性发育；二是延续并强化了传统思维的力量，不利于中国文明的现代化转型。所以，我们觉得，应该在知识本位的参照系下，重新认识中国的知识分子。

五、西北联大知识分子群体的特点

按以知识为本位的原则来衡量，目前国内关于知识分子的研究，可谓寥寥无几。如前文所述，梁启超、陈独秀、胡适等人，实际上已是政治活动家，算不上是知识分子；那么，关于这些人物的研究，本质上是对政治人物的研究，而非对知识分子的研究。这里凸显出研究知识分子所面临的障碍：知识分子的人数固然不少，远远多于政治活动家，但是，这个人数众多的群体也是"沉默的多数"，很少留下相关的史料，这恐怕是研究所要面临的最大的难题。幸好对西北联大的知识分子群体的再发现，帮助我们克服了这个难点，获得了具有史料基础的研究样本。

西北联大是抗日战争时期，和西南联大同时组建内迁的大学，主要由北洋工学院、北平大学、北平师范大学、北平研究院、西北农林专科学校、焦作工学院等院校组成，为抗战时期保存国家高等教育力量，以及战后西北高等教育发展，做出了巨大的贡献，但由于种种原因，这所学校长期以来被忽视，甚至被遗忘了。

2012年，在西北大学校长、方光华教授的提示和帮助下，我们对西北联大的历史进行了初步的研究，进而发现这所学校的知识分子群体所具有的特征，使他们非常适合作为以知识为本位的研究样本。

和西南联大相比，西北联大有许多不同的特点，依笔者的理解，最突出的特点就是西北联大的"后台"没有西南联大硬。西南联大是由北京大学、南开大学、清华大学三校组成。北京大学的老校长蔡元培先生曾是国民党中常委，在1927年宁汉对立时，站在蒋介石一边，是蒋介石的重要政治盟友；南开大学的创始人、校长张伯苓先生和蒋介石也有私交，两人是拜把子兄弟；清华大学是美国人用中国庚子赔款的钱办的，后台是美国人，连蒋介石也让着几分。由于这个缘故，这所学校名士云集，其部分教授有与蒋介石直接接触的机会，可以在最高层面上对现实政治提出批评和建议，如罗隆基就曾给包括蒋介石在内的高级官员讲过战时行政体制的课，而傅斯年也可以以国民参政会议员的身份向政府呛声，甚至当面向蒋介石提出调查孔家和宋家的经济问题的要求。"名士议政"，为这所学校的知识分子带来了全国性的名气，蒋介石顾及该校的"后台"，对这个学校的知识分子也比较优容。陈立夫把持的国民政府教育部想要像控制西北联大那样控制西南联大，几次尝试都没有成功。在这种背景下，西南联大的知识分子议政的胆子就更大了，当年之所以把西南联大称为"民主堡垒"，可能最重要的原因是，这个学校的知识分子敢发声，也能发声。

而西北联大诸校，均没有这样强硬的后台，除北平大学的校长徐诵明外，其他几所学校的校长基本上都是搞专业出身的知识分子，就是徐诵明，虽然有参加辛亥革命和北伐战争的政治资历，但其本人只是医生，且战争结束后就回归校园，继续从事医学和教育工作。他们在国民党上层没有人脉基础。因此，国民政府教育部对这所学校几乎有完全的控制权。当年在北平时，北平大学曾经聚集了一批左翼教授，如曹靖华、沈志远、章友江等。这批与政治联系紧密的知识分子也随之来到了西北，但刚到西北一年多，陈立夫为部长的教育部便要求西北联大解聘这些教授，徐诵明校长拒不服从此命令，和四十多位教授一起辞职，国民党政府趁机撤销了西北联大的建制，分别改为西北大学、西北工学院、西北师范学院等，教授也由教育部聘任，学校被剥夺了用人权。此后，又派赖琏掌西北工学院、刘季洪掌西北大学，这两位都是原来的司局级官员，从此，开始以官员治校。这些官员在执行政府意志方面，远比徐诵明等要坚定得多。也就是说，这个学校将最有政治热情的教授们都"整"走了，余下的是本来就与政治保持距离，专心搞业务的真正的知识分子们，加上官员掌校的防范措施严密，致使西北联大诸校，远远没有西南联大那么强劲的政治参与力量。应该说，自1939年西北联大建制被撤销，分立成西北大学、西北工学院等独立院校时起，这些学校中的教授以及学生，就是我们所说的纯粹的知识分子了，正好可以用来作为知识本位参照系中的研究对象。当时，除了西南联大外，其他学校几乎都被教育部这样控制住了。因而，从人数上看，西北联大知识分子群体，更能代表中国知识分子总体的状况。

西北联大的知识分子群体有以下几个特点：

第一，与政治比较疏离，没有西南联大知识分子群体在政治上的活跃性，包括一些曾经卷入政治体系中的人，如罗章龙等，在整个这一时期，政治上是沉默的。

第二，与国外交往较少，尽管他们中的很多人有曾经出国留学的经历，也有国际间的学术交流，但和清华大学相比，西北联大的师生与国外的交流要弱多了，教授没有那么多出国进修的机会，学生也没有那么多出国留学的机会，这使得他们的学问更多的是在本土自己摸索出来的。同时，也失去了在国外学习和工作、并取得科研成就的机会。

第三，西北联大知识分子对中国现代知识体系的贡献，是极其巨大的。他们中的很多人对中国现代科学做出了奠基性的贡献，如徐诵明对中国现代病理学，张伯声对中国地质学，孔宪武对中国生物学，黄国璋对中国地理学，黄文弼对中国考古学，黎锦熙对语言文字学和方志学，李蒸对师范教育学，罗章龙对中国经济史，齐璧亭对家政学，等等。如今只要进入这一学科的研究，就绕不开他们所做出的奠基性的贡献。如果我们梳理中国每一个现代学科的知识形成史，就会发现，西北联大知识分子的贡献也许可与西南联大的知识分子相媲美，一个直观的原因是西北联大的学科设置要比西南联大多，而且偏重于实用科学领域。

第四，西北联大知识分子群体对西北的现代化建设所起的作用是非常巨大的，他们中的很多人长期留在了西北，对西北地区的现代医学、现代教育、现代工业所起的作用也是奠基性的。

第五，西北联大的知识分子也担当起了基本的天理人伦责任。尽管这批知识分子与政治是疏离的,但是,在祖国最需要他们的时候,他们做出了一个知识分子应有的担当。比如,徐诵明先生,在辛亥革命和北伐战争时,曾两次亲赴前线,在战场上救死扶伤,战争结束后,他又返回校园,继续从事教学与研究;再比如,郁士元教授,在政府号召征兵时,投笔从戎,被授予少将军衔;等等。他们在民族、人民的大义面前,做出的个人选择,并没有什么党派背景。郁士元教授新中国成立前曾经掩护过胡乔木,那时他不是出于对共产主义的信仰,只是出于一位兄长对邻家小弟的呵护。新中国成立后的"文革"中,又因胡乔木身陷囹圄,但他绝不落井下石,被关了7年,始终没有做出对胡乔木不利的供词,他对"文革"时复杂的上层政治关系也不甚了解,所尽的只是不能对朋友落井下石的基本道义。他们确实被卷入政治事件之中,但就他们本人来讲,他们不是在选择一种政治立场或某种政治利益,而仅仅是担当应该担当的人之为人的基本道义原则。

六、对西北联大知识分子群体的研究

我们对于西北联大知识分子群体的研究思路是这样的:

第一步,先初步整理出这些知识分子的生平情况,对其主要活动和学术贡献有个初步的认识。首先是让这些已经被忽视,甚至被遗忘的人浮出水面,以期引起更多研究者的重视。

第二步,梳理某一学科或某一领域内现代知识及实物形态的形成过程。比如,现代考古学、现代地理学知识体系的形成过程,西北地区现代医疗事业的发展过程等,在这个大的背景下,研究西北联大知识分子在这些领域内的贡献。

目前,我们已经获得一些初步的研究成果,撰写了数十位西北联大知识分子的生平小传,这些文章曾集中发表于2012年第二、三辑的《休闲读品·天下》杂志，现在承蒙西北大学出版社马来社长的支持和倡议，我们选择了其中的一部分内容汇编成本书。另外，刘基和丁虎生主编的《西北师大逸事》关于生物学家孔宪武的小传，未曾在《休闲读品·天下》杂志上发表过，但孔宪武先生对中国生物学有过重要的贡献，此次一并收入本文集中。

我们的研究仅是刚刚起步，存在着很多不足，也还有太多需要深入挖掘、探讨的地方，所以，诚恳地欢迎学界同仁提出批评意见。

我们的目的是建立起一种以知识为本位的评价体系，在这种评价体系的观照下，认真梳理构成中国现代文明生活基础的那些知识和物质。比如，教育和医院是怎样逐渐形成和积累起来的。在这个历史过程中，哪些知识分子做出了杰出的贡献。通过这种研究，我们一方面，可以反思现代文明生活的由来，并对其未来发展方向有更加理性的思考；另一方面，确立知识分子群体应该有的正常的价值标准，就现代文明而言，在知识创造与传承上能做出杰出贡献，又能担当起基本的天理人伦的知识分子，才是最有价值的英雄。政治革命可以解决很多问题，但它解决不了现代文明所需要的知识创新、科学发明等问题。这些问题，只有知识分子群体按照知识本位的原则，才能解决。一百多年以来，受历史传统与现实压力的双重影响，中国的政治中心主义的思维方式要求知识分子群体提供"救世主"，这种要求有其历史合理性。但是，现在已经进入21世纪，国家也进入了和平发展时期，知识分子队伍本身也有了极大的增长，这种宏观历史条件允许我们回归知识本位，去理性地思考问题：社会能真正要求于知识分子的，不是救世主式的"英雄"或"巫师"，而是知识的创造与传承，是对最基本的天理人伦的担当。

编 者

目 录

仁者上医
　　——病理学家徐诵明……………………………… 李海阳 / 1
海纳百川大宗师
　　——医学家侯宗濂………………………………… 南北湖 / 29
人之标准
　　——地质学家郁士元……………………………… 李海阳 / 43
大地之子
　　——地质学家张伯声……………………………… 高　远 / 72
和大地一样沧桑
　　——地质学家黄国璋……………………………… 雷　霄 / 88
黄文弼的多重意义
　　——考古学家黄文弼……………………………… 李　寻 / 98

大时代与知识分子的精神世界
　　——访黄文弼之孙黄纪苏先生 ················· / 131
建立中国的生物学
　　——生物学家孔宪武 ················ 王守义　来鑫华 / 147
杂交小麦之父
　　——农学家赵洪璋 ······················· 闻　迟 / 153
师范教父
　　——教育家李蒸 ························· 商　昭 / 161
执着于女子师范教育
　　——教育家齐璧亭 ······················· 李海阳 / 185
高等教育的原则是培养精英
　　——教育家、工程学家李书田 ············· 闻　迟 / 198

领袖之师
　　——文字学家、方志学家黎锦熙……………… 李海阳 / 220
退出政治之后
　　——哲学家、经济学家罗章龙……………… 李海阳 / 235
回忆罗章龙的著述与生活
　　——访罗章龙长子罗平海先生…………………… / 248
名士内外
　　——西北联大教授许兴凯的学术及精神世界
　　…………………………………………… 高　远 / 260

仁者上医
——病理学家徐诵明

□ 李海阳

读西北联大校务委员、原北平大学校长兼医学院院长徐诵明的回忆材料,笔者脑海中不断浮出这样的句子:"仁者寿""上医医国",古人传说中做人做事的最高境界,居然都集中于徐诵明先生的身上。他是医生,是中国现代病理学的奠基人;他是仁者,平生医人无数,终身从事医疗卫生事业;他又是一位真正的"上医",每当国家民族处于危难关头,他都义无反顾地走向革命和抗战的第一线,成功后功成不居,再返回他的医疗岗位。他在医治人们身体的同时,还矢志不渝地医治人们的精神,通过办教育培养更多的思想健康、学术精湛的人才。他以一颗"仁心"待世,无论受到过怎样的磨难、不公和迫害,绝无怨怼,宽容一切对他个人的伤害。他长寿,活到101岁。天地有心,仁者寿!

一

徐诵明,字轼游,号清来,1890年10月14日出生于浙江新昌县一个塾师家庭,1904年考入浙江高等学堂(今浙江大学前身)预科,

20世纪20年代的徐诵明

当时的同学有：邵飘萍、陈布雷、邵元冲、祝文白、郑晓沧等。徐诵明的同学中还有一个当地绸缎庄老板的儿子，其父拟让其赴日留学。绸缎庄老板见徐诵明学习成绩优秀，为人诚恳，遂建议他和自己的儿子一同到日本留学，费用由绸缎庄老板出，实际是让徐陪读。不料在临去前，那位同学结婚且在蜜月中，不愿东渡。徐诵明找到他家，跟老板讲："如果您儿子实在不去，能不能把这个机会留给我？"那个老板同意了，给了徐诵明一份盘缠。就这样依靠同学家的资助，17岁的徐诵明瞒着家人远赴日本求学。几年后，徐诵明在日本九州一家书店见到这位同学，喜出望外急忙上前招呼，不料同学反应冷淡，不甚热情。隔数日，徐诵明将筹齐的一百大洋还给同学，并再三表示感谢，为此还曾写过一首诗表达自己的感激之情。

在日本，徐诵明考入日本第一高等学堂预科，并且获得公费资助。1910年，预科毕业后进入冈山第六高等学校学习，并结识了三年级学生吴玉章，他们经常一起讨论国内形势。徐诵明还与郭沫若等人一起组织"夏社"声援国内革命活动。同时，因为经常去同盟会驻东京办事处，徐诵明结识了章太炎先生，并经其介绍加入了中国同盟会，成为国民党元老。

二

1911年10月，武昌起义爆发，徐诵明即刻弃学回国参加辛亥革命，在上海参加了徐锡麟之弟徐锡骥组办的陆军卫生部，并担任革命军上尉连长。孙中山辞去大总统一职后，徐诵明又重返日本学习。自冈山第六高等学校毕业后，他考入日本九州帝国大学医学院，并于1918年毕业，留九州帝国大学从事病理学研究。

1919年，徐诵明回到国内，任北京医学专门学校病理学教授。在此，他创建了由中国人办的第一个病理学教研室并担任主任。北伐战争爆发后，国民革命军收复武汉，他特地赶赴汉口参加北伐战争，担任第二中山大学医科教授、国民革命军总司令部军医处卫生科科长。北伐军攻克南京后，他又赴南京负责接管鼓楼医院。之后，他谢绝何应钦任命的军医处处长职务，回到北京，任京师大学校（北平大学前身）医科教授。

"夏社"成员合影，夏禹鼎（右一）、郭沫若（左三）、徐诵明（左一）

1935年，日伪企图分割和吞并我国领土。他们炮制了冀察政务委员会，由于徐诵明年轻时留学日本，所以也成为他们争取的对象，在未得到徐诵明同意的情况下，即在天津日本人办的中文报纸上公布他为该委员会委员，并加以拉拢恐吓，但遭到了徐诵明的严词拒绝，他说，"吾不应富贵而失去对国家及本人人品的尊严"，并立即向行政院驻北平行政主任何应钦声明，坚决不同意加入这个组织，也不参与他们的任何活动，并与北平各界知名人士蒋梦麟、梅贻琦、胡适、李蒸等人联名，通过路透社向全世界人民表达中国人民反对华北自治的意愿。

国立北平大学医学院

国立北平大学师范学院图书馆

国立北平大学女子文理学院

国立北平大学法学院大礼堂

北平大学是当时学生运动的主力之一，徐诵明对学生运动虽有担心，但还是采取信任放手的态度，在教师被解聘和学生被捕时，他则设法缓解，多方营救。"一二·九"运动时，北平大学、北平师范大学、北京大学、清华大学等在京的师生上街游行，要求国民政府抗日，揭露日本侵华的野心，反对华北自治，不少学生被捕，徐诵明闻讯后，立即到市党部保释被捕学生。

对于国家，徐诵明始终抱有一种赤子情怀，时刻关注着国家的命运，并积极投身抗战救国大业。1937年七七事变后，徐诵明出席庐山谈话会，要求蒋介石抗日。1938年5月，西安临时大学改名为国立西北联合大学，在全校的开学典礼上，徐诵明说："抗战期间，高等学府学生应当如何抗战救国？不一定非得拿着枪杆子到前线去才是救国，我们在后方研究科学，增强抗战的力量，也一样是救国。"

三

经过了辛亥革命、北伐战争，徐诵明的思想有了巨大的变化。年轻时东渡日本，他就本着医学救国的精神，以使旧中国摆脱"东亚病夫"的帽子。但是回国后，他看到整个国家犹如一盘散沙，逐渐认识到，要想摆脱这顶让人看不起的帽子，并不是某一个人能够做到的，一个人也许可以在某个领域里取得成就，但改变不了整个国家的现状，只有办教育，培养更多的有用之才，才能使整个国家真正走向富强。因此，徐诵明十分重视教育。从1919年回国起，他先后担任过6所高校的校长，从事高等教育几十年，为我国现代教育的发展做出了不可磨灭的贡献。

1928年5月，徐诵明回到北京，任教于京师大学校医科，8月，他所在的北京医学专门学校并入国立北平大学，并和河北大学医科组

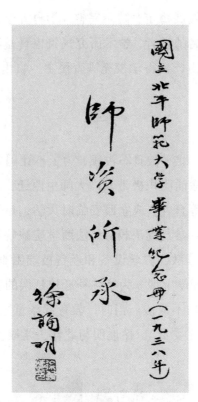

国立北平师范大学毕业册
（1938年）内的徐诵明题词

成北平大学医学院，徐诵明任院长。1929年4月，徐诵明主持创办了该校附属医院（现北京大学医学院第一附属医院前身）。1932年，北平大学校长沈尹默辞职，徐诵明出任北平大学代理校长、校长。1933年，由于北平大学工学院掀起了风潮，原工学院院长孙国封辞职，徐诵明又兼任工学院院长。在任校长的近5年时间里，徐诵明对平大进行了系统的整顿："集中事权；经费重新分配；商学院并入法学院；厉行教职员专任制，提高学校教授的工资待遇；取缔教职员缺席及学生缺课，决对过去原有之章则，严厉执行……"整顿后的北平大学，校政走上了正轨,发展稳定,院系完整,学科齐全,学风良好,人才荟萃,聚集了一批名师学者,学术研究气氛也日益浓厚。徐诵明推崇思想独立,学术自由,使得学校充满着民主、自由的气息。

四

七七事变之后,北平被日军占领,为了不让国立北平大学的教育沦为亡国奴教育,徐诵明积极带领广大师生西迁,在西安同北平师范大学、北洋工学院等合并,成立西安临时大学,并任西安临时大学筹备委员会常务委员,参与商决校务,法商学院缺院长,徐诵明自告兼代。虽然校舍狭小分散、教学设备和经费极端困难,但终于在1937年11月15日正式开学上课。为了弥补迁校延误的教学时间,常委决定所有年假和寒假均不放假。当时,教育部派童冠贤为筹委兼秘书,后又任命其为"主任委员",徐诵明与北洋工学院院长李书田、北平

国立北平大学农学院

国立北平大学工学院

国立北平大学商学院图书馆

师范大学校长李蒸察觉到这是教育部试图对三校进行改组的阴谋,于是联名向教育部请辞,最后童冠贤离校他去。

1938年,日寇窜抵风陵渡,陕西的门户潼关告急,西安临时大学不得不再迁往汉中。学校组织师生沿着川陕公路,步行翻越秦岭,相互帮扶,克服艰难险阻,历时半个多月终于到达了汉中城固。到汉中后,西安临时大学改称国立西北联合大学,学生们的住宿条件极为简陋,学校又面临财政危机,徐诵明便与当时同为常委的陈剑翛赶赴西

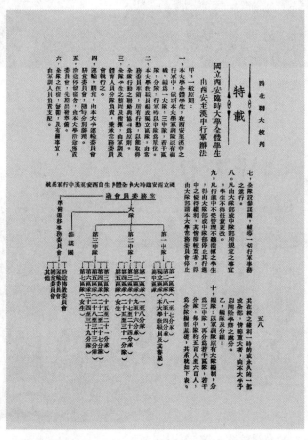

翻越秦岭迁移行军办法(载于西北联大校刊第1期)

民国时期的西安火车站

南迁必经地凤县，位于嘉陵江上游东岸，屏障陕南，控扼陇蜀，为陕西西部重镇。图为今照

蜀道难,难于上青天(悬崖栈道)

南迁途中的同学在木桥上小憩

川陕道上褒城之石门景色

在川陕道上艰苦跋涉

同学们结伴向城固迈进

安、汉中，寻求解决校址问题的办法，并向教育部反映增加经费、要求补助等问题。经过多方努力，西北联大克服重重困难，在条件艰苦、社会动乱的情况下得以继续办学。孙家庙、马家庙、黄家坡、文家庙、黄家祠等医学院的临时课堂，也是徐诵明常去的地方，那些不愿做亡国奴的老师和同学们，都深切地感受到了他的关怀。

1938年7月，抗日战争进入僵持阶段，西北联大师生的爱国进步倾向日重，早已使国民政府教育当局深为不安，特别是对联大法商学院继续沿用进步教授，讲授有争议的政治、经济、法律等课程非常不满。这时徐诵明仍兼任法商学院院长，他除了继续聘任以前教育部要求解聘的沈志远教授外，还聘用了寸树声、章友江、韩幽桐、黄觉非、彭迪先、刘及辰、曹靖华等一大批进步教授。这些教授开设"经济史""唯物辩证法""苏联政治经济学""国际法""苏联政治""社会学大纲""比较宪法""进步文艺理论"和"俄语"等课程，反对经院式的教学，提倡理论联系实际的求实学风，敢于面对抗日救国的现实，启迪和教育了一大批青年认识现实、走上追求真理的道路，一时被国民党、三青团势力指斥为"陕北公学第二"，引起了激烈的斗争。为此，国民政府教育当局加强了对进步教授的控制，增派了两位校务委员会常委。1938年9月，校常委徐诵明请辞其兼任的法商学院代院长一职，校常委会决议聘请鲁迅的好友、历史系主任许寿裳为院长。但国民政府教育部当局认为徐诵明为院长时，已实行了许多开明改革，走得很远了，不能让许寿裳这样的人来当这个院长，他们组织三青团围攻许寿裳，许寿裳深感"士可杀不可辱"，没有到学院办公，教育部便越过校常委，直接任命张北海为法商学院院长。1985年，徐诵明回忆这段历史时，还很义愤，说："胡庶华把张北海的办公桌设于校常委办公室内，我认为学校既有常委会之设，为什么教育部又派督导来进行监督？张北海毫无知识，只会张牙舞爪，我耻与此人为伍，拒不同他一室办公。孰料他在胡的授意下，借机把办公桌搬到法

徐诵明题词毕业同学纪念册

商学院去，旋即声明他为院长。"许寿裳得此消息，立即向徐诵明辞职，徐诵明表示同情并抗议，立即批准他的请辞，同时，自己也向教育部提出辞呈。为此，教育部部长陈立夫对徐诵明非常不满意，并以解散西北联合大学为威胁。1938年年底，教育部当局还公然训斥西北联大沿袭北平大学的传统，讲授马列主义观点的课程，开设俄文教程，引进了共产党的学说。随后立即下令严禁商学系学生学习俄文，徐诵明不予理睬。1939年春，教育部部长陈立夫一面派特务带枪住校监视，一面密令徐诵明解聘西北联大曹靖华等10余位进步教授，徐诵明坚决不执行，并与西北联合大学中的40余位教授一起愤然辞职。同年8月，西北联大改为国立西北大学、国立西北医学院、国立西北师范学院。从此，北平大学从历史上消失了。徐诵明永久地离开了由他接掌的北平大学，以及平大的后承——西北联大，也将"北平大学断于吾手"的遗憾留在了心间。但徐校长的爱国热情，不畏强权、刚正不阿的品德，深深留在广大师生的记忆中。

徐诵明被迫辞职后，离开了自己热爱的学校，降职担任了教育部医学教育委员会常务委员，负责规划全国医学教育建设工作、规章制度建设、经费分配、出国审批等业务，勤勤恳恳，一丝不苟。

被解聘的西北联大教授大部分到了重庆，并都有了新工作。比如章友江到贸易委员会任委员，主编杂志；沈志远到生活书店任总编辑；曹靖华被周恩来总理安排到中苏文化协会任常务理事。曹靖华回忆说："我们到重庆不久，有一天徐校长拿着一包钱来我家，他说：'这一笔钱是我向教育部替平大被解聘的教授要来的，教育部对你们的工资照发。'我知道，这是他以校长的身份去向教育部索薪得来的，他认为被解聘的教授颠沛流离，怎好生活呢。这是他的一片好意，但是我们不能要。他临走时，拿起那包钱，显出很惋惜的样子。"

五

1943年5月，徐诵明出任第六届中华医学会理事，并于次年任同济大学校长兼医学院院长。1940年，抗战最艰苦的时期，已迁至云南昆明、正面临敌机轰炸的同济大学为了躲避战乱，应长江古镇李庄等进步士绅们"同大迁川，李庄欢迎，一切需要，地方供应"十六字电报相邀，由昆明再迁至四川李庄坚持办学。然而，虽避开战火之虞，但是，抗战中李庄的条件十分艰苦，"一无电灯，二无书店，三无影剧院"，而且当时物价飞涨，货币贬值，学校面临严峻的经济困难。徐诵明坚持勤俭办校，努力克服困难，在他的领导下，同济大学渡过了难关，并扩大了规模。徐诵明注意民主办学，广延人才，打破同济大学历来只聘留德人员的旧规，开始聘请薛愚等留英留美人员任教，并派出妇产科胡志远教授、机械系张景贤教授到美国留学。由徐诵明兼任过院长的医学院，先后在古镇李庄这片遍布祠堂寺院的土地上建立起了生理馆、解剖馆，在宜宾建立起病理馆、药物馆、细菌学馆、公共卫生研究馆和生物学馆，医学院的教学科研实力得到了进一步的提升。在此期间，教学设备得到充实，学校院系设置也有所扩增。

1945年，学校建立了法学院，工学院造船组改为造船系，并增设了机械专修科，理学院数理系分为数学与物理二系；1945年夏，学校向教育部申请10万元经费，在宜宾建设了国内第一所正规化的医事检验学校——高级医事检验职业科。在同济大学最危难时候，徐诵明陪着广大师生渡过了难关，在他的治理下，经过这一段时间的扩充和完善，同济大学逐渐发展为一所综合性大学，此后，同济大学医学院一直在国内独树一帜，徐诵明居功甚伟。

1944年冬，抗日战争已进入关键时期，当局发出从军报国的号召。徐诵明积极鼓励学生入伍，同济师生怀着满腔的爱国热情，纷纷报名应征。不几天，报名人数达六百余人，占全校学生人数三分之一。对入伍学生，徐诵明出具从军学生肄业证书，并签署了退伍学生可复学证明书，证明书还盖上"国立同济大学关防"大印。1945年1月，三百多名学生应征入伍，出发那天，学生整装列队，集体宣誓，气宇轩昂。徐诵明亲临送别，直朝着远去了的载着从军学生的船只招手，嘴里自语着："会回来的，他们一定会回来的！"

抗战结束后，国民政府教育部有意将同济大学迁往四川重庆，时任校长的徐诵明考虑到学校的发展和广大师生的意愿，表示坚决不同意。蒋介石到宜宾巡视时，见到徐诵明，亲自询问："可否将学校留

同济大学旧照

在四川重庆继续办学?"徐诵明表达了全校师生员工迁回上海的迫切心情,表示无法从命。随后他开始了带领同济大学的广大师生员工迁回上海继续办学的复杂工作,同济大学在上海的校务也是以徐诵明1946年6月1日到上海办公为起点的。全校师生员工自1946年4月23日起,分批集中到重庆,经水、陆两路回迁上海。水路顺长江而下;陆路南线取道川湘公路转浙赣、沪杭铁路;陆路北线则由川陕公路转陇海、津浦、京沪铁路返回上海。物资的搬迁也极为复杂艰难,5月开始,学校包租车、船,将设备、仪器、图书等物资陆续起运,从李庄和宜宾两地集中到重庆,再转水路运回上海。由于原江湾校区已毁于战火,徐诵明想尽办法,多方奔波,并找到上海当局及一些故旧好友,多方联系校舍,拨给同济的一些房屋,同济变成斜跨上海市区、分散十多处的"大学校"。徐诵明在写给教育当局的信中慷慨陈词,言称"得其在原地恢复弦诵之声,继续为国育人,则幸甚至矣"。

六

1946年6月25日，经国民政府行政院决定，调徐诵明往东北接收南满医科大学，该校被国民政府接收后，改名为沈阳医学院，也就是中国医科大学的前身，徐诵明任沈阳医学院院长兼病理学教授。

徐诵明曾经做过好几所大学的校长，如同救火队员一般，基本是哪里需要他，他就去哪里。1948年，在新中国成立前夕，他拒绝了国民政府教育部部长朱家骅提出的让其出任台湾大学校长的建议，辗转到达上海，并于1949年9月受聘于浙江大学医学院任病理学教授。

七

新中国成立后，徐诵明手中仍持有国民政府教育部20万美金的经费，他如数将20万美金交给国家。1949年8月9日，徐诵明当选为北京市第一届政治协商会议委员会委员，1950年2月，出任中央人民政府卫生部教育处处长兼卫生部教材编审委员会委员，并任北京医学院病理学一级教授。在此期间，他认真学习总结了解放区的医学教育和苏联医学教育的经验，规划了全国医药院校的建设发展、招生规模，在创办高等医学教育三年制的专科制度，建立医学中专教育制度和组织建立在职干部进修教育制度等方面取得了显著成绩，使新中国的医学教育事业形成了一个比较完整的符合中国国情的体系，并在教学计划、院系设置、学制规定、经费调拨、师资培养等方面，制定了统一的原则和具体要求，他起草的《中华人民共和国医药卫生系统院校的医士教育五年计划》，获得了中央卫生部的批准。徐诵明在中国的卫生教育事业，医学院的规划、建设和发展的历程中做出了难以磨灭的贡献。1951年，徐诵明加入九三学社。1953年，出任人民卫生出版社首任社长。1954年，当选为中国人民政治协商会议第二届全国委员会委员。1956年，任中华医学会编辑部主任，兼中华医学杂志总编辑。

八

1958年，徐诵明被错划成"右派"，撤职降薪，蒙受了二十多年的莫须有罪名，受到了极不公正的对待。在未去牛棚之前，清理阶级队伍运动的初期，徐诵明胸前被挂上写着"历史反革命"的白色的布条，即便如此，他每天还坚持往返于地安门和美术馆中华医学会之间上下班。徐诵明被集中到中华医学会的牛棚时已70多岁，孙辈去看他时，会准备些饭菜，把鸡块放在饭盒里面，上面盖着青菜和米饭，徐老拿着饭盒，独自到郊区养猪场喂猪，早出晚归，毫无怨言。一次还跟孙子聊起母猪要生小猪，讲到如何接产、如何调制饲料……反而有点自得其乐的样子。牛棚生涯严重伤害了徐诵明的眼睛，从牛棚出来后，他的眼睛只能看到模糊的人影，完全分辨不清谁是谁。见到家人，他十分亲切地讲道："小弟，我眼睛已经看不到你了。"说完便是爽朗的大笑。这份坦然、平和，让人无言以对，内心不由得涌起阵阵的酸楚。不过，他的身体依然强健，80高龄的徐诵明显得很硬朗，走路很快；90多岁还数度登上香山，毫无倦意，他十分喜欢京西的妙峰山、香山，在他任平大校长、北医院长等职务期间，就常常与同事好友一起骑着毛驴去京西，走京西古道，游香山。他告诫孙辈，要登高望远，站得更高，看得更远。

"文革"期间，徐诵明被安排到一间六个半平方米的偏房去住，一张单人床占据着大部分的面积，除此之外，几无立足之地。学医的人都特别讲卫生，徐诵明也不例外，即便是身居陋室，也从来一尘不染，他身材瘦高，鹤发童颜，看上去依然是那么干练，经常会身体笔挺地坐在房间里沉思，不时在房间里踱步。虽然身处逆境，历经磨难，心理上要承受巨大的压力和委屈，但是徐诵明从未有过失落和抱怨，他始终严于律己，宽以待人，以豁达大度的心胸看待眼前的风风雨雨。徐诵明一位身居高官的老友，在反右时为了保护自己，做了对他落井下石之事，但他从来没有说过此人的坏话，多少年后，还是这位老先生在一篇文章里表示了对他的歉意，他听到此事，微微一笑，表示了对此人在当时政治环境下的行为的理解。中华医学会司机班的班长老纪师傅也不止一次感动不已："从我参加工作，这么多年，每次我把老先生送到家，老人从来都是目送我的车离开，次次如此。"

徐诵明的一生中，充满着起伏，但却没有大喜大悲，很少看到他发脾气，也从没听过他说任何人的坏话，正是这种平常心，对一切事坦然处之的儒雅态度，为众多的学生和同事所折服。徐诵明患有慢性支气管炎，一直咳嗽不停。一次，由家人陪同去医院看病，进了医院，病人不多，有三四人，也没有椅子让候诊的病人坐。那位大约50岁的男医生看到他病历上的名字，立即起身，把他带到旁边医生休息室的地方，说："您先坐一会儿，等一等。"过了大约20分钟，他过来给徐诵明仔细听了听肺部，开了消炎药和咳嗽药。那时，徐诵明胸前还戴着"历史反革命"的白条，有些医生对这样的病人唯恐躲之不及，怕划不清界限，更有甚者会落井下石。事后，徐诵明说："大概是北医的学生吧。"还有一次，是在家人陪同他去香山散心的途中，在公共汽车上遇到两位四五十岁的男子，他们原来坐在汽车的头一排，当他们看见徐诵明时，很有礼貌地站起身来打招呼道："徐校长，您好！"这些与多年前门生的偶遇，也许对于那个年代的徐诵明来说，是一种难得的心灵慰藉。

双目几近失明的徐诵明被迫写交代材料时，态度依然认真严谨，不卑不亢。他每天先把要写的材料写成两三寸宽的一段段小字条，然后默诵给孙子，由孙子一句句写就成篇的文章，然后再一句句读给他听,他逐字逐句修改、敲定,非常认真,往往拿着放大镜,眼睛几乎贴在稿纸上,一字一字地核对材料,有时用哆哆嗦嗦的手去修改,并认真地盖上图章。就这样,每天可能要写三四个小时以上,仿佛那并不是被迫所写的交代,而是对于自己一生经历的郑重总结。他从18岁参加辛亥革命写起,一直写到北平和平解放,他调到沈阳医学院任院长,时间长达41年之久,他的孙子至今还记得文章开头的第一句话是:"我曾参加辛亥革命……"

1978年,徐诵明得到彻底平反,同年被推选为第五届中国人民政治协商会议全国委员会委员;1989年,担任九三学社中央参议委员会委员。他不顾高龄,积极地参加全国政协的各项工作,参政议政,为祖国贡献他最后的一点心力。每次政协开会,都是孙辈轮流陪他去,让人吃惊的是,会后他把国民经济的各种指标数据记得非常清楚,没出人民大会堂便默诵给孙子听,特别是教育卫生经费。他眼睛不好,就口述让孙子做记录,作为提案上交,认真到标点符号一个都不能错。

在"文革"期间,徐老的事业几乎是一片空白,这20多年,徐老饱尝了人间的辛酸。在他去世后,全部财产只有3000多元钱。其实,即便是新中国成立后,徐老也是国家首批一级教授,每个月有330多元的工资,按说,生活条件还是不错的,但是,徐老考虑到国家处在困难时期,坚决要求降了两级工资,再加上每个月还要贴补儿女子孙,也就空空如也了。单位里的同事有困难,时常向他借钱,有的人根本就不还,他也从来不提。徐诵明晚年的生活极为简朴,每天的菜肴经常是霉豆腐、梅干菜、糟蛋之类,但一次孙辈来看他,徐老还是弄了一桌可口的浙江风味家乡菜,让生活苦中有乐。他从不喝酒,也没见他抽烟。据说,年轻时是抽烟的,但到了60岁时说戒就戒掉了。

1991年8月26日上午10点55分,徐诵明教授因肺部感染、循环衰竭在北京协和医院逝世。享年101岁。

九

徐诵明虽为国民党元老，但并无党派之见，开明爱国，为人正直，公正厚道，他推崇蔡元培先生的"兼容并包，学术自由"的教育思想，重视人才，任人唯贤，尊重教授讲课的自由，不问党派，只要是学生欢迎的教授，他都会予以聘请。1934年，徐诵明看到范文澜、许寿裳教授为人诚恳，工作认真，教学也受到学生的欢迎，即先后聘请他们为北平大学女子文理学院的院长，充实了国立北平师范大学的师资队伍，活跃了学校的教学气氛；1934年7月，他将商学院合并到法学院，改组为法商学院，聘任白鹏飞教授（著名民主人士，积极支持爱国师生的抗日救亡运动。"皖南事变"后，他义愤填膺，在广西建设研究会上，公开宣读《上蒋介石书》，要求蒋下"罪己诏"，险遭杀害）为法商学院院长，使法商学院成为民主园地。

除此之外，他还有一些学生加入中国共产党并投身于革命，在抗战期间，为中国共产党的医药卫生工作立下功劳，新中国成立后，又成为我国卫生事业的主要领导者，为我国卫生事业的发展发挥了重要作用。1928年，正值大革命进入低潮，中国共产党党员贺诚肄业到了上海，生活非常困难，便上门找老师徐诵明帮忙，徐诵明认为贺诚为人正直，成绩优良，故补发了校方借故扣发的毕业文凭，有了这张文凭，贺诚才得以在上海开了个达生医院。达生医院后来成为中共中央政治局的秘密联络点，周恩来等中央领导同志经常在此召开重要会议。以后中共许多的上海秘密联络点都被破获，只有这个绝密的联络点侥幸保留了下来，为保存中央立下大功。新中国成立后，贺诚先后担任中国人民解放军总后勤部副部长兼卫生部部长、中央卫生部副部长等职。此外，徐诵明的学生中，黄树则在新中国成立前曾任延安白求恩国际和平医院医务主任、儿科主任、院长，第一野战军卫生部副部长等职；新中国成立后，历任北京医院院长、总后勤部卫生部教育处处长等职。马旭新中国成立后到北京大学医学院担任教育长。

1937年，教育部部长王世杰密电时任北平大学校长的徐诵明，以法商学院的陈豹隐、李达、程希孟、许德珩、沈志远5名教授是倾共分子为名提出要解聘他们。随后，他去南京找王世杰说："学校聘请教授，一向只问其学问如何，不论政治派别。大学校长的任命权在教育部，教授的聘请和解聘则在学校，教育部怎么好越权下令？再说，教授的聘书是有期限的，这几位教授各有专长，全国闻名，不但没错，并且是深受同学们欢迎的。你可设身处地地替我想一想，就是时限到了，也无理由向他们提出（解聘），就是提出，学生也不会答应。"为此，陈果夫遇到徐诵明说："像许德珩这样的人都被北京大学解聘了，怎么你们北平大学还要聘任呢？"徐诵明说："当校长不容易，不但要任劳，还要任怨。"此事一直无明确结果，拖至七七事变爆发前夕，国共合作、共同抗日时，强令解聘的事才不了了之。在之后北平大学西迁时，徐诵明仍以临大常委兼法商学院院长的名义，照旧对以上5位教授——发出了聘书，虽因战火阻隔，仅沈志远教授一人随校来陕，但足见徐诵明对民主和正义的强烈坚持。

新中国成立后，徐诵明虽然遭到了不公正待遇，但他从未丧失对党和国家的信心，也从不怨天尤人，心怀不满。在"文革"时，他能按当时的要求非常流畅地大段背诵毛主席语录，为当时的一些红小兵所不及。在百岁寿辰前夕，这位饱经时代风云的医学教育家，经卫生部部长陈敏章和中华医学会会长白希清的介绍，以百岁的高龄，光荣地加入中国共产党。百岁入党，可谓是历史的奇迹！

+

徐诵明是我国现代医学教育及中国病理学科的先驱，他为引进病理学、创建中国病理学、积极培养病理学人才做出了突出的贡献。除此之外，他的成就还涉及其他方面。比如，法医、翻译出版医学著作、传播医学知识等，可谓是硕果累累。

徐诵明在医学上很有建树，他的医学天赋早在其留学日本期间就显露出来了。1918年，他从日本九州帝国大学毕业后，留校研究病理学一年。在此期间，他成功地以实验证实寄生虫病领域内血液嗜酸性白血球增加的现象。1919年回国后，徐诵明在北京医学专门学校担任病理学教授，成为我国当时唯一的一位病理学教授，填补了我国病理学的空白。他积极创建了我国第一个病理学教研室并亲自担任主任，随后在北京市进行粪便内寄生虫卵普查研究。

1920年，徐诵明出席医学各科名词审查会议，为"病理学"定名，这一工作的重大意义在于，奠定了用中文讲授西方医学的基础。

北京医学专门学校是中国创办较早的西医学校，校址是清代"御医院"的旧址，设备差，校舍简陋，但具有民族特色，不同于当时的教会学校。徐诵明坚持使用中文医学名词，用中文授课，成为第一个使用中文讲授西方医学的人，在学术上也不受当时各国学派的局限，而是尽量融会英、法、美、日诸派之长，他授课时也十分注意讲课方式，不局限于老教材，融合多国诸学派之长，广泛引述英、日、德的医学文献，并结合自己的科研实践，授课内容翔实，使教学卓有成效，十分受学生欢迎，为国家培养了不少人才。

他当时的助教或学生在日后都成为我国医学领域的专门人才。例如，洪式闾成为我国寄生虫学的开拓者。林振纲在心血管疾病的病理学、病理解剖学的形态识别和分析方面有较深造诣。李漪成为我国著名的实验肿瘤学家。林几是中国现代法医学奠基人，并于1931年在北平大学医学院创建了中国第一个法医学教研室，等等。他的这些学生在医学的各个领域都发挥着重要作用。1930年，教育部聘请他为医学教育委员会委员，负责起草全国医学院校六年制教学规划，他首先在北平大学医学院开始实施七年制的教学。

在教学和研究之余，徐诵明还积极参与国内外活动，与国内外学者进行学术讨论，以增强自己的医学本领和促进中国医学的发展，呼吁人们重视医学、重视科技。1930年，徐诵明和全绍清等人代表"中华民国"医界参加日本第八届医学大会，并在同仁会招待宴席上发表重要讲话，表达了他对日本医学和中国留日学生在中国医学界发展的希望，他说："是以日系学阀，日渐衰微不振，言念及此，百感交集。"

徐诵明不仅在病理学研究和教学上做出了积极贡献，他还很重视医学的普及工作。1919年，徐诵明回国后，他应日本同仁会的请求将日本病理学家木村哲二博士的《病理学》上下册译成中文，让更多的中国人了解病理学。此外，徐诵明还在1921年召开的北京公共学术演讲会上发表题为《梅毒与结核》的演讲，他分别讲述了梅毒和结核这两种病的产生、发展、病因、症状及危害，使人们更深入地了解到这两种病，增强了人们的防范意识、普及这两种病的医学常识。1932年，他又负责全国的公共卫生工作，在北平市西城区开办全市第二所卫生事务署。1940年，徐诵明在汉口的《教育通讯》上发表一篇题为《医学院》的文章，指出当前中国医学条件较差、人民健康水平较低、从医人员匮乏的现状，然后，他还向人们介绍了医学院各个专业的设置，最后，他为大家介绍了当时全国设立医学院的各个高等院校，他向大家普及对医学院的认识，鼓励人们报考医学，认为当前面临种种困难，"若不及早挽救"，将"影响抗战前途"，从而导致"民族危机"。新中国成立以后，徐诵明于1953年担任人民卫生出版社社长时，主持出版和重版中医经典著作和俄文版高等医学教育教材，并且翻译了英文版《论广岛原子弹爆炸及危害性》一书。随后在1956年6月，徐诵明任中华医学会编辑部主任兼《中华医学杂志》总编辑（《中华医学杂志》是当时中国唯一的一本医学杂志，此杂志在1966年6月停刊，为我国医学科学知识的普及、学术交流提供了专门的平台）。

徐诵明还冲破我国历代封建迷信忌讳尸体解剖的观念，力争进行尸体解剖，积累标本，以供给教学和研究之用，为国内的医学做出跨时代的贡献。他还曾为法院做过鉴定工作。1934年，徐诵明受到法医研究所所长林几的邀请，来到法医研究所发表了一次演讲，不仅讲述了他在北平医学院教书的时候替法院做鉴定工作的经历，而且毫不避讳地讲述了自己在检验中犯的一个错误，以自己的亲身经历来给年轻的法医们提供教训，他提出："为法医师者，一方面固然要按法官所询问的目标去做，同时在检验完竣时更必须具有'胆大'的明决本领，这就是说，在经过'心细'的检验得有明确的结果时，应当'胆大'地把检验所得结果直截了当地鉴定出来。决不可做似是而非的鉴定。"随后，他还对法医这一职业在中国的境况做出了分析。他认为法医虽然目前在中国的地位还不是很高，但前景是很好的，随着中国的发展，人们会认识到法医的重要性。他鼓励从事法医工作的人认真、努力地工作，他说："兄弟感到现在中国是需要科学的，只是靠几个伟人天天发空谈、唱高调是不能救中国的。法医既是技术科学，若能从事研究，也是科学救国的一端。诸位万勿轻视自己，拼命向前努力，一定会有满意的收获的。"最后，他还对中国的早期法医工作者的发展提出了希望："只要诸君努力，将来希望极大，出路极广。"

十一

徐诵明一生将自己的命运与灾难深重的祖国的命运紧紧地联系在了一起，为国家、民族付出了他的一切。他一生以国家的富强为目标，从不挂怀个人的际遇、得失，也从不因为自己的不幸遭遇而放弃对国家的感情。晚年，他教育孙辈："一个人要有国家的概念，要爱国，一个人一生没有成就没有关系，但绝对不能做对不起自己国家的事情。"纵观他的一生，此二者，他都做到了，他一生怀着对祖国深

北京大学医学部所立的徐诵明铜像

深的爱恋,每每在国家危难之时挺身而出,在医学研究、医学教育方面硕果累累。他将自己长寿的原因归为,"看到年轻时的许多理想,现在一一变成了事实,心里感到非常满足",他的那些理想无关个人。在他说出"我曾参加辛亥革命"时,当是满怀自豪的。

海纳百川大宗师
——医学家侯宗濂

□ 南北湖

在国立西北联大医学院的发展史上，有一位北平大学医学院来的神经生理学教授，他1944年至1947年任国立西北医学院院长，新中国成立后，又持续任此院院长20余年，是该医学院任职时间最长的院（校）长。他曾留学日本、奥地利、德国，归国后创建了福建医学院（现福建医科大学）。他在神经生理学研究方面颇有成就，驳倒了当时生理研究中引为经典的学说——拉皮克学说，并建立了自己的学说，被国际生理学界广泛承认，写入新的生理教科书。他还兼容并包，用西医理论研究中医，成功研究了针刺麻醉原理。他，就是侯宗濂。

一

侯宗濂1900年春出生在辽宁省海城县文甲沟村的一个殷实人家，13岁考入"南满医学堂"（"满洲医科大学"前身），20岁以优异成绩毕业。毕业后，他希望做内科医生为国人解除病魔之痛苦而发挥一技之长。但当时的中国，正处于百废待兴时期，医学研究人才严重匮乏，学校看重了他扎实的理论基础，建议他留校从事基础理论研究。

侯宗濂

如果说，医生能解除人生理上的病痛，那么，医学研究的意义则在于，能发现和创造更多先进的方法、技巧，找出疾病产生的原理和机理，为更多的患者以更科学的方式解除疾病的困扰。于是，侯宗濂在日籍著名生理学者久野宁教授引领下步入生理学研究领域，开始了他为之奋斗一生的事业。他最初在久野宁指导下进行人类汗腺活动与季节关系的研究，不久，就为久野宁教授的发汗机理提供了非常可靠的实验依据。

1922年9月，久野宁教授选派他去日本京都大学进修，以便更广泛地开拓知识面，提升生理科研能力和水平。当时，医学水平较高的国家，一个是德国，一个是日本，国内学医者都是奔着这两个国家而去的。日本京都大学成立于1869年，是日本排名第二的综合性大学，医科是它的强势学科。到京都大学的第一年，在石川教授指导下，侯宗濂主要进行肌肉神经生理学的研究工作。由于石川教授同时指导十几名研究生、进修生和助教，整天忙忙碌碌。学生的研究和论文完全要靠自己独立搜集资料，边学边做边写。对于年轻的侯宗濂来说，充满了艰辛和痛苦，常常沿着一个思路走了很远，结果发现方向错误，于是推倒重来，这样的工作不知进行了多少回。但经过那一段坎坷的摸索，实际上对培养他的独立科研能力大有好处。第二年，他在正路教授指导下，进入与生物物理化学有关的研究工作。

侯宗濂在1924年结束日本留学回满洲大学任讲师，他看到国内神经生理上的空白，提出了要做"温热对直流电作用于神经的影响"的研究课题，随后，独立完成了此项研究工作，并于1926年在东京第七届热带医学会上将论文宣读，赢得好评。在这次大会上，侯宗濂与我国生理学会的创始人林可胜教授相识，并应其邀请去协和医学院工作半年。1926年4月，侯宗濂在日本京都大学通过了博士论文答辩，由日本文部省（教育部）授予他医学博士学位。年仅26岁的侯宗濂已成为国际生理学界备受关注的后起之秀，他毕业后的第6年，在"满洲医科大学"被提升为副教授。

1930年，学校又派侯宗濂到德国和奥地利留学一年半。他先后在奥地利因斯布鲁克大学的布吕克教授和德国莱比锡大学的Gildemaster教授指导下进行研究工作。刚到奥国不久，布吕克教授就让他对一位学长的论文进行复核。侯宗濂将这项研究重做了一遍，发现确实有错误，大家为他这种严谨细致的研究精神所感动。还有一次，一项实验反复得不出预想的结果，就连老师也百思不解，侯宗濂就从实验的每一个环节反思。当看到试剂瓶时，他想到工人在洗乳钵时会不会留下了洗涤液中的硫酸，随即亲自反复对乳钵和其他一切玻璃器皿洗涤，结果实验顺利地出现了应有的结果。此后，他自己做或者是教学生做研究，都要求亲自动手并注意每一个细小环节。还有一件事，令研究室的所有人对他刮目相看：教研室的一位讲师要侯宗濂做一项辅助研究工作，他发现该研究工作的前期设计有些问题，便直接向这位讲师提出，但这位讲师固执己见，不愿纠正。侯宗濂没有争辩，而是在随后复活节的三天假期里，按照自己的思路进行了实验，拿出了正确的结果。侯宗濂以他严谨的科学态度和求实的人格魅力，赢得了这位讲师和研究室所有人的尊重。

二

1931 年秋，侯宗濂从德国莱比锡大学归国，回到"满洲大学"，他的老师久野宁教授非常高兴。但九一八事变发生，在爱国志士不做亡国奴的口号感召下，侯宗濂不顾久野宁教授的一再挽留，离开了"满大"，来到北平大学医学院任教授。当时，该校已成立将近20年，

1934 年林可胜教授和侯祥传、侯宗濂、沈淇、Necheles H 等生理学家（从左到右）在学生实验室

但没有开设生理学实验课。他到任后，创建了生理教研室，编写了全部教材，系统讲解生理理论课。同时，他开设了生理实验课，指导全部实验。1932年至1937年，他还兼任了协和医学院名誉教授。他挑选人才不唯分数论，认为只有分数而没有能力的人是难以成材的，主要考查学生分析问题和解决问题的能力，考查观察能力和动手能力，还特别重视对哲学和自然辩证法的理解。他要求助教尽量多读教科书，在读的过程中比较、鉴别，从不同的角度加深对问题的理解，不断提炼其精华，抓住本质。他培养的几名助教和进修生，例如，李茂之、贾国藩、方怀时等，先后都成为著名的生理学家。

三

1937年，侯宗濂应当时福建省政府主席陈仪的邀请，赴福建创办福建省立医学专科学校。经过多方勘察，最终校址选定在福州。筹建工作刚刚开始不久，抗日战争进入全面抗战阶段，国内时局发生了较大变化，为了能持续开展学校的筹建工作，不得已之下又重新选址闽北山城沙县文庙，继续开展筹建工作。当初，侯宗濂本意在该校筹建就绪后仍回北平医学院任教，但因七七事变爆发，北平全面沦陷，大学教授们纷纷到陕西、重庆办学。在此情况下，侯宗濂教授决定留在福建，担任新成立的福建医学专科学校第一届校长。当时状况非常恶劣，人财物极度匮乏，为了医专的发展，侯宗濂凭借个人声望引进师资，组建了一支高水平的教师队伍。为了搭建教学平台，购置必需的教学设备，侯宗濂派专人利用美资持北京协和医学院的证件，从海路冒险去北京、上海采购药品、仪器、图书。就这样，在烽火连天的时局下，学校开始正式运转。

当时的福建是个资源匮乏的山区，生活条件非常艰苦，缺医少药，瘟疫流行。除了人口多一点的城关有教会办的医院、卫生院外，几乎

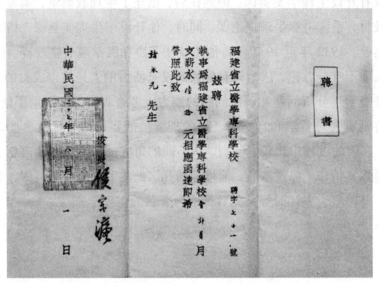

侯宗濂任福建省立医学专科学校校长时签发的聘书

找不到科班出身的医生，因此，经常有人因为不能及时得到治疗，被一些并不复杂的疾病夺去了生命。侯宗濂牵头举办了五年连贯制的医专班，专门招收初中毕业生，一学年三个学期，没有寒暑假，在保证质量的前提下，毕业后资历等同高等专修科。这在当时是个创举，一定程度上缓解了"医生荒"的现实情况，为改善当地人民的就医条件发挥了重要的作用。

在随后的几年，经过师生不断的努力、改进、修补、扩充，福建医学专科学校已是学科较为完整、师资队伍稳定齐全、水平较高的医学高等学府。这个学校之后更名为福建医学院，现为福建医科大学。

1942年11月，福建医专建校五年，由于福建省政府主席陈仪离职，时局政要变迁，侯宗濂被调离福建医专，去省会永安"升任"为名虚无实的福建研究院院长。不久，国民政府教育部委派他到陕西接任国立西北医学院院长。

四

1944年5月30日，国民政府任命侯宗濂为国立西北医学院院长。当时的西北医学院是由北平大学医学院的师生主体组成，随后又收纳一些其他沦陷区的教授和学生。校舍分布在陕南汉中的几座古庙内，常常受到日寇飞机的轰炸，形势一片动乱，条件极为困难。汉中地区，北边是千里秦岭，南边是连绵几百里的大巴山，千峰万岭，交通闭塞，土地贫瘠，各方面条件都非常艰苦，不亚于当年的福建山区。加上从沦陷区迁来大量学校，人们吃饭都成问题。

首先，侯宗濂要和大家一起直面生活上的困难，解决吃住问题。由于校舍紧张，教授们多是住在简陋的校舍或租住在当地的农民家中，不少教师往往要步行一二十里路去上课；学生则住在竹片泥巴墙的草屋里，睡双层大铺，夜间透过瓦片的缝隙可见星月，遇到下雨时，上课、吃饭，甚至睡觉都得撑着雨伞。学校食堂的伙食供应通常只有发霉的糙米和见不到油盐的白水煮青菜。每天只吃两顿饭，吃饭时经常是八个人围着一小盆白菜汤，菜里很少见到油星、吃到肉渣。不少学生由于生活没有着落而被迫休学，有的则时断时续，甚至读了六七年才得以毕业。教师的生活比学生稍好一些，但也非常困难，跟战前无法相比。生计上的艰难在侯宗濂眼中是次要的，最令他担忧的是，医学设施的不足与医学教师的缺乏，不能给学生们提供必要的学习条件，不能给病人提供良好的诊治环境。学生上课缺少笔、纸和课本，常常是几个人或十几个人共用一本教材，晚上靠点油灯或土蜡烛照明读书。最感缺乏的就是图书馆的书籍和实验室的基本设备，两台旧的记纹鼓是当时生理、药理实验室的唯一记录仪。由于教学医务人员饱受国破家亡之苦，为生活所迫，大多颠沛流离，人才进出频繁，流动性大，很难保证基本运转，处于一种战时流亡教育状态。侯宗濂不分派别，对留学英、美、日、德的人兼收并蓄，并聘请到当地的几位名教授共同工作。当时正值日寇进攻贵州，他又引来多位南方教员，充实师资力量。侯宗濂当时在医学界已有较高的声望，加之他心胸开阔，能容纳反对自己而有真才实学的人，因此受到大家的拥戴。教授们冒着敌机轰炸的危险，在极其简陋的条件下辛勤努力，开展手术，因材施教，为学生和广大民众服务。在汉中期间，医学院共代教、培养学生205人，诊治病人不计其数，为抗战的胜利做出了积极的贡献。1944年5月，侯宗濂又带领附属医院复迁南郑县城内与汉台门诊部合并，学院本部搬到原附属医院院址文家庙，医学院在汉中一直坚持到1946年8月。

1946年8月，侯宗濂带领医学院北迁西安，随医学院并入国立西北大学，继任西北大学医学院院长。在雪耻强国、学成报国的意念激励下，侯宗濂携全体教师严格施教，学校学习气氛浓厚，课程繁多紧张，教室的烛光常常亮到天明。许多学生毕业后，直赴解放战场，洒血捐躯。身临旧中国的苦难经历，侯宗濂把救国的希望寄托于中国共产党，因此，他并没有因为遭到战火的摧残而中断教学、中断研究，相反，他更坚信新中国就要成立，更需要一批优秀的人才，所以为之奋斗不已。

新中国成立后，侯宗濂被任命为独立设置的西北医学院院长。他非常重视人才培养，20世纪五六十年代，医学院曾派多名青年教师去苏联留学，这在当时是高等医学院校出国留学人数最多的。这些老师回国后都成为各学科领域的学术带头人。1965年，经国家教育部批准成立了以侯宗濂教授为首的"西安医学院生理研究室"，编制20名，这是当时国内高等医学院校成立的为数不多的几个生理研究室之一。

侯宗濂不断追求真理的科学奉献精神，是青年教师学习的楷模。他提出科技工作者确定研究的方向和"选题"极为重要，一旦研究方向确定下来，选题不要范围太广，要有自己的设想，最好能提出一个假设，针对最感兴趣的问题，从简单到复杂，从现象到本质，步步深

侯宗濂任西北医学院院长的任命通知书

入。不要做仪器的"奴隶",这样继续坚持下去,定能有所发现,做出成果。他还非常注重科研基本技能的训练,要求研究者亲自动手,注意每一个实验细节。实验条件要恒定,才能做出预想的结果。他经常讲自己在德国留学期间的一次次教训和经验,从刷瓶子、配试剂,到实验的每一个步骤都很仔细,实验结果才能成功。他时常强调,科学研究是一项严肃认真的工作,对实验资料的分析一定要实事求是,不能有半点的虚伪。侯宗濂是这样说的,也是这样做的,他对每一个研究生的论文都进行了仔细的审查和一句一句的修改,他严谨科学的作风,给教师学生们留下了深刻的印象。

1963年3月,侯宗濂参加了在北京召开的"全国医学科学大会",会议讨论制定了全国医学科学十年规划。3月10日会议闭幕,毛泽东主席接见了参会代表。当毛主席走到侯宗濂的面前,握住他的手时,说了一句话:国家感谢你们!侯宗濂双眼顿时涌出了泪花。

五

侯宗濂一生中最重要也是最有影响的研究成果，就是纠正了生理学上一个至关重要的理论。1930年，赴奥、德留学期间，他发现当时学术界认可的"时值"理论有很大缺陷，便大胆提出了质疑和挑战。周围的人们并不看好他的做法，因为当时此理论是由世界生理学界公认的法国科学院院士拉皮克（lapicqe）提出的，并一直引为经典。侯宗濂没有退缩，而是进行了大量的研究论证，提出并找到一个新的确实反映兴奋性的指标来取代拉氏"时值"。论文在德国《生理学杂志》发表后，立即引起了国际生理学界的震动并很快被学术界承认，并写入了新的生理教科书。这件事的影响，使他终身居于生理学界举足轻重的地位。

在北平大学的六年里，侯宗濂继续深入进行科学研究，在国内外发表大量论著，如深入研究了短时通电两极兴奋、两极抑制的学说；发表了"费氏（fick）间隙"的研究论文；制备出交感、迷走神经心脏标本，可单独刺激支配心脏的交感神经；等等。

具有很强药用功能的鹿寿草多生长于城固地区，对治疗心脑血管和风湿关节痛很有效果，侯宗濂在西北医学院时，因地适宜地开展了此方面的研究。1946年，他与方怀时教授在医学杂志共同署名发表了科研论文《鹿寿草的药理作用（初步研究报告）》，为后来研究鹿寿草的药理作用并在临床上使用提供了可靠确切的资料。

20世纪50年代中期，党中央号召科研工作要理论联系实际，侯宗濂想到自己20世纪30年代曾做过关于兴奋性及其指标的研究，既是理论工作，又有实用价值，于是重新开展了这方面的研究。他从苏联学者纳索诺夫的工作受到启发，提出应激性和兴奋性是可分的，在组织发生兴奋的过程中要经历应激和兴奋两个阶段，即"兴奋发展过

1963年3月10日，毛泽东主席接见参加全国医学科学十年规划会议代表时与侯宗濂院长（前右二）握手

程阶段论"。当时，他的这些观点在国内生理学界引起了激烈的争论，侯宗濂教授认为有争论是好事，这会促使人们去深入思考，使工作实践更接近真理。

在1958年的教学改革中，西安医学院率先在国内医学教育界提出了"分科循环，集中教学，按人体系统分科"的教学模式并予以具体实施，中共中央宣传部陆定一部长亲临学校进行视察，给予高度肯定。同时期，学校还开展了西北首例低温麻醉心脏外科直视手术，并召开了全国现场会议。学校派出的医疗队在陕北发现用大量维生素C抢救克山病重危病人成效显著，其研究成果享誉国内外。由学校教授编著的《颌面外科学》和《皮肤病学》的出版，以及心电向量视波器的研制成功，使学校教学科研工作在国内名声大震。

1972年，周总理发出了"在全国开展针刺麻醉研究"的号召，侯宗濂响应号召，研究针刺镇痛原理。首先是确定研究的方向，他认为，研究针刺麻醉的中枢原理，我们比不过北京、上海等地，但是，我们有研究普通神经生理学的基础，研究针刺麻醉的外周原理较有优势，因此，决定入手"穴位与针感、针刺与镇痛传入纤维类别"的研究。这是一个他原来并不熟悉的领域，已逾古稀之年的他知难而进，阅读了大量文献资料，并在自己身上反复扎针体会针感，进而采用形态与功能相结合的方法，对穴位和针感进行了系统的研究。经过长期不懈的努力，他所领导的研究组取得了一系列引人注目的成果。

1974年，全国第一届针刺麻醉会议在西安人民大厦召开，这次会议制定了全国协作研究针刺麻醉的五个重点研究专题，其中侯宗濂是"穴位与针感"专题的负责人。1975年，卫生部在上海召开了各专题负责人会议，会上肯定了前阶段的研究成绩，并指出有条件的单位可成立针刺麻醉原理研究室。此时，侯宗濂信心倍增，积极投身筹划成立独立研究室的事宜。不久，"西安医学院针刺麻醉基础理论研究室"在学校成立，与生理教研室分离，并接纳了解剖学、组织胚胎学和生物学教研室的教师参加。至此，一个轰轰烈烈的针麻原理研究在学校开展起来了，一篇接一篇的研究论文在《中国科学》《中华医学杂志》《生理学报》《动物学报》等国内重要学术期刊上发表。该项目在1979年第一次全国科学大会上获得"科技成果（集体）奖"。

侯宗濂的事业面很宽，他博学西医原理，又不被既成观点所束缚，创新地提出自己的理论，并一次次开创新的研究领域，他倡导中西医结合，用西医理论研究中医医学，的确是位成就背景很广的医学宗师。

六

"文革"中，侯宗濂受到了不公正的对待，有人让他揭发党员领导，他实事求是，从不落井下石。1972年，开始落实知识分子政策，侯宗濂从"牛棚"中被"解放"出来。1985年，他以85岁的高龄光

西安交通大学医学院内的侯宗濂铜像

荣入党,实现了他一生最大的夙愿。这一年,学校又改名西安医科大学,属卫生部直接管理,他成为名誉校长。

侯宗濂十分热心于学会工作。他 1927 年加入中国生理学会,曾长期担任中国生理科学会的理事、常务理事;于 20 世纪 50 年代初,创建了陕西省生理科学会,在他的倡导和组织下,学会经常开展学术活动,推动了陕西省生理科学的发展。此外,他还担任过中华医学会理事、中华医学会陕西分会副理事长等职。新中国成立以来,先后担任全国人大代表、政协委员、九三学社中央常委、陕西省人大常委会副主任、省科协主席、九三学社陕西省主委等多项社会职务,为我国医学教育事业和科学技术的发展做出了十分重要的贡献。

侯宗濂不但对自己要求苛刻,对家人、朋友也很严格,从不护短、不谋私利，是位刚正不阿的老人。新中国成立后，他拿着很高的工资，每月364元，而一般工薪家庭的人均月收入不过三四十元。他常常拿出钱来帮助周围困难的职工。在他晚年，学校给他配了一辆小轿车，无形中成了大家的公车，谁有病或上车站他都让去送。他从未用自己的影响力和职权为自己的家人、朋友谋私，家里的亲戚都是凭着自己的能力在社会上谋职，没有人能沾上他这棵"大树"的光。侯宗濂在"文革"后兼任陕西省人大常委会副主任，省人大常委会在西安市朱雀路给老领导盖有家属楼，房子比较宽敞，侯老一去世，他的女儿侯达文就和姐姐退了房子搬回学校的两间小屋，并将父亲收藏的所有书籍捐赠给学校图书馆。

　　侯宗濂于1992年3月17日在西安因病去世，遵照他的遗愿，将其骨灰分别安葬在西安交通大学医学院和福建医科大学的校园内。在西安交大医学院的中心花园中竖立着他的一座塑像，塑像前，经常有人敬献着一束束鲜花。

人之标准
——地质学家郁士元

□李海阳

他是一位真正的中国人，一位能代表中国的中国人，一位使中国成其为中国的中国人！太平时期，他平凡如土、与世无争，甚至逆来顺受；可当外敌入侵，兵锋直抵家门时，他便立即变成这个国家最锋利的剑刃，挺身抗暴，毫不畏惧；一旦兄弟有难，他会挺身而出，舍命担当，不背叛、不离弃，让人知道即使世界都背叛了你，他也不会背叛；而当一切危难过去，他就又会回归平静，回到平凡如土的日常生活。

一

郁士元，字维民，1900年，出生于江苏盐城秦南仓的一个大户人家，其父算是位地主，但思想开明，对家中长工、短工都很好，长工时常会抱着四五岁的郁士元在庭院玩耍，对他说："小少爷，这么大的家业以后可都是你的。老爷对我们好，以后，我的儿子也给你当长工。"家人给郁士元取名"士元"，意为希望他做官，做官就要为百姓办事，所以，起字"维民"。但郁士元并无做官的念头，更不满足于

青年郁士元

继承祖宗家业，他有自己的理想和目标。他在家乡读完小学后，考入江苏省立第八中学（后改名为扬州中学）。扬州中学在当时很有名气，有说法称"北有附中，南有扬中"，附中是北师大附中，扬中就是扬州中学，胡乔木、江泽民等都毕业于扬州中学。当时，中国的知识分子主要有两个方面的理想：一是教育救国，兴办教育机构；一是实业救国，兴办矿业等实业。郁士元接受了这种理想，以优异的成绩从扬州中学毕业后，考入北京大学地质系，师从地质大家李四光、谢家荣、朱家骅、翁文灏、格路高（德国人）等，1923年，毕业后留校任教，先后任北大地质系助教、讲师、副教授，兼任北洋大学、北平大学、北平师范大学、东北大学教授。同时为北平地下水勘探专家组成员，还是北平报社科普栏目特约撰稿人。在此期间，曾公派赴日本考察、研修。1937年，抗日战争全面爆发后，郁士元来到陕西，任西安临时大学教授，后随校迁往陕南城固，任国立西北联合大学、国立西北大学教授，在任西北大学教授、代理系主任时，他仍兼职于西北工学院和西北师范学院。

在大学任教时，郁士元在教育救国的思想指导下，同萧一山先生（萧一山是郁士元的同乡挚友，曾任北京大学文学院院长、国民党参政会的参政员）商量后，从1929年开始，至20世纪50年代私立学校一律交政府公办前，先后创办了北平市私立文治中学、城固私立文治中学和西安市文治中学，担任这三所中学校董事会的执行副董事长、董事长，并一直兼任着三所学校的校长。抗日战争中，郁士元被推举为北平市中等教育学校的校长代表，参加了蒋介石在庐山举行的抗日

郁士元与妻儿合影

郁士元和龙凤胎儿女合影

动员大会和培训班。

在抗战的危急关头，国民政府教育部发令，以北京大学、清华大学、南开大学等为基干，成立长沙临时大学；以北平大学、北平师范大学、北洋工学院等为基干，成立西安临时大学。郁士元在庐山开完会回到北平后，日军已入侵北平市，北京大学已开始内迁，他本来是要跟随北大立即离开的，可才从庐山回来，北平私立文治中学的很多事情急需他处理，面对战端，学校只能解散，等郁士元办妥学校的停办及教师安排与发放遣散费等善后事宜后，迁往长沙的大部队已经走远，而且向南的路也已经走不通了。因他还在北平大学、北平师范大学等校兼课，这时通往西安的陇海线还能勉强通车，他便决定随这几所学校一起迁往西安。在此期间，日本人一直在抓捕郁士元，从来没戴过太阳镜的他出门时都戴着墨镜，并且压着低低的帽子，不愿被人认出，他是文化界、教育界的知名人士，这样做是不想让日本人发现被扣住。这时，郁士元已经有四个孩子，最小的两个是龙凤胎，才两三岁，刚会说话和走路，夫人廖秉珩患有肺结核卧病在床，不便长途跋涉，也无法照顾四个孩子，夫妻俩商量后，决定由郁士元带龙凤胎先走。就这样，郁士元一手抱一个，带着两个年幼的孩子到了西安，后至陕南汉中城固。

抗日战争胜利后，西北大学从城固迁至西安，郁士元一直在西北大学地质系任教和进行研究工作。1946年，他也曾有机会回北京，但因舍不下他在西安所办的西安市文治中学，于是便留在了西安。1949年后，郁士元历任中国地质学会理事，陕西省地质学会常务理事、副秘书长、秘书长，陕西省科普协会常务委员等职。

郁士元一生从事地质教育事业近60年，先后主讲过七门地质学方面的课程，主持编写过多部地质学教材，参加了西北大学地质系的创建工作，他重视地质实践，勤于野外调查，在西北地区时，对陕西省的地质问题进行了比较深入的研究，发表了《西安附近的地质简述》《汉中梁山地质》《勉县煤矿区之地质》等学术论文，为陕西地区地质工作的奠基人物之一。郁士元认为，科普读物能够开发民智，教育救国，所以还一直坚持做科学技术普及方面的相关事宜，亲自撰写和编辑《有没有鬼神？》等多种科学普及读物。

仅仅从这些经历来看，郁士元只是一名普通的教授，他教书育人、忠于自己的职责。可是，他的一生不仅如此，他把自己的个人际遇与国家命运紧紧地联系在了一起，造就了别人没有的传奇。

二

青年时，郁士元就是个热血男儿，在北京大学读书时，他参加了五四运动，头部曾被北洋军警打伤，三块疤痕伴随终生。20世纪20年代，经胡启东先生（胡乔木父亲）介绍，郁士元加入国民党（郁士元和胡乔木两家是世交，不仅过去来往较多，共和国成立后，仍时有联系和见面。而正是由于这样通家之好的私人关系，后来给郁士元带来了7年的牢狱之灾，此事下文将有详述）。1923年3月2日，为农历癸亥年元宵节，北京学界与各界联合会为促进"废督裁兵""电请孙中山速兴义师，克日北伐"，举行元宵节提灯游行，遭北洋军警殴打，被打伤的师生和各界人士中，轻伤者190余人，重伤者约30人，郁士元即为北大13名受重伤的师生之一。冯玉祥将军领导热河抗日时，郁士元参与组织了北平市赴热河前线慰问团，又积极投入募捐购置飞机支援抗日的活动。对于这些购置飞机的募捐钱财，郁士元发表了一个言论，坚持将捐款直接交给抗日前线而不是交给国民政府，如果不这样，他担心这些钱不会用于抗战，而是另做他途，或被人挪用，那是万万不可的。为此郁士元被逮捕入狱，后经北京大学作保，历时十余日后才得以获释。郁士元还曾兼任宋哲元的参议，抗日战争时，作为北平市社会名流和有名的抗日分子，被推举为北平市中等教育学校的校长代表，参加了蒋介石在庐山举行的抗日动员大会和培训班。

三

郁士元参军且被授予少将军衔的事，要从 1943 年以后的抗日战争形势讲起。

1943 年以后，中国驻印军和入缅作战的中国远征军的作战极为艰苦，缺员很多。而与英军协同作战中，中下级军官和士兵普遍存在着外语交流不畅与文化素质低下的问题。这些因素，决定了只有知识青年从军，才能适应战场上的变化与需要。时任中国战区副参谋长的美军少将魏德迈，多次对蒋介石及军政部官员提及中国士兵素质问题，他批评道："国民政府征来的兵，首先是肚皮吃不饱，有的人骨瘦如柴，素质不佳；一般下级官员又缺少文化，不能掌握新式武器。"为弥补兵源不足状况，改善兵源质量，迅速提高军队战斗力，国民党中央执委会决定以国民党员和三青团员为骨干，开展知识青年从军运动，广泛动员学生参军。1943 年 3 月，国民政府立法院公布新的《兵役法》，扩大了征兵范围，缩小了缓役者范围；鼓励青年学生参军，规定学生服役期间保留学籍，使得青年学生特别是大学生消除了学籍的顾虑。1943 年 11 月，四川省军管区开始对青年从军运动进行广泛宣传，号召各地青年积极从军，此活动收效显著。

1944 年，日本侵略军由湖南长驱直入，为打通在华的南北大通道，支援太平洋战争，已经过广西占领贵州独山，逼近陪都重庆。这时，正是国民政府急需高素质的兵源，以接受美援军事装备之时。

1944 年 9 月 16 日，蒋介石在国民参政会即席演讲称："国家在此紧急战时关头，要先其所急，使知识青年效命于战场，因为知识青年有知识，有自动判断的能力，队伍中增加一个知识青年，就不啻增加了十个普通士兵。"他号召全国知识青年积极从军，提出"一寸山河一寸血,十万青年十万军"的口号。各地方当局纷纷响应,从重庆到浙江、福建、江西、湖南、广西、湖北、陕西、贵州、云南、甘肃等省市,出现了抗战历史上规模空前的知识青年报名参军热潮,至1944年年底,已有12.5万余人报名入伍从军。

1945年1月1日,应征入伍的知识青年陆续入营接受训练,训练时间为3个月,训练科目由兵器到战术,学科、术科及思想并重。之后,国民政府正式命名其为青年远征军(简称青年军),期望青年远征军部队能够像远征军第200师一样功勋卓著,所以,把青年远征军的番号从201开始,直到209师,共计9个师另2个团,后者因为人员不足被撤销,否则,就是10个师了。青年军9个师分别归属于中国远征军第6军、第9军、第31军,另外,有相当一部分调入新1军、新6军、第5军,辎重汽车第14团、第15团,宪兵教导第3、4、5团,伞兵总队,译员训练班,无线电训练班及派赴美国受训的海、空军等单位。拨给印缅远征军的青年军总数在1万余人,在印度受训结业后很快派到印缅前线担任交通运输、坦克车兵等技术兵种工作。

就是在这种大背景下,1944年,郁士元做出了一生中最具影响的一件事。43岁的他要放弃大学教授的职务,要求参军、上前线杀敌立功,他认为自己正当壮年,加之授课于地理地质系,经常到野外考察,练就了一副好身板,理应为国效命,遂不顾夫人孩子们的阻拦,向汉中师管区申请入伍。同年晚些时候,经张治中将军引领陪同,郁士元到重庆,受到蒋介石的接见慰勉,被特授予少将军衔,安排在蒋经国中将领导下的重庆青年军总部受训。这件事是当时国内的一大新闻,全国报纸竞相报道,监察院长于右任先生还书赠他条幅一件。

1944年8月20日的《大公报》如此报道:"各方闻讯,极表敬崇。先军政部已核定郁氏入驻陕之教导团充任同校级之政治指导员。自知识分子从军运动成为风尚后,大学教授之申请入伍者,此为第一人。"郁士元没想到,此事会宣扬得如此之大,他从没想过要出名、做官,加之看不惯"前方吃紧,后方紧吃"的官场习气,一心想赴前线,一再申请,但未获批准,只是调任当时暂驻防汉中的青年军206师任少将视导,身着军装,负责部队的抗战宣传工作,到各地视察,据说,是待命开赴前线。

回到汉中后,郁士元一边在军中工作,一边又回到西北大学兼课。汉中市离西北大学所在地城固仅数十里,又有班车,郁士元便每周坐班车往返汉中、城固两地,每周他一半时间在206师服役,另一半时间在西北大学授课。郁士元的参军入伍行动,的确鼓动了当时知识界、教育界的参军抗战热情,其他高校也有三四位以他为榜样参军的教授,同时,也带动了更多的爱国学生参加抗日青年军,西北联大就有约300名学生参军。郁士元对参加爱国救亡活动的学生,是支持和爱护的,对国民党迫害一些进步学生的事,也总是仗义执言。新中国成立后,西北大学曾对他的历史问题进行过调查,做出如下结论:"曾保护过我党地下党员和进步学生。"

据郁士元的大女儿郁和平女士讲述,她见过父亲穿军装的样子,很英武。笔者在采访1944年参加抗日青年军的西北大学地质系学生高启伟老人时,曾问他,郁士元教授是否在课堂上给他们讲过自己抗日参军的事情。他回答说没有。由此可见,郁士元本人对他参军入伍这件事情是很低调的。他的初衷,真就是只想上前线打仗杀敌,没想过别的。

1945年,抗日战争胜利后,郁士元辞谢了蒋经国的挽留,从青年军复员返校。

解放战争中,郁士元不满国民党的腐朽统治,欲申请或宣布脱离国民党,又怕引起特务注意。正当进退维谷之际,国民党在1948年进行国民党党员重新登记,他抓住这个机会不去登记,波澜不惊地脱离了国民党,结束了近30年的国民党党员身份。同年,著名学者、陕西华县人杨钟健先生来西北大学任校长,杨校长抵制了国民党当局将西北大学南迁四川的成命。郁士元和杨钟健在北京大学地质系时是同班同学,两个人的思想也一致,站在反迁校一边,迎来了共产党对西北大学的接管。

四

1966年"文革"开始后,郁士元被戴上"反动学术权威"的帽子批斗、抄家。不久,由于矛头指向"走资派",对他的批斗火力渐弱。不料,1968年5月的一天,下午两点多,郁士元正在西北大学地质系参加学习,突然闯进几个自称"中央文革"的人,将已69岁的他打倒在地,并五花大绑,在众目睽睽下塞进吉普车带走。当时家人都不在场,不知道郁士元被抓走,得知他被抓的消息后赶忙往回赶,看到抄家的人把整个家里翻得乱七八糟,但也不知道究竟是何原因,就这样,从此长达七年,家人都不知道郁士元的下落。

说起这件事的来龙去脉,要从郁士元与胡乔木的关系说起。

郁士元和胡乔木两家皆为江苏盐城人,是同乡世交,胡乔木的父亲胡启东比郁士元大12岁,郁士元比胡乔木大12岁,胡启东追随孙中山先生参加国民革命,郁士元参加国民党便是胡启东介绍的。郁士元上大学时,胡乔木还在上小学,每年寒暑假期间,郁士元都要带胡乔木这个邻家小弟玩耍。后来,郁士元到北京大学当副教授时,胡乔木在清华大学历史系上学,经常到郁家小聚,郁士元的夫人廖秉珩总是亲切地叫着胡乔木的本名"鼎新",热情接待,并亲自下厨为他做家乡菜吃。

1931年九一八事变以后,胡乔木是共青团北平市委委员、宣传部部长,他参与并领导北平学生进行游行示威,张贴标语,散发传单,向政府请愿,强烈要求国民党当局改变"攘外必先安内"的反动政策,积极主张出兵抗日,收复失地。他们还组织各界抗日救亡团体,

郁士元（左一）、郁协平（右一）父子与胡乔木（左二）的合影

积极开展抵制日货等多种抗日救亡活动。然而，由于当时的王明路线在中共党内占着上风，一些不切合实际和脱离群众的"左"的口号很有市场。胡乔木等团市委领导很不赞成这些脱离实际的"左"的东西，为此遭受中共河北省委的严肃批评。不久，因为团市委内部有人捕风捉影，又出现了所谓"北平团市委与托派有联系"的新的风波。于是，共青团北平市委被下令解散了，胡乔木当时的名字"胡鼎新"同时也上了北平市警察局要抓捕的黑名单。于是，胡乔木隐蔽在郁士元家，躲避特务的迫害，并继续从事革命活动。胡乔木每次给家里写信，都会标明"回信请寄到北京大学地质系郁士元转"。不久，胡乔木的父亲胡启东在胡乔木的家书中看到有"难言之隐"的句子和"回信寄北京大学郁士元转"的提示，很不放心，于是让胡乔木的姐夫张肃堂作陪，到北平了解情况。胡启东虽同郁士元很熟，但不知道郁家在北平的家庭住址，只好到清华大学找到乔冠华，由乔冠华引领到达郁家。乔冠华也是盐城同乡，当时在清华大学哲学系学习，和胡乔木有同乡、同学之谊。这样，胡启东才知道了胡乔木因参加党的地下活动，已被迫从清华退学，并上了特务追捕的黑名单。鉴于胡乔木的处境，胡启东认为，他继续留在北平不是长久之计，建议胡乔木向组织上请示并获准离开北平。这样，在郁家住了一段时间，胡乔木同郁士元互道珍重后，从郁家离开北平，返回家乡盐城隐蔽。当时，郁士元夫妇俩完全知道胡乔木的情况，但从来不问，心照不宣，只是感叹："鼎新走另一条路了，不知何时能再见。"

"文革"开始后，胡乔木在报刊上被"半点名"批判（"半点名"即不写胡乔木的名字，只写胡××，但大家都知道所指是谁），称其为"反革命修正主义分子"，被揪斗、游街、抄家。还有人说，胡乔木是叛徒，是因为有人认为他在20世纪30年代被国民党逮捕过，实际上，从前文的叙述可以了解到，胡乔木根本就没有被国民党逮捕，而是躲在了郁士元家中。

1967年5月1日国际劳动节，毛泽东参加天安门检阅活动后，车驶入南长街，看到了胡家门前墙上批斗胡乔木的大字报，毛泽东忽叫："停车！去看看胡乔木。"随行人员立即下车敲胡家的门，但敲的是东大门，此门胡家从未启用，而一直用的是北边胡同中的北门，所以大门未敲开。第二日，中央办公厅通知胡乔木，毛泽东于当晚9点来胡家。当晚，中共中央办公厅主任汪东兴跟胡乔木在胡家一同等待毛泽东的到来。夜里12时，中南海来电话说，"毛主席不能来了"，但转达了毛泽东给胡乔木的一句话："我心到了。"胡乔木知道后，说了一句话："我心领了。"此事在北京迅速传开，红卫兵、造反派再不敢揪斗胡乔木了，但江青、陈伯达对胡乔木仍不放过。陈伯达在答复中共中央办公厅请示对胡乔木如何对待时说："中央'文革'的意见是背靠背地斗，不要揪他。如有人问是谁说的，可以告知是陈伯达同志。"这个"背靠背地斗"，就是不触及胡乔木本人，而从他外围的人下手调查。就这样，给郁士元和所有胡乔木的亲属、好友带来了无妄之灾，有的被长期审查，有的被投入监狱。

中年胡乔木

郁士元就是因为这件事情被"中央文革"的人抓进秦城监狱的，并且被作为重犯单独囚禁在一个单间牢房内，目的就是要逼他承认胡乔木是叛徒，被捕后是由他保出来的。当时，郁士元是唯一一个能说出此结论的人。胡、郁两家的亲密关系，胡乔木曾经躲避在郁家，以及郁士元在历史上曾被蒋介石接见过，这一切形成了一系列串联的逻辑推理。在狱中，审讯郁士元的人不听他的说明，多次逼迫他承认胡乔木当年被捕叛变，是他作保获释，郁士元本身就是大特务，否则，无此能力保共青团市委领导出狱。审讯者多次讯问："胡乔木的故旧和同学求见他一面都很困难，为什么他却把家中的电话号码告诉你？把他父亲的诗词集《鞍湖诗集》赠给你？你来北京出差，一个电话，他就派车或亲自接你到他在中南海的家中？他到西安，为什么还请你到西北局同他见面，并与刘澜涛一起观看文艺演出？这说明你们互有把柄。"等等。

这个变故，给郁士元家带来巨大的灾难。他的大儿子郁协平从西北大学外语系毕业后参军，在兰州空军系统工作，大女儿郁和平从西北农学院园艺系毕业后，正在乡下考察学习，都不在家中。夫人廖秉珩被安排到一间狭小的房间中居住，受到"中央文革"派到西安的人轮番逼供，要她交代胡乔木的所谓问题，廖秉珩是位性情刚烈的人，最终连病带气，死在家里，死前已是皮包骨头，瘦弱不堪，死后，还被扣上了一顶"反革命分子臭老婆"的帽子。当时，西北大学另一位著名教授岳劼恒的夫人与廖秉珩被安排在一个院子内，廖秉珩生病时，岳劼恒的夫人曾送来过感冒药，那时药品是不好弄到的，廖秉珩怕吃了药之后没法还给人家，一直就没舍得吃，她去世后，大女儿郁和平偷偷赶来办理后事，还发现屋内放着一把感冒药没有吃。后来，郁和平因为精神压力一直过大，得了癌症和心脏病。郁协平长期在兰州空军系统任职，当时是兰空政委秘书，亦被看管到兰州空军系统"清理阶级队伍学习班"，交代问题，接受审查，母亲去世时，部队劝阻最好不要去奔丧，以免引起更大麻烦，以至于最终也没见到母亲最后一面，之后，被下放至干校去看果园、喂猪，最终解除了军籍。

1975年后，胡乔木恢复名誉，并在邓小平直接领导下任国务院政策研究室的负责人。一段时间后，报纸上才有消息说，郁士元还活着，郁家接到消息的那天晚上，不敢开灯，在一起抱头痛哭。又过了几个月，西北大学接到通知，让去北京秦城监狱将郁士元先生接回复职。

从北京回西安时，郁士元还身着囚服。在火车站，刚与家人见面时，他的精神还有点发木，走路也傻傻的，他问郁协平："你母亲在家吗？"郁协平说："已经不在了。"郁士元喃喃说道："我想可能也不在了。"回到西大后，他居然蹦蹦跳跳地登上宿舍楼梯，一边还说："你看，我的身体还行。"回到家中，脱掉囚服后，家人发现，郁士元里面穿的绒线衣居然还是七年前被抓走时的那一件，外面已经被郁士元在狱中用白线缝得像一张密织的网，破烂不堪，没有一个地方是整片的布。

郁士元很少向家人讲述在监狱中的经历，也一直没有任何不满和埋怨，他怕家人听到难过。别人问起，他就说，在监狱里一切都很好，还对郁协平说："共产党好，给我的待遇是单间，每天还有《人民日报》看，听广播，能放风，我的满口假牙都是秦城监狱给换的，感谢党还我一个清白。"但实际上，长期的囚禁生活，给他的身体和心理都造成了巨大的伤害，出狱后的头三四年，他见人就鞠躬、发呆、语言不清、思维紊乱，梦中常常哭泣惨叫，大声说："乔木从来没有被捕过……"等等，家人按都按不住，令人惊骇。

郁士元出狱后，给胡乔木写了一封航空信，告知情况。之前，胡乔木对郁士元因他入狱的情况并不知道，收到信后，胡乔木当日即亲笔给郁士元回了一封航空信，他在信中写道："21日来信收到了，这给了我一个意外的惊喜，我深感负疚，你的身体还好，还能继续工作，真是幸事！我已经在三个月前重新参加工作，我的健康状况比以前有很大进步，每天可工作8小时以上，不觉疲累，承你多所勉励，谢谢！你一家大小情况如何？下次来信时望告知一二。"并邀请郁士元到他家中做客。当时，郁士元的身心状况都不太好，故派大女儿郁和平先去了胡家拜访，受到热情接待。郁和平拜别时，胡乔木一直将她送至胡同口的南长街上，一路走，一路连声表示歉意，让郁士元一定来北京玩，郁和平走远后回头看，胡乔木还站在家门口久久没有回屋。第二日，胡乔木还亲自到郁和平的住处看望，下车时双手捧了一大盒鸡蛋送给她,并说:"带回去给你父亲吃。"后来,郁协平陪同已75岁高龄的父亲去北京胡乔木家住了半个月左右。在这半个月中,胡乔木同郁士元谈话叙旧,并陪同郁士元去颐和园等景点参观。胡乔木对给郁士元一家造成的不幸感到不安,郁士元安慰他说:"不要不安,不是个人问题,而是形势使然,历史如能倒转,我不是还会这样做吗?"胡乔木听说郁协平失眠,便送给他一盒安眠药,并说:"这个药副作用小,先用这个吧。"胡乔木和郁士元父子照相留念,说:"劫后余生,留个纪念吧!"

在京期间,郁士元还看望了他的老师、老同学和老同事,与原西北大学教授、老友黎锦熙见面时,黎锦熙把毛泽东在民国时期和共和国时期给自己写的信(复印件)给郁士元看,还讲了一个故事说:"几年前,报纸上一篇稿件中写道,'已故黎锦熙先生',我明明还活着嘛,后来报社知道了,还专门来登门道歉。"

粉碎"四人帮"后,郁士元的问题终于获得了彻底平反。

五

郁士元一生从事地质教育事业近60年,要讲他在学术与教育上的贡献,首先要讲西北大学的地质系,西北大学评价地质系沿革时曾写道:"我校地质系能有今天,郁先生开创奠基之功不可磨灭。"最初,西北联大设有"地质地理系",但郁士元认为,将两个专业合到一起不尽合理,遂建议校方向教育部申请将两个专业分别设系,他还向原北大地质系的老师和同仁、当时在国民政府任高官和在国家地质研究机构的主要负责人翁文灏、朱家骅、李四光、许杰等反映情况并进行呼吁,不久地质系单独成立,郁士元为代理主任。抗战期间,因形势所迫,地质系又曾几度濒于停办的困境,郁士元积极奔走,使地质系免于停办的厄运。当时,处于战争年代,国家无暇搞建设,学地质的出路很窄。所以，地质系很难招到学生，每年所招学生一般不会超过 10 人，最少时仅有 3 人，但郁士元坚信战事过后的中国建设必定会需要地质人才，所以就算地质学系只有 3 名学生的时候，他也坚持上课，使地质系一直延续了下去，成为 1952 年国家高校院系调整后，全国综合大学中保留下来仅有的两个地质学系之一。

新中国成立后，西北大学的地质系发挥了重要作用，为适应国民经济建设的急需，在系主任张伯声教授的领导下，地质系于 20 世纪 50 年代，开办了石油地质专业专修班，郁士元被任命为这个专修班的主任。这个专修班连续办了多期，为国家培养了急需的大批石油地质专业的人才。正如美国《华侨日报》所说，"西北大学在石油地质方面，为中国培养了大批科技人才，对中国能源工业有相当大的贡献"。西北大学地质学系也被誉为"中华石油英才之母"。

因为是搞地质的，郁士元重视野外地质实践，经常进行田野调查，身体也很好，西大有俗语称"某某教授的嘴，郁士元教授的腿"。他勤于探索，对陕西地质问题进行了深入研究，经常去实地勘测考察的地方有陕南秦岭、汉中梁山和关中骊山等地，并发表了《勉县煤矿区之地质》《城固地形图》《西安附近的地质简述》等不少有一定学术价值的论文，为发展我国地质事业做出了积极贡献。1951 年 7 月，郁士元首先在秦岭南麓、汉水上游发现梁山遗址，并定为旧石器时期遗址，1980 年，西安矿业学院地质系阎嘉祺先生果真陆续在此处采到上千件旧石器标本，并进一步提出梁山可能是国内为数不多的旧石器制造工场之一。郁士元 60 多岁后，在野外调查中，仍风尘仆仆，行走快捷，攀高轻快，随员和学生往往跟不上，一时传为美谈。

在教学中，郁士元先后主讲过中国地质与有用矿产、普通地质学、水文地质学、地质测绘学、工程地质学等七门主课，同时，仍兼职任教于西北农学院。20 世纪 50 年代后期，政策上不允许教授在多所高校兼职，他遂辞去西北农学院教职，但还是时不时受邀去西北农学院讲学。20世纪60年代初期，他还应袁敦礼先生（中国体育界元老，著名教育家，曾任北平师大校长、西北师院院长，"文革"中受迫害致死）邀请，去兰州西北师范学院开讲座。郁士元讲课极为认真，课堂上一小时的内容，课前事先要准备六个多小时。在西北大学教学期间，他从来没有请过一天病事假，任何事都不能耽误教学，甚至高烧到40度以上，也照样去上课，结果课刚一讲完便昏倒在讲台上了，学校的负责人将其送回家里后，家人才知道他生病了，免不了有些埋怨，但他对自己的身体很自信，对家人说："我身体不会有事，如果我不去，这堂课咋办吗？"郁士元从教近60年，桃李满天下，在地质界和广大师生员工中享有盛誉。郁和平回忆说，父亲退休后，她陪父亲上街，就觉得西安市真小啊，因为经常会碰到父亲的学生，有大学学生，也有中学学生，他们亲切地叫着："郁教授好！郁校长好！"

郁士元通晓英、德、俄三种外语，一生编写的活页文选和小册子很多，科技专业新闻和接受采访的稿件散见于北平各类报刊和《汉中日报》《光明日报》《群众日报》，重要著作有《煤铁概论》《普通地质学》《工程地质学》《农业地质学》等多部教材，译著有《高岭土》（苏·麦尔尼柯夫）等。

新中国成立后，郁士元长期任中国地质学会理事、陕西省科普协会常委、陕西省地质学会常务理事兼秘书长。他团结不同学科的同志，积极开展学会工作，筹办学术交流报告会及出版刊物，并亲自撰写和编辑《有没有鬼神？》等多种科学普及读物，多次受到中国地质学会的通报表彰，并被授予从事地质工作五十年纪念章。郁士元认为，科普读物能够开发民智，教育救国，所以，一直坚持做此事。

除地质教学外，郁士元付出大量精力办了三所私立文治中学——北平市私立文治中学、城固私立文治中学和西安市私立文治中学。北平市私立文治中学1929年创办，1937年日军侵入北平后被迫解散；之后，郁士元随西北联大迁至城固后，重操旧业，办起了城固私立文治中学。城固私立文治中学的规模不小，不算学校校务、职员，教师就有三十多位，其中专职教师十多位，学生有三四百人，有城固当地的学生，也有沦陷区来的学生。郁士元办学得到了城固当地教育人士的支持，一位杨姓人士在当地经营书店，他经常向城固私立文治中学提供课本和书籍，和郁士元也成了朋友，有时书费一时付不上，他便同意赊欠，先用书再付钱，什么时候有钱，什么时候付。抗日战争胜利后，郁士元随西北大学迁至西安，城固私立文治中学便交给地方管理，后来和城固当地一所中学合并，成为城固最大的一所中学。

1946年，西北大学定址西安后，郁士元又在西安创办了西安市私立文治中学，很多西北大学的子弟都是在文治中学上的中学。20世纪50年代初，按政府规定，所有私立学校一律交给政府公办，西安市私立文治中学办理移交后，更名为市第四十二中学，此校如今仍在西安市西关正街原址。

当时，三所私立文治中学的资金来源，是由学校校董成员凑集而

西安市第四十二中学现照

来的，郁士元是校董会董事长兼校长，自然出得最多。当时，大学教授的待遇水平都不低。另外，还可以自由兼职，在北平时，郁士元除在北大任教外，还在北洋大学、北平大学、北平师范大学等学校兼课；任国立西北联合大学、国立西北大学教授时，也兼职于西北工学院、西北医学院和西北师范学院，收入并不低，可是，他把相当一部分钱拿去办学了，为这事，夫人廖秉珩没少跟他拌嘴。廖秉珩也是盐城人，大家闺秀出身，师范学院毕业，与郁士元同年，她国学底子深厚，写过不少诗词和散文，曾有中等学校请她去教国文课，囿于当时的风气，不少女士即便大学毕业，或已有职业，一旦结婚，也回家相夫教子，加之家境较好，故廖秉珩始终未踏入社会工作。廖秉珩为人聪慧，精明能干，又勤俭持家，对子女呵护周到，虽对郁士元倾尽钱财投入办学的做法不满，但也是口上唠叨几句，紧张之时，她宁肯拿出家里"压箱底"的存钱来补贴家用，从未使丈夫有后顾之忧。

郁士元在任教和办学中，珍惜人才，扶贫济困，在办三所文治中学任校长的23年中，所聘老师，除全职教员外，几乎都是北平师大、西北师院和西北大学中家庭拖累大、生活拮据，又品学兼优的讲师、助教和大二、大三的学生，以使他们能有些额外收入以稍解开支之忧。文治中学虽是私立学校，但对家境困难的学子，皆免收学杂费，这些学生大约占在校学生总数的百分之五。

除了教书和办学，郁士元还是北平市地下水勘探专家组的成员。为北平市寻找固定水源，以及在发展中所需的城市用水水源的整个勘测方案，便是郁士元带头做的。同时，他还给北平各自来水公司的建设提供咨询意见。郁士元在地下水勘测方面的成就，后人几乎没有提及，但据他的大女儿郁和平女士讲：父亲对地下水的调查花了很长时间，调查后知道北平的地下水资源不是很丰富，便一直以身作则，教育子女要节约用水，自己洗脸也只接一点点儿水，反复使用后才倒掉。

郁士元的著作、论文、学术成果等珍贵资料，经过"文革"，大

郁士元撰写论文工作照

多被收走或者销毁了，剩下的郁士元的子女也没能保留下来，以致在写作本文的过程中，笔者无法对郁士元先生的学术成就进行更加详细的介绍和评价。经多方查找，最终只在网络上搜到郁士元先生20世纪50至60年代的三篇论文：《渭北高原水文地质条件的初步探讨》《西安市建筑物地基的工程地质》《陕西石泉、安康间盆地第三纪红色岩系的研究》，还有一篇刊登在西北联大时办的《地理教学》杂志上的论文《地理测绘与地理教学》。细读这些论文，发现他研究的都是一些非常有实用价值的问题，而且可以看出，他对地下水的研究是一直持续关注的，新中国成立后，他对西安的地下水勘测情况仍有研究。郁士元虽然没有在学术上开山立派，创立独家学说，但他的研究基于为现实问题服务，提出了更多实用性的意见。

六

生活中的郁士元，为人平和，朴实厚道，丝毫没有清高的气质，对任何人都是和蔼相待，对自己却很严格。

1938年，郁士元带着两个年幼的孩子到达城固后，一边忙于工作事务，一边还得兼顾家中，实在忙不过来时，他便在家请了一个"保姆"帮助照顾孩子、管理家务。那时，还没有实行一夫一妻制，因为与家人距离遥远，且战乱年代世事难料，一些老师来到城固以后，皆重新娶妻，时人唤作"抗战夫人"。郁士元是个洁身自好的人，在生活作风问题上很注意，觉得家里有位女保姆不合适，所以他找的"保姆"是一位男性。1940年，夫人廖秉珩带着大儿子和大女儿来到城固，一家人才团聚。陕南汉中的气候和生活习惯与南方老家盐城相似，郁士元一家倒也适应习惯，经常吃米皮、糍粑和锅盔等陕南小吃。郁士元的交际比较广，与私立中学的教师、大学的教授、当地书店的老板们关系都比较好，忙完了工作就与他们凑在一起，那时候，城固没有电，甚至连蜡烛都很少用，只是在碗里倒点煤油放上捻子做成油灯使用，也没有什么娱乐活动，大家就时常在一块聚聚"打打牙祭"，活动上打个篮球、排球，或者玩教师们用木棒自制的垒球，再有就是搓个不输赢钱的麻将，俗称"卫生麻将"，郁士元比较厚道，十次打牌九次必输，他也不气恼。

西北大学的教授中，有著名的"五老二寿"（五老是：物理教授岳劼恒、地质教授张伯声、体育教授王耀东、数学教授刘亦珩、地质教授郁士元；二寿是：物理教授江仁寿、历史教授马长寿。岳劼恒病逝后，西北大学"五老"是：王耀东、张伯声、郁士元、刘亦珩、杨永芳。杨永芳是数学系主任、教授，周作人的女婿）。郁士元同这两拨五老都是好朋友，尤其同王耀东更是老年玩伴，几乎形影不离，整天

西北大学"五老"(右起刘亦珩、张伯声、王耀东、杨永芳、郁士元)

说说笑笑,打打闹闹,你捅我一下,我戳你一下,乐不可支,让人忍俊不禁,成为西大一景,有人笑称他们是"两个老小孩"。

20世纪60年代初,西大门口没有公共汽车车站,搭车甚感不便,郁士元看在眼里,记在心里,多次书面申请不成便主动代表学校屡次去市公交公司交涉,将10路公交车延伸至西北大学,并获批准。开始人们并不知道校门口就有车站,仍到陵园路口去搭车,郁士元便在上下班时间,站在学校西门口招揽乘客上车。几十年过去了,如今,这条10路车仍未改名,并已由西北大学本部延伸至西北大学新校区。

郁士元好清洁,他曾住在西大教授楼三楼的一套房子,自从住在那里,那个楼道从一楼到三楼都是他打扫,每天如此,从不间断。郁士元还有个习惯,走在路上,看到有张废纸、有个烟头,都专门走过去捡起来扔进垃圾箱,看到路上有块砖头,便"啪"地一下踢到旁边不挡路的地方去。

他平易近人,对碰到的每一个人都热情打招呼,不仅跟教授同事关系好,对学校职工、传达室大爷也很亲切,有段时间"西大新村"禁止外来汽车入内,如果有人来访,车辆只能在校门外停着。但是,如果来的人说是找郁士元教授,门卫便马上放行。

郁士元对孩子的管教很宽容，只要学习好，其他的兴趣爱好可以自由发展，他从不干预孩子的人生选择，郁协平选择参军、郁和平选择西北农学院（现为西北农林科技大学）园艺系学农，都是按自己的兴趣来选择的。郁协平后来在一个大型企业任党委书记，并兼任西安市电子工业公司党委书记，在20世纪80年代被评为西安市十大优秀企业家之一，还受邀担任过西安市《政权志》副主编；郁和平毕业后一直从事科研实践工作，职称为研究员（正），是共产党员，被分配到西安园艺研究所和蔬菜研究所（现为农业科学研究所）工作。郁士元曾见过电视里报道国外专家聘请郁和平出国考察的消息，他嘴上不说，但心里高兴。对于子女的进步，只要学校、电视、报纸有相关奖励或报道，郁士元都仔细收集好，脸上也乐呵呵的。20世纪八九十年代，郁和平成为一名西红柿专家，研制成功了无籽西红柿，1992年获得陕西省第一批特殊贡献奖，并获得政府特殊奖金10万元，为享受

西北大学校门附近的10路公交车站

国务院特殊津贴的有突出贡献的专家,任西安市第十一届人大代表、省第六届和第八届人大代表、省第九届党代会代表。那时郁士元已经去世了,子女们感叹,要是父母能多活一些时间,听到这些消息,那是莫大的安慰。对于孙辈,郁士元更多的是疼爱,外孙杨刚一直跟他生活在一起,他每天接送外孙上幼儿园。

郁士元胸襟朗阔,虽经过七年牢狱的磨难,但并没有怨恨过任何人和事,他性格温和,遇事从不慌乱也不发火。儿子郁协平说,幸好父亲有这样的性格脾气,否则,在监狱中是坚持不下来的。郁士元满腔热血,从年轻到年老都有着强烈的爱国心,出狱后还写过入党申请书,要求入党,但后来没被批准。郁协平对父亲说:"你不是共产党员,但是,比我这个共产党员还共产党员。"郁士元回答:"这个党也罢,那个党也罢,不管咋说,中国强了,中国不受欺负了就行。""文化大革命"期间,郁士元曾经帮助、救济过的一些学生为了自保避嫌,也加入过抄郁士元家的行动,对他们,郁士元也持理解和宽容的态度,他的一位助教当时对郁士元批斗得很厉害,郁士元出狱拿到西北大学补发的工资后,这个人因为家里有急事找郁士元借钱,郁士元便借了,还对家人说:"当时人家也是没办法啊。"

1976年,郁士元的问题获得彻底平反后,西北大学落实政策,为郁士元补发了2万元的工资,郁士元说他老了,身体也不行了,要这钱没用,这个钱应该捐给公家。后来,家人用这些钱的一部分给郁士元买了一台电视机,那时候,电视机还是很稀罕的东西,郁士元便把这台电视机搬到了地质系,每天招呼学校的人都来看电视,他自己搬个小板凳坐在最后一排,人越多他越高兴。后来,西北大学为每个系配备了一台电视机,就把郁士元的电视机退回来了。因为如果不退还,学校就不再给地质系发新的电视机。电视机搬回家,郁士元家的小阳台又热闹了,他招呼左邻右舍来看电视,电视机声音开得大,人多也不嫌吵。

20世纪80年代初,郁士元已经80多岁了,原西北大学党委书记董丁诚曾在拥挤的公交车上碰到他,很是担心,他却一点不在乎,下车时脚踩得稳稳当当。郁士元坐公交车,永远都是让别人先上,他被挤在最后,如果司机说不要再往上挤了,他就会转身下车,没有埋怨。

1985年,郁士元病故,享年85岁。年轻时,他便是有病也不愿麻烦别人的人,年老后,有病也不愿麻烦子女,从来不说。同时,他对待疾病的态度很豁达,认为像心脏病等一些老年病都是自然现象,不用刻意注意。郁士元经常爬山,得了疝气,由于没有及时治疗,耽误了病情发展为肠梗阻,他也很少吃药。去世时,郁士元生前有两个愿望没能实现,一个是想加入中国共产党,没能如愿;另一个是出狱后想穿西服,因为他年轻时就是一个非常注重仪表的人,经常穿西服,可出狱后没有穿过,但是,他从来没有向家人要求过,去世后,家人满足了他的这个愿望,给他换上了西服。之后,家人按照他的遗愿,将家里的所有藏书捐给了西北大学地质系。

郁士元去世后,胡乔木送来了花圈,西北大学组织了隆重的追悼会,送来如下挽联,概括郁先生的一生:

致力地质研究跋山涉水夏出冬归早已文誉科坛不愧地质先驱之士;

献身教育事业披星戴月春耕秋播而今桃李天下堪称教育泰斗之元;

横幅为"郁名赫业"。

七

在收集资料、写作这篇文章的过程中,令我们最为困惑的是,郁士元先生性格上的矛盾,他青年时参加五四运动、壮年时投笔从戎、老年时蹲大牢,干得都是嚼钢咬铁的硬活儿,应该是那种刚强豪迈、逞强好胜的性格;他北大毕业,在大学地质系也属学术泰斗一级的人物,理应有恃才傲物的性格。可是,无论在其家人还是同事的回忆中，他都是一位性情和善、与世无争，甚至有些逆来顺受的人，宛如和蔼朴实的邻家老伯。端详他晚年的照片，我们觉得他根本不像一位有过那么多传奇经历的大学教授，反而更像一位在田头看瓜的农民大爷，从照片上，我们根本看不出他的血气与锋芒。

　　为解释这种性格与行为上的反差，我们反复梳理资料，努力寻找某种性格上连续一致的特点，找来找去，发现了一个特点，就是"不执着于外物"，他的一生，几乎不执着于任何外在的事物。比如，他曾是1923年的国民党党员，有着二十多年的党龄，但1946年前后，却自然而然地"离党"了；他晚年虽然也要求加入共产党，那可能是他真的服膺了共产党的正确领导，但也没有强烈到非入不可的程度。客观说来，他对任何政党和主义，好像都没有多么固执的信念。他似乎也没给自己设立一个什么标准或角色的框框，比如，做个学者什么的，所以，尽管他的学术水平不错，但也没有更多、更执着的研究，没有在学术上开山立派，成为一代宗师。他做什么，和不做什么，好像也没经过什么太多的考虑、犹豫，想怎么做就怎么做了。我们努力去理解他的心理状态，觉得他所做的一切，几乎完全出自他生命的本真状态，而非来自某一种外在的观念。比如，他投笔从戎，战时入伍当兵，倒不是出自什么"爱国主义理念"，在他的灵魂深处，自己就是祖国，祖国面临侵略者的践踏，就是自己遭受践踏，自然要奋起反抗。只有那些在心灵深处将自己与祖国分开，当作是两种东西的人，才需要以外在的爱国主义教育来强化其对国家的感情与责任。郁士元先生这类人不需要这种教育，他们在心灵深处是与祖国同一的，在他们看来，效命沙场不是爱国不爱国的问题，而仅仅是依照生命天性、捍卫自己生命的权利和尊严的问题。所以，他们也没把投笔从戎这件事当作了不起的事儿，战争结束了，就继续回到学校教书呗。他在国民党统治时，掩护胡乔木同志，可能也不是出于对国民党的反感或对共产主义的理解与同情，更多的是一位大哥照顾邻家小弟的道义担

晚年郁士元

当,到后来的七年牢狱之中,他没有编造谎言自保,恐怕也不是出于谁是哪一派的政治信念,而仅仅是作为一个人,不能落井下石,诬陷朋友。如果剥离去抗日战争、党派冲突这些外在的符号的话,我们能看到的只是这么一种本真的生命状态:他们视自身为祖国,家国一体;他们不太执着于某种外在的理念,而只是坚守为人之友的基本道义:不出卖、不背叛、不诬陷朋友兄弟;他们好像也不太重视那些更加"书面化"的身份,如学者、教授之类的,而是更在意身边日常生活中无隔阂的人际关系,和每个普通人一样地生活着。如此,才能理解他性格中的矛盾,其实,不是他性格自身存在矛盾,他的性格一直是稳定的,只是外在环境的变化,让他做出了不同的选择,而每次选择都是出自他生命的自然天性。我们之所以会感到其性格与行为之间存在冲突,可能只是因为我们自己的观念更受缚于外在的形式而已。

怎么评价郁士元这个人呢?"学术大师"(不错,他有学术成果)?"教育家"(他教过大学、办过中学)?但好像都不够贴切,而且显得有些轻飘;"爱国知识分子""热血男儿"(他有过投笔从戎的经历),又太外在了,他没有那么强的形式眷恋,他是那种上善若水、君子不器的人。想来想去,我觉得,只有一句话最适合他了:他是一位真正的中国人,一位能代表中国的中国人,一位使中国成其为中国的中国人!太平时期,他平凡如土、与世无争,甚至逆来顺受;可一旦外敌入侵,兵锋直抵家门时,他便立即变成这个国家最锋利的剑刃,挺身抗暴,毫不畏惧;一旦兄弟有难,他便挺身而出,舍命担当,不背叛、不离弃,让人知道,即使世界都背叛了你,他也不会背叛;而当一切危难过去,他就又会回归平静,回到平凡如土的日常生活。这样的人物在危险时刻来到我们的身边,我们能体会到他的雄姿英气与伟岸坚强;危难过去后,他返身回归群众的行列,在芸芸众生中,我们认不出他的背影。他去了,如同我们脚下的泥土,甚至让你难以意识到他的存在。可你想一想,你能站在这里,不完全是靠着他的支撑吗?

这就是我们的中国人,中国的人民、中国的大地,簇拥在这种人群中,我们心灵安宁,这样的大地是永远不会被占领和颠覆的。

编者按:

在本书采编的过程中,我们在相关资料中发现了郁士元的名字,但关于他的情况,只有一份简介,具体情况知之甚少。仔细上网搜寻他的资料,发现一个"郁士元的博客",里面有一篇《郁士元传略》的文章,记述了郁士元的生平,遂根据该博客所提供的线索,记者先是辗转找到了郁士元先生的后人——他的孙女婿张小可,又经过张小可先生的引见,联系上了郁士元先生的大儿子郁协平、大女儿郁和平和外孙杨刚,他们都很认真地接受了记者的采访,本文内容主要来自他们的口述回忆。那篇《郁士元传略》，为郁协平所写，是目前仅有的关于郁士元较为详细的小传，那个博客，为杨刚的儿子所创建。在此，向他们致以诚挚的谢意。遗憾的是，由于历史以及其他原因，郁士元先生的论文、专著等没有集中保存下来，以致在本文中，我们无法对郁士元先生的学术成就进行更详细的介绍和评价。但我们想，在民族面临危亡的时刻，郁士元先生根据他内在的生命天性，做出了他认为最正确的选择，把个人际遇与国家命运紧密联系在了一起，在那样的时刻，对于一个知识分子来讲，生命品质高于学术！

大地之子
——地质学家张伯声

□ 高　远

关于张伯声教授，有两个广为人知的段子，一个是民间版的，说是1976年唐山大地震之后，西安也人心惶惶，很多人住进了防震棚，只有这位地质学家不住，别人劝他，他也不去，因为根据他的"扁担理论"，中国的地震区在华北和西南，而西安地处两者之间，就像一条担着两个水桶的扁担一样，两边晃，中间不会动。此段子在流传中或有不同程度的失真之处，但反映出他在一般群众中的影响。

另一个段子是官方版的，西北大学的毕业生、时任国务院副总理的王岐山先生在2009年的中美高层战略论坛上，引用了张伯声先生的"地壳波浪状镶嵌构造学说"，说明中美关系也要在波动中发展。这个版本有很多正式的文字报道，反映出这位地质学家的理论有更广泛的哲学背景。

上面的段子都是对张先生专业学问

张伯声

的社会学发挥，足以说明他的影响。当然，更有意义的是应深入了解一下张先生的学术理论，从地质学本身来理解这位大学者的贡献。

一

1996年，笔者进入西安地质学院（现长安大学）学习，所学虽非地质专业，但教"中国通史"的田猛老师，在他的第一堂课上，就向我们介绍了两年前去世的老院长张伯声教授。他说，张教授是中国五大地质学说之一"地壳波浪状镶嵌构造学说"的创建者，又说，学问之好坏，并不在于著作之厚薄，张教授关于"地壳波浪状镶嵌构造学说"的著作都很薄，但研究他的专著却像砖头一样厚。田老师在简略介绍张教授的"地壳波浪状镶嵌构造学说"时，用了两个形象的比喻，一是关于地壳的镶嵌，就像一个破碎了但还连在一起的蛋壳；一是关于地壳的波浪运动，有三种方式，分别是蚕行式、蛇行式和蚯蚓一样的蠕行式。近期笔者翻阅《张伯声地质文集》，发现其书果然很薄，不到200页，还发现田老师的这两个比喻，实际上就是张伯声教授在相关论文里的意思。只是在谈到地壳镶嵌结构时，张教授的原话为"就是破伤的地壳又为愈合了伤痕结合起来的地块构造"，田老师在此基础上做了进一步的发挥而已。自然，关于"地壳波浪状镶嵌构造学说"，张伯声教授有着更详细更专业的论述，但这样充满想象力、诗意的、形象的比喻，实在是一下子就抓住了笔者的心，由此悟到：真正的大学问，并不在于高深莫测，而在于明白、直指人心，让普通人也能读懂并在其中找到快乐！

张伯声教授于1980年到西安地质学院担任院长、名誉院长直至1994年逝世，但他生命中最华彩的时光，却是在西北大学度过的，自1937年西北联大时期开始算起，一直到1980年，他在西北大学工作了43年，先后担任了地质系主任和副校长等职务，其主要学术成就

张伯声在长安大学雁塔校区里的塑像

也是在西北大学取得的。所以，他曾对人说过："不知是为什么，我做的梦都是在西大。"1962 年，西北大学校庆时，校党委给 7 位老教授祝寿，并合影留念，号称"五老二寿"，张伯声教授即"西大五老"之一。

二

张伯声，1903 年出生于河南荥阳，1926 年毕业于清华大学，同年赴美国留学，先在芝加哥大学学化学，后转学地质，其后又在斯坦福大学攻读地质专业研究生，1930 年回国，先后在焦作工学院、唐山工学院、河南大学、北洋工学院任教。1937年，随着北洋工学院内迁陕西西安、汉中城固，任教于西安临时大学、西北联合大学、西北工学院和西北大学。抗战结束后，原来内迁到陕西的很多师生闹着要回北平和天津，一些校友在天津重建了北洋大学，但张伯声并没有回天津，而是选择留守西北大学，之所以如此，是他自己觉得离不开秦岭，也离不开西北。这是一个对自己的学术生命负责任的选择，也是一个有良知的选择，在城固的八九年时间里，陕西这块土地给了他丰富的研究资源，为他后来取得的成就打下了坚实的基础，他一定是有着回报这块土地的愿望，虽然没有明说过，但行动就是最好的证明。同理，1949年，张伯声谢绝了台湾大学的高薪聘请，与当时西北大学的校长杨钟健一起选择了坚守，和西北大学一起进入新中国。

笔者前一段时间采访1944年参加抗日青年军的西北大学地质系的学生高启伟老人，谈及当年西北大学地质系的往事，老人谈到张伯声教授，双眼放光，连说张教授的课讲得最好，还模仿了张教授上课时的姿态，让人神往。在城固教书期间，张伯声每年都要带领学生到大巴山区进行野外实习。在此过程当中，他最大的贡献是确定了汉南花岗岩的确切年代。在此之前，地质学界普遍认为，汉南的片麻状花岗岩属于"中生代"，而他经过实地考察和研究，认为这片花岗岩的形成年代应早于"震旦纪"而不是晚于"古生代"。汉南花岗岩年代如此巨大的更改，彻底改变了人们对秦岭中段南部地区地壳构造属性的认识，从"中生代活动带"一变而为"前震旦纪古老地块"，此后，地质界称这里为"汉南地块"。这一重要发现无论对中国区域构造的基本理论，还是对在汉南地区进行普查找矿和工程建设，都具有十分重大的意义。

张伯声对城固的另一个贡献是1939年，他根据实地考察撰写了《城固地质志》，作为西北大学著名教授黎锦熙主撰的《城固县志》分志之一，开创了县志设置地质志的先例。中国大规模修地矿志的时间

国立西北联合大学工学院古路坝教堂

是 20 世纪 80 年代,而且在当时还引起了很大的争议,张伯声在 20 世纪 40 年代即撰写了《城固地质志》,其眼光之深远、意识之超前,着实让人钦佩。20 世纪 80 年代末 90 年代初,《陕西省志·地质矿产志》编撰之时,即参考了他的《城固地质志》。

2012 年 4 月下旬,笔者前往城固县寻访西北联大的遗迹。在古路坝天主教堂修女院一墙之隔的古路坝小学,见到了一块书页状的碑石,上面记载了张伯声和古路坝小学的渊源。张伯声曾在位于古路坝的西北工学院任教,他和家人在此生活多年,为了感谢古路坝人民的"救难之恩",他于临终之际,将积攒的 10300 元通过其子张廷皓捐赠给古路坝小学做奖学金。笔者后来从一些资料上了解到,张伯声教授晚年生活其实并不宽裕,而他把节衣缩食省下来的钱一下子捐给古路坝小学,足见其对城固的一片拳拳之心。更重要的是,他作为著名的学者、中科院院士,还对小学教育这么关注,比较少见。古路坝人民

国立西北联合大学工学院旧址碑文

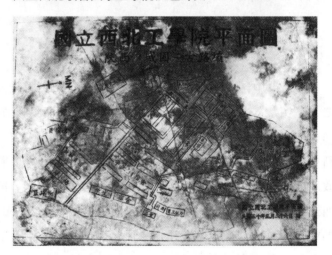

国立西北工学院平面图

古路小学旧址

亦感念于他的这一片心意，立碑记载了这件事情，碑文的最后是这样写的："兴国之本唯在教育，兴乡之本亦在教育，先生寒节衣，饥缩食，吐哺育凤雏，风范高过苍松，形象伟于巍峨巴山。"那天，于中午灿烂的春光之下阅读此碑文，笔者眼中一阵潮湿。那天我们还了解到，这所古路坝小学，由于生源减少，将在两三年内撤销，弃而不用。到那时候，它会是一番什么模样呢？这块碑还会存在吗？笔者建议，不管将来这所小学做何用处，这块碑一定要保存下来！

三

如果以中国传统做学问的方式来衡量张伯声教授的学问，应该称之为"实学"，即对促进社会发展、国家富强有实际作用的学问。当初，他在美国转系学习地质学，即抱着为祖国寻找矿产的强烈愿望，新中国成立后，他的这种愿望变成了现实。1950年，张伯声应河南省政府的邀请，和另一位著名的地质学家冯景兰一起，担任河南省"豫西地质矿产考察团"顾问，随考察团在豫西评价了30多个可供开采的中小型矿山与矿点，发现了平顶山煤矿和巩县铝土矿。发现这两处矿产的过程颇有意思。

考察团在河南宝丰县一带进行考察时，发现这里的小煤窑特别多，当地农民经常在一些小沟底挖煤，这种现象引起了张伯声的关注。他意识到，这里很可能有一个大煤矿，提醒大家注意。经过考察团初步观察，发现这儿的煤是优质烟煤，张伯声建议考察团留下了两名人员草测绘了地形图。后经探明，他的判断完全正确，这里果然是一个大型优质烟煤矿，便是后来著名的平顶山煤矿，经过第一个五年计划的建设，平顶山煤矿成为武汉钢铁公司的主要焦煤基地。

巩县铝土矿的发现也有点戏剧性。一天中午，考察团正在巩县小关附近路边休息，张伯声一边啃着干粮，一边用脚拨拉着脚下的碎石。突然,他捡起一块石头说是铝矿石,叫大家看。有人认为是铁矾土,没多大价值,但张伯声坚持说是铝矾土。大家凑热闹打赌,谁输谁请客。样品立即派人送开封化验,结果是品位很高的铝矾土,张伯声赢了。巩县铝矿由此被发现,这是新中国发现的第一个大型铝土矿。第一个五年计划期间,国家在郑州兴建了铝业公司,为新中国的炼铝工业奠定了基础。

这两处矿产的发现,看起来都很"偶然",但实际上来自张伯声杰出的矿岩鉴别能力,全是硬功夫。在美国学习期间,他经常利用课余时间和星期日到学校陈列室去观察矿岩标本,芝加哥大学的岩石矿物实验室里设有四个巨大的陈列柜,柜里整齐地摆满了附有资料卡和薄片的标本。这些典型的标本资料,全是岩石矿物学教授 Johannsen 花大半生精力从世界各地搜集来的,学生中很少有能认真看完其中一柜标本的,但张伯声坚持看完了两个巨大陈列柜的全部标本,从而使自己掌握了坚实的矿岩基础知识和矿岩鉴别技能,练就了一双火眼金睛。有一次,他带领学生到秦巴山区进行地质实习,一位学生故意捡了块酷似火山熔岩的琉璃化了的炉渣,叫他看是什么岩石?他看了后微笑着说:"这是从砖瓦窑捡来的吧!"虽然明知这是学生的一个恶作剧,他依然详细地向他们讲解了如何辨别火成岩的方法。

在豫西进行考察之时,张伯声还有一个重要的发现,他在河南嵩阳山区首次发现了太古界与元古界地层之间的角度不整合接触面,并命名为"嵩阳运动"。新中国成立初期,中国地质界出现了为中国地壳运动乱命名的现象,很多命名并没有经受住时间和科学的检验,但"嵩阳运动"至今还为地质界所沿用。

20世纪50年代,张伯声的另一个重大贡献是重建了黄河发育史。早在20世纪40年代,他就参加过国民政府水利委员会组织的黄河治本研究团,在青甘宁绥晋陕等省的黄河沿岸进行考察,完成了《黄河中上游考察报告》的"地质"部分。20世纪50年代,他在参加黄河

张伯声指导学生

西北大学校园内的张伯声雕像

中上游考察时，发现了"黄土线"，此线代表了盆地过去河漫淤积的最高面，为黄土"水成说"提供了有力佐证，一反"远在新第三纪上新世以前晋陕间黄河河道即已存在"的传统看法，他的新见解在20世纪50年代，末迅速被多数第四纪地质学者所接受。

以上笔者罗列了张伯声教授的一系列成果，坦率来讲，对他的这些成果，笔者作为一个地质学门外汉，并不完全理解，但对他这种在野外进行实地考察做学问的方式，却是十分钦佩的。这两年做杂志，我们也把实地考察视为必不可少的一项内容，认为这是做出真学问的最为重要的方式，也深知这个过程不仅需要体力，而且需要毅力。著名战地摄影师罗伯特·卡帕对摄影有这样一个精辟评价：如果你拍得不够好，那是因为你离得不够近。我们在此可以借他的话这样说：如果你的学问做得不够好，那是因为你走得不够多。张伯声教授的学问是建立在行走考察的基础之上的，70多岁的时候，他依然手拄拐杖，在秦岭等地进行地质考察活动，这种探究科学的态度和精神，让人心生敬意！张伯声教授长寿，精力旺盛，恐怕同样得益于他经常在野外进行考察活动。

在做学问的同时，张伯声并没有放松教学工作。新中国成立后，石油部门急需地质人才，相关部门召集各重点高校地质系的负责人商议，看哪所学校能在两三年内为国家培养出一批石油地质人才。由于时间紧、任务重，加之缺少专业教师和教材，很多学校都表示有困难，张伯声却毅然接受了这个任务，在西北大学开了石油地质的专修班。当时，西北大学地质系教师不足十名，为了解决这个问题，张伯声从每周上12节课，增加到上18节课，系里缺少什么课的教师，他就去讲什么课。例如，当时岩石学的课没人讲，他就主动把自己讲授多年的"构造地质学"让别的老师去讲，他自己则承担了岩石学的教授任务。缺少教材，他就自己动手编。为了编写石油地质学的讲义，他除了翻译了大量英、德、法文的石油地质讲稿外，还突击学习，并

1938年，时任西北联合大学地质系教授张伯声在陕西秦岭考察

在四个月的时间内掌握了俄文，翻译了一批有价值的文献资料，编写了有价值的讲义。为了国家的需要，在全国高校的院系调整之时，张伯声把辛勤培养的二、三、四年级的学生拱手让给了北京地质学院。几年时间内，西北大学地质系为新中国的石油地质战线输送了几百名人才，这一批学生是新中国第一代石油地质人才。20世纪80年代，曾经有个统计，在全国15个石油勘探局中，有13个局的总地质师和8个局的局长，都是西北大学这一时期的毕业生。由此，西北大学地质系也被人称为"中国石油英才之母"。

1956年，张伯声担任西北大学副校长的职务，尽管他当时还患有高血压病，但始终没有脱离教学第一线。据说，他担任学校的领导职位之后，地质系的教师还曾在地质楼贴大字报，要求他回去继续当系主任。他一生为国家培养了3000多名地质人才，可谓桃李满天下！

四

张伯声最大的贡献是，他在大地构造学说和地球动力学方面提出了独树一帜的"地壳波浪状镶嵌构造学说"，本文在一开头提及了此学说，在此再做一个稍微详细些的介绍。

此学说在张伯声脑海中最初闪现火花，是在他去美国留学之际。后来，他曾对学生讲起过，他坐船到美国，整天在甲板上看海浪，发现海浪不是直上直下，而是涌动的，由此他领悟到，大自然的万事万物，应该都是用这种最省力的方式在运动，地壳的构造也应该如此。但他真正开始提出"波浪状镶嵌构造学说"并形成成熟系统的理论，却是在20世纪50年代到70年代。

1959年，他通过对秦岭南北两侧地壳在不同地史时期互相作用此起彼伏的运动的论述，提出了相邻地块的"天平式运动"的观点。这是"地壳波浪状镶嵌构造学说"的萌芽。

全国首届地壳波浪运动与镶嵌构造学术讨论会

《张伯声地质文集》封面

1962年，他发表了《镶嵌的地壳》一文，提出地壳是由若干大大小小的块体镶嵌而成的，它们从几个方向看去都排列成行，就像团体操队员那样秩序井然。这标志着"镶嵌构造说"诞生。

1965年，在吸收了地球"脉动说"和"收缩说"的合理成分之后，张伯声发表《从镶嵌构造观点说明中国大地构造的基本特征》一文，提出地球有四个地壳波浪系统，它们各自不停传播和相互交织，形成了地壳的波浪镶嵌构造网。此后，他又发表了一系列相关论文，强调地质构造的近等间距性及其级级相套性，并指出这是石化了的地壳波浪，从而将镶嵌构造学说发展为地壳构造与波浪运动学说，到20世纪70年代中期，"地壳波浪状镶嵌构造学说"正式创立。

简单总结"地壳波浪状镶嵌构造学说",即地壳结构是呈规则(规律)的镶嵌状,而其运动则是波浪式的。

1980年,张伯声因在地球构造理论方面的杰出成就,当选为中国科学院地学部学部委员,即中国科学院院士。

"地壳波浪状镶嵌构造学说"不仅在理论上,而且在实践上具有重要的意义,在此简要叙述两方面:其一,在寻找矿产方面。张伯声认为,地壳波浪的等间距性引起矿产分布的等间距性,不同级别的地壳波浪对地层发育、岩浆活动及矿产生成具有控制作用。比如,一级波浪控制大的成矿区和成矿带,二、三级波浪控制矿区和油田,波谷带和波谷带相交的网眼处,是含油气盆地的地块,其边部多见煤田等。此理论对我国油田和矿区的发现具有重大的理论指导作用。其二,在地震地质方面。在20世纪70年代中期,张伯声从自己的学说出发,重点探寻了地震发生的规律,其主要结论是,地震带的分布与地壳波浪状镶嵌构造网点相一致。

关于张伯声在地震地质方面的研究成果,有这么一个著名的故事。

1976年,河北唐山和四川松潘相继发生了大地震,陕西关中地区有强烈震感,一时间,关于陕西有大震的谣传四起,人心惶惶。张伯声为此研究了大量中国地震的历史记录,又经过实地考察,结合自己的理论研究,得出了陕西近期无大震的结论,在西安很多单位做了演讲,对稳定人心起到了积极的作用。后来,陕西果然没有大震。西北大学原党委书记董丁诚曾当面向张伯声请教此问题,张伯声用一个比喻向其做了说明。他说,就像一个人用扁担挑东西,两头忽闪,而中间在肩部是稳定的,现在地壳运动的状况,西安是在中间部位,所以,不必担心有地震。

张伯声这个与地震有关的故事,后来在社会上流传广泛,甚至演绎出了很多富有传奇色彩的版本。

有人说,张伯声教授当时根本就不住防震棚,而是住在办公室里,并且对人说:"只要我办公室的灯亮着,就不会有地震。"笔者的同事曾向张伯声的二儿子张廷安求证此事,张廷安先生说,此事不确,他父亲实际上也是住过防震棚的。不过即便如此,当时,张伯声日夜在办公室里挥汗如雨进行防震研究工作却是事实,他办公室里亮起的灯,也确实对很多人的情绪起了安抚作用。

  从以上张伯声对自己理论的一些阐述来看,里面充满了哲学意味。事实上,他的"波浪状镶嵌构造学说"不仅仅运用在地球科学上,后来还被许多科学家运用到其他学科方面,也同样被运用到哲学领域。20世纪80年代初,苏联科学家P.巴兰金把波浪运动和镶嵌构造理论广泛地用于人类、生物、地质及地球化学诸方面,提出了"生命之波""繁荣波""绝灭波"和"生物圈的镶嵌结构"等观点。我国第一位医学女博士修瑞娟,在她关于微循环系统的"修氏理论"中也认为,物质运动,大到天体,小到人体微血管的血液运动,都遵循波浪式运动规律。20世纪80年代初,在中国哲学界,曾掀起了一场关于"波浪运动"的争论,并形成了哲学界的"波浪运动"学派。2009年7月,从西北大学历史系毕业的、时任国务院副总理王岐山,在美国发表了一篇名为《对我一生都有影响的老校长张伯声先生》的演讲,他从张伯声教授的"波浪状镶嵌构造学说"说起,从历史、现状等方面巧妙谈论了中美关系。

五

  张伯声的一生,横跨新旧两个时代,也曾一度遭受过不公平待遇,但他对此并无怨言。那一代知识分子中的很多人,最大的梦想就是希望看到祖国富强、独立,个人的遭遇与国家的命运相比,在他们心中微不足道,只要国家强大了,他们自己受点苦,算不上什么事。

  "文革"中一段时间内,张伯声一个月的生活补贴才20多元,但他依然兢兢业业地进行科研教学活动。造反派要他打扫楼道，他做得依旧认真。1956年，张伯声加入中国共产党，当时他是一级教授，工资是360元，交过4元党费之后，实得356元。因此，有人善意地开玩笑称他为"山本五十六"（"二战"期间日本海军大将的名字）。他是一名爱国主义者，抗美援朝期间，他不但送子参军，还把自己的积蓄和老伴的金银首饰捐献出来，为祖国购买飞机大炮出力。

今天，在西北大学太白校区和长安大学雁塔校区里，都有张伯声的塑像。1992年，西安地壳波浪状镶嵌构造研究会发起组建了"张伯声基金会"，2005年，基金会设立"张伯声奖"。2010年6月，首届"张伯声奖"颁奖大会在长安大学举行。而笔者将这篇小文命名为《大地之子——地质学家张伯声》，是说张伯声教授的事业以及生命，是和大地紧密联系在一起的，是和祖国的命运紧密联系在一起的。这样的人，应该被世世代代铭记下去！

和大地一样沧桑
——地质学家黄国璋

□雷 霄

《地理教学》是西北联大地理系在抗战时期恢复发行的一本地理学刊物，它不仅是陕西地学期刊的先声，也是我国西北地区较早的地学期刊之一，时任西北联大地理系教授的黄国璋先生是该刊的创办者。黄国璋是我国著名的地理学家、地理教育家，与丁文江、翁文灏合称"地学三杰"。他以世界的眼光进行西北地学研究，对西北乃至中国地学研究的发展产生了重要作用，而他本人在"文革"中的悲惨结局，也让我们看到了中国传统士人"可杀而不可辱"的血性。

一

黄国璋，字海平，祖籍湖南省湘乡县城黄泥坪（今属湘乡市望春门办事处）。1896年8月5日出生于上海，青少年时光在湖南长沙度过，先后就读于东山高等小学堂和湘乡驻省中学，与毛泽东算是小学到中学的校友。

1919年，黄国璋从长沙雅礼大学（美国创办的教会学校）毕业后，在该校中学部教英语和地理，兼任教务长。在地理教学中，他接触到魏源的《海国图志》和德国学者洪堡、李特等人的著作，通过比较西方与中国的地学历史与现状后，认识到我国地学落后，国土疆界混乱，以致遭受西方列强的侵略。他认为，将西方先进的地理科学方法运用到国内地学研究中，能在很大程度上改变国内落后的地学状态，也有利于捍卫国家领土，开发利用资源，还可以提高广大人民的爱国之情。

黄国璋

1926年，黄国璋作为我国出国学习经济地理第一人，进入美国纽芬雅鲁大学理科研究院学习。当年，就以优异的成绩从该校毕业。次年，他进入芝加哥大学地理系攻读研究生，师从著名人文地理学家亨丁顿，一年后毕业。留学期间，他阅读了大量欧美近代科学发展史和地理学专业书籍资料，系统掌握了野外考察方法和绘图技术，并亲自到美国一些草原、峡谷考察地理地貌，获得丰富的地学实践知识。

毕业后，他谢绝了恩师亨丁顿的挽留，于1928年10月回到祖国。

二

1929年，黄国璋任南京中央大学地理系教授、系主任。在《学习本国地理第一要义》一文中，他阐明："学习本国地理的第一要义，就是要明了我们国家的伟大，我们国家的可爱，唤起民众、一般国民的国家观念。"在教学中，他循循善诱，强调与学生的互动，且授课语言朴实，内容生动，充分调动了学生学习的积极性。在他的引领下，"地理新潮滚滚东来，在国内新兴科学中，俨如异军之突起"，有力地冲击着我国传统的记述型地志学。

1936年8月，黄国璋被聘为北平师范大学地理系教授兼主任，他采取了多种办学措施：打破门户偏见，广泛召集国内外专家、学者来系授课；派教授前往中学任教，探索中学地理教学改革之路，并发现培养地理科学新人才；亲自制定教学大纲、教学计划，引入国外先进的地理科学，充实教学内容；制订野外实习及考察计划，并纳入教学大纲；极力改善教学条件，将中英庚款董事会资助的2万元大洋，全部用于购买图书仪器等。这些举措为北师大的地理学发展奠定了重要基础，可以视为北师大地理系发展的一个里程碑。一年以后，北师大地理系人才集聚，教育质量大幅提升，在全国处于领先地位。

此外，他还组织王均衡教授及北师大附中地理教师组成中小学地理教材编写组，有计划地编写并出版了大量中小学地理教材、教案和参考资料，绘制出版了多种地理教学用图和实习用图，对当时全国地理基础教育的改进起到了重要指导作用。

抗战全面爆发后，黄国璋随北师大内迁西安，创办了西北联大地理系，任系主任。

1940年，黄国璋应中英庚款董事会的邀请，前往重庆北碚筹建中国第一个地理研究所并任所长。

抗战胜利后，黄国璋重返北平，再度出任北平师范学院（1948年恢复北平师范大学名称）地理系教授兼系主任，北师大代教务长、理学院院长。从1948年年底到1949年1月，他顶住国民政府的胁迫，拒绝前往台湾，并与广大师生一起护校护产，使北师大地理系完整地回到新中国手中。北平解放后，他出任北师大校务委员会常委。

1952年，黄国璋在全国高校院系调整中被调往西安师范学院（陕西师范大学的前身）任地理系教授、系主任，为日后陕师大地理系的发展奠定了良好基础。1958年，他带领师生200余人在陕西城固县进行了"湑水河流域综合考察与规划"的生产实习，这也是有史以来地理系规模最大的一次综合考察实习。

1966年9月6日,黄国璋在"文化大革命"中含冤去世,享年70岁。

三

在西北联大期间,黄国璋引入西方地学的研究方法,并结合西北地区特色,极大地推动了西北地学研究的发展。这期间,他应中英庚款董事会之邀,与邵逸周率30多人的考察队,经历了6~12个月的酷暑与严寒,翻山越岭,赴川康地区考察。从而获得了有关这一地区地理环境、民俗风情的大量资料,增进了汉族与边疆少数民族的相互了解与情谊。这也是抗战期间,我国后方进行的一次规模较大的科学考察。

教学以外,他还进行了《地理教学》的复刊活动,这份杂志的存在为我们提供了研究西北联大时期学术研究的重要文献。

黄国璋在西北联大待了仅两年时间,但这段经历对他的学术研究却有着特殊的意义。首先,他在科研方向上发生了一次转向,从此之后,他研究的主要对象以西北地区为主。其次,他对西北产生了一种特殊的感情。后来在陕师大工作期间,他依然对汉中念念不忘,在组织编写"陕西省分区地理志"时,即由"汉中专区地理志"开始。为此,他还亲自拟定了编写提纲(陕西省10个地市的分区地理志于1987年完成并全部出版,这在全国是首例)。同时,他还编著有《渭水河流域报告》《陕西经济地图》等,为陕西经济发展起了重要的参考作用。

四

除从事地理教学以外,黄国璋还积极参加和组建学术协会,他曾长期担任中国地学会的主要领导,同时,还是中国地理学会的创建者之一。中国地学会是由著名地理学家张相文于1909年在天津创建的。

次年,该学会创刊《地学杂志》,为我国发行最早的地学刊物。1937年,抗日战争全面爆发,时局动荡,中国地学会被迫暂停活动,《地学杂志》发行至第 181 期。1946 年,黄国璋回到北平后,以中国地学会总干事和北平师范大学地理系主任的身份,与时任辅仁大学历史系主任、中国地学会理事张星烺教授(张相文之子)取得联系,共同恢复中国地学会的活动,之后重新推举张星烺担任理事长,黄国璋任副理事长兼总干事。1948 年 9 月,中国地学会以张星烺、黄国璋为代表参加了 12 个科学团体举行的年会。新中国成立后,1950 年夏,党中央在北京召集全国各界自然科学代表,商讨筹建全国科联等事宜。中国地学会代表黄国璋和王成组与中国地理学会(1934 年,竺可桢在南京发起成立)的代表李春芬、李旭旦借此协商南北两会的合并,决定组建新的地理学会,推举竺可桢为理事长,黄国璋为副理事长。由此看来,黄国璋对中国地理学会后期的恢复与发展做出了重要贡献。

地理学泰斗黄国璋(右三)

在担任地学会干事的 20 几年中，黄国璋积极倡导并发起研究会，相继成立了地理丛刊委员会、中小学地理教学研究会、中小学课外读物编纂委员会，先后编纂出版《亚洲地形图》《河北地形图》及其他教学用图。

黄国璋还积极创办地理学刊物。1934 年，他参与创刊《地理学报》，这是当时最具权威性的地理学刊物。

1937 年 1 月，由他主持编纂的《地理教学》双月刊创刊，面向全国发行。该刊以推广地理教育、普及地理知识、促进我国地学事业的发展为宗旨，并以激发全国人民的爱国热情，维护祖国领土完整为主要目的。这是中国第一份具有地理教育特色、传播和论述基础地理教育的刊物。不到半年，该刊连续出版四期均快速售罄，发行量超过 700 册。卢沟桥事变爆发后，平津地区沦陷，北平师大迁至西安，《地理教学》被迫停刊。至 1939 年，西北联大的教学、教研工作有序展开，为复刊提供了时机。当年 7 月，停刊两年的《地理教学》在陕南城固复刊，由于时处战乱年代，人力、物力和经费等严重匮乏，复刊不久的《地理教学》又陷入停顿状态。直至 1947 年 3 月，他筹措《地理教学》第二卷在北平正式复刊，至年底发行 4 期，战后因物价飞涨、资金不足等问题，最终再次被迫停刊。虽过程艰难，但《地理教学》刊发全国，撰稿者多为地理界有名学者，如张印堂、周立三等，对我国抗战时期在地学教育、普及和学术研究方面起到促进作用。

在重庆任地理研究所所长时，黄国璋直接创办了学术性刊物《地理》，并于 1941 年 4 月 1 日正式发行创刊号，成为抗战时期地理学学术研究与传播的阵地。

黄国璋创办了多所高校的地理系，培养了许多地理学人才。同时，他还通过组建协会与创办刊物的方式，促进、传播和普及了地理学，所以我们说，他是地理学领域里的泰斗级人物。当时，中国地学界有"南胡北黄"之说，"胡"指的是胡焕庸（地理学家、地理教育家，他从人地关系的角度研究我国人口问题和农业问题,提出中国人口的地域分布),"黄"则是黄国璋。

五

1931年,九一八事变爆发,我国东三省沦陷,作为缅甸宗主国的英国借口缅甸和我国云南西部的南北未定界悬案,蚕食我国班洪银矿区,云南派代表团到南京向中央政府请求帮助。当时,我国边界大多地理不清,外交争执缺少依据,因此,只有进行实地调查,绘制山川形势图,才能确定两国边界。黄国璋当时在南京中央大学地理系任

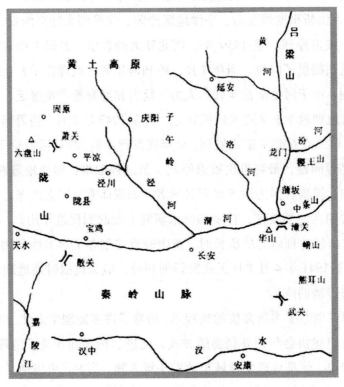

黄国璋绘制的《关中山河形势图》

教，闻知此事，主动向国民政府请命前往边地进行考察。

1934年夏，黄国璋与专家费师孟教授、滇籍外交专家张凤岐及助手王德基、严德一5人组成云南地理考察团，抵达昆明后准备考察。英国政府为此向南京政府抗议，蒋介石不敢开罪，与之订立中英两国政府关于暂缓两方人员进入争议地区考察的协议。考察计划被迫搁浅，黄国璋心有不甘，以云南南部为中国地理盲区为由，经与云南当地政府协商，转向西双版纳考察热带资源。之后一行人历时半年，绕西双版纳一周，考察了滇缅、滇越边界，并勘察了澜沧江河谷。

在此期间，黄国璋及时进行农业地理调查活动，沿途实测地貌，研究风土人情，为他以后撰写《滇南人生与自然》《滇南边疆局势及今后应注意之点》提供了大量资料。他还要求其他成员采风问俗，进行社会调查，并为各族人民照相，购买少数民族服饰带回南京。考察结束后，他总结："西双版纳因为在北回归线以南，热量充足又属印度洋西南季风范围，北有高原屏障寒潮，东南距海较远，可免台风袭击，是今后栽培热带植物的理想宝地。"考察带回了丰富的文字资料和图片，为研究西双版纳地理农林学、民族学、社会学等提供了第一手资料，也为新中国成立后开发西双版纳提供了依据。

此后，黄国璋多次率队对川康、汉中盆地、嘉陵江流域及陕南部分地区进行了考察。

六

黄国璋是九三学社的创始人之一。

1943年，黄国璋由北碚转到重庆市区建设委员会工作。其时，国民党对日本实行消极抵抗。黄国璋因与许德珩妻子之兄劳启强是同学，所以常去许家谈论国事，之后他又邀潘菽，潘菽又介绍税西柱、梁希、金宝善等人参加，共同讨论民主与抗战的相关问题，大家都赞同林伯渠提出的"结束国民党一党专政，成立民主联合政府"的主张。之后在许德珩的提议下，将座谈会固定下来，取名为"民主科学座谈会"，为了躲避国民党特务，座谈会经常改变地点。

1945年5月，黄国璋应西北师范学院的邀请赴兰州讲学，借此机会还介绍黎锦熙、袁翰青参加这一组织。8月28日，中共代表团毛泽东、周恩来、王若飞到重庆参加国共两党和谈，黄国璋与各界人士到机场迎接。9月3日，民主座谈会开会庆祝抗战胜利，并将其定名为"九三座谈会"，进而成立九三学社筹委会。次年5月4日，九三学社在重庆举行成立大会，黄国璋被选为常务副理事兼总干事。8月，九三学社中央迁至北平，9月，黄国璋回北师大任教，兼任学社组织和财务，成为许德珩的得力助手。同时，他还发展了不少北师大和地理学界的人士入社。他和许德珩领导九三学社的社员积极参加反独裁、反内战、反暴力民主运动，自己也多次撰文发表声明反对内战，要求和平。

1948年4月，国民党北平市党务委员吴铸人发表讲话，攻击许德珩、袁翰青等人在北大民主广场的演讲受"奸匪利用"。黄国璋与北大、清华、师院、燕京四校90位教授联名写信给北平各报，驳斥吴的谬论。黄国璋还应傅作义之邀，参加商谈和平解放北平事宜。之后他与北平文化界人士联合发表声明，坚决拥护中共中央毛泽东主席提出的八项和平主张。1949年5月的一天，毛泽东亲自前往北师大看望黎锦熙、黄国璋、许德珩夫妇等九三学社的朋友，并听取了黄国璋有关九三学社成立经过的汇报。

黄国璋积极参与了新政协的筹备工作，在九三学社召开全国第一次工作会议上，被选为中央理事会理事兼秘书长。

七

1966年"文化大革命"爆发,黄国璋因为曾经与国民政府中的一些要人有过交往,比如国民政府教育部部长朱家骅等,而受到批判。他和夫人范雪茵被红卫兵批斗,之后还被派去扫大街。9月6日,他们夫妇俩因不堪羞辱,在家里上吊自杀。

1978年6月17日,陕师大为黄国璋举行了追悼会,对他一生的功绩做了充分肯定,并为其平反昭雪。1979年,在广州举行的中国地学会全国代表大会上,为黄国璋恢复了名誉。

八

纵观黄国璋的一生,他是学者,还是社会活动家。在收集资料的过程中,我们发现,黄国璋称得上是一个交游广泛的人。比如,时任北师大地理系主任的他,与当时教育部部长朱家骅关系甚好,从而获得其大力协助;办刊时,亦有众多知名学者参与撰稿;参与创办九三学社时,更是与民主人士交往密切。这种交游广泛的风格,能让他办成很多事情,同时,也给他带来了很多麻烦。当然,他命运的发展是自己不能够控制的,而是受时代大潮裹挟的!

黄文弼的多重意义
——考古学家黄文弼

□李 寻

走过交河故城的残垣断壁,行经屡遭劫掠的阿斯塔那古墓群,站在克孜尔千佛洞几乎空无一物的洞穴中,我才理解了黄文弼的全部意义:他不仅仅是新疆考古的拓荒者,也不仅仅是学识渊博的历史、地理学者,他首先是一位爱国者,把现代中国的印记深深嵌入祖国西部苍凉大地的伟大的爱国者。

一

克孜尔千佛洞位于拜城县西南 10 余公里处,目前有洞窟 339 个,是新疆最大的石窟群。但此石窟自 19 世纪后期便遭到帝国主义探险家的盗掘,最严重的是,德国人勒柯克 1905—1909 年的盗掘,他至少盗掘了 230 多个洞窟,切割盗走了大约 128 箱的佛像和壁画。所以,当 1928 年 11 月,黄文弼到达这里时,洞窟中已空无一物。黄文弼是第一位到达这里的中国考古学家。2012 年 7 月,笔者为追寻黄文弼的考古旧迹来到这里。到千佛洞之前,在附近的库车县博物馆(设在"库车王府"旅游景区内)参观时,看到一批仿制的佛教供养人头像,

黄文弼

说明铭牌上注明这是仿自德国柏林亚洲博物馆中所存的从克孜尔千佛洞中盗走的塑像，美轮美奂，从长相上看，酷似希腊人。现在的克孜尔千佛洞各洞窟之内，只有未被割走的壁画残片，然而其色彩艳丽，流露出当年完整时美丽逼真的神采。

克孜尔千佛洞只是无数被盗掘的中国文物的一个缩影。自19世纪后期到20世纪前20年，中国特别是中国西部的甘肃、新疆地区，被各国探险家盗走的文物不计其数，这种局面到1927年戛然而止。

黄文弼与胡适合影

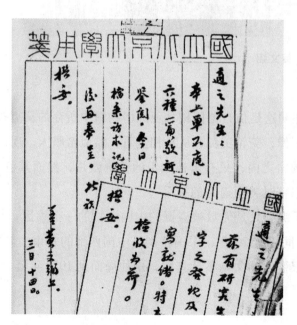

黄文弼在北大任教时写给胡适的信

二

1926年冬天，瑞典探险家斯文·赫定来到北京，找北洋政府有关方面活动，准备带一个探险考察团经由内蒙古到新疆。斯文·赫定是世界著名的探险家，1865年出生于瑞典，曾师从德国著名地理学家李希霍芬（"丝绸之路"一词的提出者），自1893年到1908年15年间，曾四次到中国的新疆探险考察，是楼兰古城的发现者，他对楼兰古城的发现轰动了西方世界，当然他也"顺手"带回去了在中国发掘的汉简、文书等文物。他是一位才华横溢、富有激情的探险家，对中国西部这片辽阔的大地，充满着无尽的探索欲望。他前四次进入新疆，都是从西边经中亚进入的。这次，他想从东边经内蒙古额济纳走一趟。当时，他已经60多岁了，为了筹集经费，他游说德国汉莎航空公司开通柏林经新疆到北京的航线，而他所做的工作是为了开辟这条航线，做前期的调查研究，如调查沿途的气象条件、为沿途四个航空加油站选址、筹建无线电台等。汉莎航空公司被他说动了心，不仅出钱支持他的考察活动，还派了7名航空公司的相关专家随他一同前往中国。

斯文·赫定还是一位头脑活络的社会活动家。他到北京后，先通过他的瑞典同乡、地质学家兼考古学家安特生（《休闲读品·天下》2012年第1辑有专文介绍）找到了中国地质研究所的翁文灏所长，说动翁文灏支持他的计划，翁文灏除了表示支持外，提出要吸收一部分中国学者参与。赫定同意后，由翁文灏陪同拜访了当时的外交部长顾维钧，顾维钧表示可以同意驼队探险，但航空探险队被军方阻止，斯文·赫定又请瑞典驻华大使出面和他一同拜访了北洋政府的航空署署长刘光克，该署长表示不同意他们原来用飞机进行探险的计划，也不能在中亚建立电台。权衡之后，斯文·赫定放弃了这部分计划，经过反复努力，在1926年12月月底，斯文·赫定收到了外交部同意他们

斯文·赫定在斯德哥尔摩的家中

去新疆探险的批文，1927年1月30日，当时北洋政府的最高负责人张作霖还接见了斯文·赫定，答应给予他各方面的支持。经过上上下下的活动，斯文·赫定以为万事大吉，马上就可以出发了，他手下的工作人员已在包头等着他了，不想却发生了重大的变化。

1927年3月5日，北京学术界（包括北京大学、北京图书馆、历史博物馆等12个单位）的代表集会，反对这项计划，并成立了北京学术团体联席会。面对这前所未有的压力，斯文·赫定只好重新与北京的学术界进行谈判，谈判过程复杂艰难，终于在1927年4月26日签订了合作协议。协议的主要内容是：中瑞双方共同组建西北科学考察团，中瑞双方各派一人为团长（中方团长为北京大学教务长徐炳昶教授，瑞方团长是斯文·赫定），考察团经费全由斯文·赫定负责提供，中方派10人参加考察团（原来，斯文·赫定与翁文灏谈的方案是只给中方3个名额），考察团中考古所得的中国文物全部属于中国，不能带走，地质学标本可以给斯文·赫定一份副本，考察团不能考察涉及中国国防安全的事务，不能绘制大于三十万分之一比例尺的地图，等等。中国方面还组成了负责管理考察团的常设机构——西北科学考察理事会，北京大学刘半农教授任理事长。中方派出的 10 名成员如下：

（1）徐炳昶，字旭生，曾留学法国学习哲学，时为北京大学哲学系教授，北京大学教务长，任考察团中方团长。

（2）袁复礼，字希渊，清华大学教授，古生物学和地质学家。

（3）黄文弼，字仲良，北京大学研究所国学门副教授，考古学家。

新疆库车龟兹博物馆里陈列的佛教供养人头像

（4）丁道衡，字仲良，北京大学地质系助教。

（5）詹蕃勋，字省耕，北洋大学毕业，华北水利工程师。

（6）崔鹤峰，字皋九，北洋大学毕业。

（7）马叶谦，字益占，北京大学物理系三年级学生。

（8）李宪之，字达三，北京大学物理系二年级学生。

（9）刘衍淮，字春舫，北京大学物理系一年级学生。

（10）龚元忠，字狮醒，北京历史博物馆照相员。

另外，还有3名中国采集员庄永成、白万玉、靳士贵。

原先，参与此事的地质调查所完全退出，没有派人参加考察团。

这件事在中国学术史和文物保护史上都具有重大的意义。它标志着中国的知识界已经理解了国际科学规则，既捍卫国家权利，又参与国际科学合作，西方列强盗掘盗买中国文物的日子一去不复返了。刘半农当时就评价说，这是一个"倒过来的不平等条约"。

1927年5月9日，考察团正式出发，曾经针锋相对的谈判对手们前往火车站为中瑞双方的团员送行，气氛热烈。面对这个场面，斯文·赫定乐观地评价说，那些曾经是谈判对手的中国人脸上丝毫没有不快和敌意，将证明"欧洲人和中国人确实能够和谐地生活和工作在一起，大家都在努力去实现同一个崇高的目标"。然而，这毕竟是表面文章，黄文弼在第一天的日记中就明确写了自己被赋予的任务："一者为监督外人，一者为考察科学。"

三

黄文弼，1893年4月23日出生于湖北汉川县黄家嘴村一个木匠家庭，1915年，考入北京大学哲学系，1918年，毕业后留校，在国学研究所工作。到1927年参加西北科学考察团时，他已经在北京大学工作了9年，时年34岁。这期间，他所做的工作主要是研究宋代理学（著有《二程子哲学方法论》）和古籍目录学（著有《中国旧籍分类法纲目》等），整日和故纸堆打交道，是纯粹读书的书斋学者，唯一能和考古沾上边的是，1922年，北大国学所开办了古物陈列室，黄文弼在沈兼士等人的带领下，参加了古物整理工作，还参加过故宫的文物清点工作。但他从来没有参加过真正的现代田野调查和发掘活动，也没有经过这方面的专业训练，将他称为考古学家，是以后的事。到此时为止，他充其量只是传统意义上的金石学家和目录学家。笔者推测，他之所以能入选考察团，一个原因是他在中国古典文献方面的知识功底扎实，而且还有一定的鉴识古代文物的知识，他读书用功极勤（以致刘半农戏称他为"冬烘先生"），熟读中国史籍，只要古书上有过记载的河流、山脉、地名等，他均能知其出处，道出其衍化脉络，这一点在后来的工作中，令斯文·赫定十分佩服，这一块正是斯文·赫定的知识短板。另一个原因是他正当壮年，身体能承受住探险旅途的颠簸之苦。

但黄文弼还有另外一个性格特点是刘半农、徐旭生（即徐炳昶）等人没有意识到的，那就是"轴"。他读书肯下死功夫，做人做事也认死理儿，认真到了极端的程度，安排给他的任务，哪怕只有芝麻绿豆大点儿的事，他都会当成泰山般重大的责任去完成，这种性格特点让他成了考察团中唯一和斯文·赫定"死磕"的"冤家"。临行前，北京西北科学考察理事会给中方团员开会，交代的第一个任务就是监督外国人，黄文弼把这条任务牢牢地记在心底，写在日记上，后来贯穿在每一个行动细节上。

四

摩擦从一开始就发生了，先是在分配工作地点这类小事上。比如，在内蒙古时，黄文弼提出要前往的区域，斯文·赫定要么不批，要么就让瑞方考古学家贝格曼去。黄文弼认为,这是斯文·赫定有私心,他把机会最大的区域留给瑞典人,只给中方学者安排发现机会少的区域,他一面把自己的想法反映给中方团长徐旭生,一面暗下决心,处处跟外国人比试。1927 年 7 月 7 日,贝格曼在白云敖包发现了 1300 件石器,斯文·赫定为此还发给他了 25 元奖金,徐旭生把这个消息告诉了黄文弼,还说自己担心这次考察中,中国学者的考古成果会不如外国人。黄文弼则表示,这算不了什么,最终结果要在将来定。果然,两个月后,9 月 8 日,黄文弼在乌托海发现了 1600 件石器,超过了贝格曼。到 11 月 6 日,盘点各人的工作成绩,贝格曼发现遗址 121 处,古物 1.2 万余件,黄文弼发现遗址 34 处,古物 1.5 万余件。黄认为,自己发现遗址少,是斯文·赫定安排的方向所致,若按他自己的设想,在遗址数量上一定也不会比贝格曼少。徐旭生团长曾与斯文·赫定商量,是否制定一个统一的奖励标准。比如,发现一处遗址,奖励大洋 2 元,拾古瓦片 100 片奖励 5 毛等。斯文·赫定不以为然,他坚持随兴而赏的原则,不设定固定的程式。然后又说,要是有人发现了楼兰这样的古城,那岂止是奖励 500 元,就是奖励 5000 元也行。徐旭生笑道,这话要是让黄文弼知道了,他一定能找出两个楼兰古城,你就准备发 10000 块钱奖金吧,斯文·赫定忙说,这话千万不能让黄文弼知道。可转过身来,徐旭生就把这话告诉了黄文弼,黄文弼亦笑言:"发现一城不算什么,到新疆后我能发现一国耳。"

今天看来,斯文·赫定在这类事情上未必是有意难为黄文弼,这些对话都是通过徐旭生转给黄文弼的。黄文弼的想法,徐旭生也转达给了斯文·赫定。斯文·赫定年长黄文弼 20 多岁,徐旭生亦年长黄文弼 5 岁,他们似乎串通好了,在激发这位年轻人的好胜心。奖励原则始终没定,斯文·赫定一如既往地随兴而做,某些时刻一高兴就给某人发笔小奖金,这个习惯居然也被黄文弼学到了,到后来,他在南疆独立带人考古时,也是这样随兴而奖励自己的手下。

读《黄文弼蒙新考察日记》，发现他充满了爱国主义的紧张感，似乎每时每地都在为捍卫祖国的尊严而"战斗"。

1927年6月26日，考察团驻地来了一个流动的花鼓戏班子。黄文弼小时候就见过这种流动戏班子，知道他们表演中经常会有下流内容的唱词，当时，国民政府已经下令禁止表演这类节目，以图改良社会风俗，所以，他建议徐旭生团长不让戏班表演，但徐团长以为，反正外国人也听不懂，唱就唱吧。结果就唱了，斯文·赫定等人虽然听不懂，但也能看明白个大概意思，让徐旭生详细解释，徐先生敷衍说，这只是个恋人私通的故事，自己也只能听懂个别的词句，外国人觉得挺有意思，随行的摄影师将表演拍成了电影，说是将来带到海外放映。黄文弼深以为耻，认为这是在刻意暴露中华民族落后的那一方面，在日记中，他记下了自己的愤懑。

7月26日，他读到一位叫安觉斯的外国学者在《东方时报》上发表的谈话，说："中国初不知石器，至安特生始发现云。"黄文弼在日记中写道："余对此颇为愤慨，中国最初采集石器为地质调查所谢君，发现陶器为刘、庄二君。安特生初于石器不大明白，皆购自当地人及中国古董商人，何得云发现耶？"

9月10日，考察团雇佣的一名年龄在50岁以上的汉族拉骆驼的工人偷了两匹骆驼逃跑了，两天后，被两名蒙古族驮工给追回来，并被戴上了脚镣，众人都去观看，唯独黄文弼没去，他认为，这是有失中国人体面的事情，实际上就是在侮辱自己，他独坐在自己的帐篷中生闷气，先是反思自己有什么过错，认为是考察团方面忽略了对这个年老驮工的关心，他想多要点薪金，而且，该驮工和驼队中的蒙古族驮工相处不好，常遭打骂，一时糊涂，才做出这样的错事。现在，外国人对此人"脚镣手铐加之矣，打骂加之矣，照相也照了，其辱国如何耶？"他觉得，即使是这人犯了错，也应将其交由地方官府处置，而不能由外国人对其施加私刑。他把自己的意见反映给了徐旭生团长,徐也同意他的意见,经与斯文·赫定沟通后,同意将此人送交地方官府处置。但事实上,他们气出了之后,就把这个人给放了,因为交给官府一定还得再受惩罚。

　　斯文·赫定也是有着强烈爱国主义情结的人,只不过,他所热爱的是自己的祖国——瑞典,而且特别讲究形式。每日宿营,他们都要升起瑞典国旗,圣诞节聚餐时,也要在帐中悬挂瑞典国旗。这些行为"刺激"了中方团员。1927年的双十节(即当时的国庆节)前,10月2日,黄文弼和徐旭生商量也要搞个纪念仪式,"拟于树林中悬挂'民国万岁'的布匾,外以树叶札之,并制国旗一方,以致敬礼。是日,汉人、蒙古人联合志庆,并请斯文·赫定演说,蒙人和学生演节目助兴……虽居塞外,不忘国家,亦吾人所应为耳"。黄文弼参与了纪念仪式的策划,但是10月9日,他要出发探险,不能参加这个活动,深以为憾。从他的日记来看,出发前,中方团员没有这方面的准备,没有带现成的国旗(当时还是北洋政府的五色旗),要现场临时制作,不像考察团的外国成员,事先都带着多面自己国家的国旗。第二年,1928年的双十节,黄文弼自己带领着一个工作小组正在库车县考察,他想起去年的双十节纪念日活动,便和考察组另外两名成员丁道衡(字仲良)、刘衍淮(字春舫)共同举办了一个小型纪念会,并邀请当地一位朱局长参加,他们驻地的院子里有一个亭子,便以此亭做"礼堂"。这时已是国民政府的青天白日旗,他们没有现成的标准国旗,便用蓝墨水染成了一面(也不知道尺寸、规模上是否合乎标准),悬在亭子上,旗下放了一张方桌,桌上铺了条绒毯,毯上放了一盘花,公推丁道衡为主席,四人一齐向国旗行三鞠躬礼,静默三分钟,丁道衡宣布开会,发表演说,大意是要增加国家观念,朱局长也以来宾身份发表了演说,鼓励大家要有爱国的信念。

　　在以后的日记中,再也没有见到黄先生举办或参加此类仪式,中国人是一个感情深沉的民族,他们最深刻、最诚挚的感情都埋藏在心

黄文弼考察时拍摄的吐鲁番三堡旧城中之塔

底,不爱用外在的形式来表达。受外国人影响,黄先生等人也不得不如法炮制,"作此点缀"(黄先生语),没了外国人,慢慢地就会懈怠这些形式上的东西,甚至有些抵触,认为这些过于外表化的形式会破坏心底的虔诚。近代中国人表达自己对国家感情的形式,也是向外国人学来的,所以,形式上的东西难免有准备不周的地方,但是,更重要的是他们的心灵,就是一切形式也没有,他们对于国家的忠诚和信念,绝不比其他任何一个国家的公民差。

五

上面讲的事情,其实有些鸡毛蒜皮,无关大局,只是从一个侧面反映出黄文弼先生的细腻与敏感。真正有实质性冲突的是下面三件大事。在这三件事中，黄文弼先生等人成功地阻止了斯文·赫定的计划，使斯文·赫定恼怒到极致，失去了学者的客观风度，在他关于这次考察的回忆录的后半部分，毫不掩饰地讥讽、甚至诽谤黄文弼。

第一件事是关于德国汉莎航空公司开辟柏林到北京的航线的事。

先是斯文·赫定为筹集这次考察的经费，忽悠德国汉莎公司开通柏林到北京的航线，汉莎公司出了钱，还派了人，所以，从北京到新疆，一路上主要是为未来开通航线做科学调查，如在沿途施放高空气球，探测万米以上高空的气流状况等。对于斯文·赫定及德国团员肩负的这项使命，中方学者始终是清楚的，但是，在双方合作的协议中并未反对此事，如果当时直接反对，考察团就无法成行了。但在背后，中方团员是打定主意要阻止此事的，他们认为，中国内部已经够乱的了，如果这条航线再开通，德国人便可以不绕道海上，直接从空中经中亚抵达中国内陆腹地，干预中国事务。中国内河的航运权已经失于外国人，如今再失去天空的航空权，是国家权益的损失，所以，一定要阻止此事。

今天的一些读者，可能会对中方学者的立场不太理解：不就是开辟一条航线吗？扩大对外交流，有什么不好？为了说明白这个问题，我们必须花些笔墨，充分交代当时的时代背景。当时，中国正处于军阀混战的局面，各派军阀各有各的外国后台，以获得军火支持。因此，那时如果开辟航线，确实有助于帝国主义对中国内政的干预，加剧国内纷争。所以，当时的中国学者对此事才有这么强的抵触情绪。另外，还得明白德国和中国的特殊关系。清末，德国参加了帝国主义瓜分中国的狂潮，强占了中国的胶州湾，1917年，第一次世界大战中，德国战败，中国参加了协约国一方，属战胜国，中国本以为凭自己战胜国的地位，可以收回胶州湾的主权，但没想到，在讨论战后问题的巴黎和会上，竟然把德国在胶州湾的特权又转让给了日本，这才激起著名的五四运动。在西北科学考察团中有7名德国成员，是汉莎航空公司派来的，他们都抱有极强的军国主义观念。在旅途中，他们聚会时演唱德国军队的战歌，还列队表演军操，有名德国人还赤裸裸地说，他们的失败只是暂时的，不用数年，德国要重新崛起，停止战争赔款，恢复所有过去的势力范围。哪些势力范围？肯定包括中国的胶州湾。在第一次世界大战中，中国是协约国，与英法是盟友。当时，英国控制着印度，影响着中国的西南边疆，而德国人欲打通航线，进入中国的西北地区，建立与英国和苏联对抗的基地。斯文·赫定本人在政治倾向上是赞成德国军国主义者的（黄文弼日记称为"德国旧党"），他曾经因在战争期间，发表支持德国旧党的演讲而被英国驱逐，对于德国的这种战略意图和斯文·赫定的政治立场，徐旭生、

黄文弼考察团曾用过的地图

黄文弼等是清楚的。我们把这条线索讲得再清楚一些：在第一次世界大战中，中国和英、法等国站在一起，是德国的敌人，如今，战争虽然结束了，但作为战胜国的英法等国压迫德国人，索取赔款，德国人心里不服，谋求东山再起。他们想进入中国西北，是想建立起未来牵制、抗衡英国和苏联的基地，这个事情远不是建立一条正常航线那么简单，一旦德国的意图得逞，那么，将来的胶州湾岂不是又要重新落入德国人之手，五四运动岂不是白闹了！知道了这个历史背景，我们就能理解，当时中国学者为什么反对开通这条航线了。

中方成员一直警惕这件事情，在当初签订合作协议时，有一条就是，禁止外方成员绘制三十万分之一以上比例尺的地图，因为那么大比例尺的地图有军事意义，可以用于作战，且规定涉及国防安全的地方，不能考察。在旅途中，中方团员也严密监督德国人不能违反这些规定。徐旭生先生是团长，不能事事都与外国人发生争执，总要有回旋的余地，好在有黄文弼这位爱较真儿的"杠头"。所以，在某种程度上，徐团长在纵容黄先生与外国人的摩擦，以便于处理问题。对于徐团长的这种深沉的用心，单纯的黄文弼开始有些不解，尽管他非常尊敬徐旭生，日记中提到徐处，必以先生称之，但有几处流露出对徐先生"过于软弱"的担忧。徐先生其实不软弱（他当时虽是大学教授，但却是北京公认的"学生领袖"，1925年，领导学生举行争取关税自主的游行示威，被军警打掉了两颗门牙。他留牙蓄志，将这两颗牙一直保留在身边，死后才由家属放入他的骨灰盒内），小事情上和稀泥，大原则是寸步不让的。行经居延海时，瑞典人那林做了个小动作，想画这一地区的大比例尺地图，徐旭生团长就果断地制止了。但事后，斯文·赫定却把这笔账记到了黄文弼头上，以后，他们秘密谈事时，都躲着黄文弼。

到了迪化（乌鲁木齐）之后，斯文·赫定和德国人开始活动，试图说服新疆督军杨增新同意他们开通到中国的航线。徐旭生和黄文弼等也暗中展开了另一项活动。他们通过包尔汉（当时负责管理新疆交通事务），劝说杨拒绝德方开通航线的要求。杨增新最后明确拒绝了德国人开通航线的要求。尽管杨增新有他自己的打算，但是，徐旭生、黄文弼等人也发挥了重要的作用。

由于开通航线的计划失败，德国汉莎航空公司决定停止继续资助考察团，并撤回了德方工作人员。斯文·赫定只得重新筹措经费，中方团长徐旭生为了能使考察继续下去，也主动地想筹款的办法，但最后的经费还是斯文·赫定筹措到的。

第二件事是关于从中国拆搬喇嘛庙的事。

其实，斯文·赫定本人与德国军国主义者之间未必有那么深的瓜葛。他之所以能和汉莎公司一拍即合，主要是为了筹集自己所需的探险科考经费，如今，德国人停止提供资金了（后来，又把剩下的钱也交给斯文·赫定支配了），他就得另想办法。他采取的第一条路是回国，1928年8月，他回到瑞典，试图说服瑞典政府出钱支持他的考察活动，11月26日，瑞典政府回电同意资助他们50万瑞典克朗。另一条路是趁着他1928年6月到美国看病的机会，游说瑞典裔的美国工业家文森特·本狄克斯出钱。本狄克斯出身于瑞典南部的一个下层家庭，后来在美国制造汽车启动器和制动器发了财，是美国最大的汽车启动器和制动器生产商，且以慷慨资助科学活动出名，他资助的密立根博士曾获得1923年的诺贝尔物理学奖。经过不长时间，这位大亨就答应资助斯文·赫定和瑞典政府一样多的钱，作为回报，斯文·赫定忽悠说，他将用这笔钱从中国购买回两座喇嘛庙，一座放在美国芝加哥，一座放在瑞典斯德哥尔摩，内部装修完全按喇嘛教风俗进行。斯文·赫定就是这样一个人，他一定是向本狄克斯大吹了一通中国的喇嘛庙及饰品多么美丽漂亮，喇嘛教是多么神秘有趣，而在忽悠本狄克斯时，他完全将与中国学术团体联合会签订的不准将任何文物带出国外的规定置于脑后，反正是先忽悠到钱再说。

承德避暑山庄"万法归一"殿

回到中国后，他还真就着手办这件事。他原来的想法是偷偷地找两座喇嘛庙拆了，再偷偷地运出国去。1929 年 11 月，他跑到内蒙古和察哈尔看了 20 多座喇嘛庙，谈了价钱，准备以很便宜的价格买下其中的两座，于 1930 年运到国外。但没想到，1930 年 4 月左右，北平雍和宫发行的一份周刊上有文章揭露了这件事情，一时间，舆论大哗，政府也关注到了此事，买座真庙的计划泡汤了。关于是什么人通过这个渠道披露出的消息，斯文·赫定的回忆录没说，限于时间因素，笔者在写作此文时也没来得及做深入研究。所以，还不知与徐旭生、黄文弼等人是否有关联，从时间上看，黄文弼不知道此事，没有直接介入。但是，北京学术界联合会事先与斯文·赫定签订的协议仍有效，而且斯文·赫定所募款项也是用于这项考察的，所以，西北科学考察团的存在本身对斯文·赫定来说就是巨大的压力，迫使他放弃了计划。

斯文·赫定又不能在美国人那里失信，便想出一个变通的办法：仿造一座喇嘛庙，送给本狄克斯。于是，他找到了中国建筑师梁卫华（有些资料中说是梁思成）主持此事，经过一番考察，选定了热河承德避暑山庄中的万法归一殿作为仿制原型。梁卫华到现场测绘、拍照，并在北京开始制造各种建筑构件，总共制造了2.8万个建筑构件，1931年运到了美国，建成1∶1大的成品，1933年，参加了美国芝加哥世界博览会，1939年，又参加了纽约世界博览会。由于这座仿制的庙宇屋瓦是用鎏铜瓦制成，耗费24K纯金叶1万多两，故这座建筑被称为"热河金亭"，曾轰动一时。1940年之后，本狄克斯生意下滑，将此金亭出手卖给别人，因维护费用过高，几经辗转，1986年，这座仿制庙宇被瑞典建筑师马克斯·沃勒运回瑞典，2010年，上海世界博览会时，瑞典有人试图让中国再出钱把这座庙买回去，结果不得而知。

这次挫折使斯文·赫定损失惨重，一来仿制庙宇比直接买庙花销大多了，他本来是想着便宜地从中国人手里买两座庙（他们以前一向就是这么干的）去给本狄克斯，但现在只能仿制了，可一来仿制成本太高，他自己所剩无几，二来本狄克斯见拿到手的只是仿制品，而不是真的文物，便削减了给斯文·赫定的费用，这下子考察团又没钱了。斯文·赫定只能再向瑞典政府求助，瑞典政府答应通过发彩票的方式，再为他筹集50万瑞典克朗。为说服瑞典政府出钱，他又没少许诺将来要从中国带回去多少东西，而且把先期带回去的动植物和矿物标本公开展览，请瑞典国王参观。

第三件事是1934年黄文弼阻止他们在新疆盗掘文物的事件。这一事件中，两人发生了直接正面的冲突。

1933年6月，在北京的一个外交聚会上，斯文·赫定认识了中国外交部副部长（次长）刘崇杰。他提出了个建议，修一条从西安到新疆的公路。当时，日本人已逼近北平，战争的危机日益严重，国民政府也有经略新疆的打算，斯文·赫定宣称自己可以带一个考察团，前去为公路建设做前期勘测，国民政府居然同意了他的计划，委派他以国民政府铁道部顾问的身份，组织一个公路考察团，进行入疆公路的前期勘察工作，费用由国民政府出。斯文·赫定欣喜若狂，他本人打的主意是从敦煌经库尔勒进入罗布泊，再探楼兰古城的奥秘。

前文说过，他以前是从西边进入罗布泊的，1928年那次入疆考察，因种种原因，他没能实现从东路进入罗布泊的梦想。这次，借着公路勘察的名义，他可以实现这个梦想。但是，对于斯文·赫定的"小九九"，国民政府也有提防，在有关考察团的行为细则中，就明确规定：禁止任何人在沿途以任何形式进行考古学研究。斯文·赫定虽然口头上同意接受了这条规定，但心底里却嘲笑中国政府太天真，打定主意到时候坚决违反这条规定。但中国政府并没有那么天真，在1933年9月月底，考察团将要出发的时候，黄文弼突然出现在了他们的营地，他以教育部特别代表的身份参加考察团，官方理由是去视察新疆的学校。当时，新疆没有几所学校，仅有的几所学校也在新疆军阀的内战中摧毁了，事实上，没什么学校可视察。很显然，黄文弼是被教育部派来监督他们的。

斯文·赫定非常恼火，他在回忆录中开始对黄文弼进行不负责任的攻击。比如说，因为黄文弼的到来，使他们的行李大大地超重，原来只有4吨半的行李，现在，黄文弼连人带行李，使行李总重量达到了10吨，黄文弼一个人就带了5.5吨的行李？这怎么可能呢。斯文·赫定完全不顾事实的攻击只是表达自己的不满，这种指责和讥讽在他的回忆录中随处可见。比如，抱怨黄文弼多占了他们汽车的一个座位了，又多占了他们房间的一张床位了，等等。至今为止，我们没有读到过黄文弼先生关于这次考察的日记，真不知道在那段旅程中，他是怎么在斯文·赫定的挤兑下熬过来的，但有一点是明确的，就是他坚定不渝地履行着自己的职责。

1934年5月，黄文弼带领一个工作小组在其他地方工作，斯文·赫定带领他的大队人马到达了孔雀河三角洲的迈塞地区，在这里发现了大量的古墓群，这也是他认定的古楼兰国的地区，斯文·赫定再也抑制不住内心的冲动，下令挖掘这些古墓。从北京出发时，为了标榜自己绝对遵守不进行考古发掘的禁令，斯文·赫定这个 14 个人的考察团只带了一把铁锹，现在，斯文·赫定便命令他雇的人员用这一把铁锹，再加上树枝和手进行挖掘，从他的回忆录中看，他们当时至少挖掘了三个墓地，挖出了一批文物，有些墓中的遗体保存得非常完好，一具女尸脸上甚至保持着微笑的表情。由于尸体太大，无法搬运，他们便又将尸体放回墓穴。在场的一位中国学者陈宗器也参加了挖掘工作（陈宗器是后来参加考察团的中国学者，他明知道中国政府严禁斯文·赫定进行任何考古发掘的禁令，但却不去阻止，反而配合他们的工作，这是严重的失职。斯文·赫定也对他给予回报，出钱资助他于1936—1939 年到德国留学。陈宗器学成归国，后来是中国地磁学科的奠基人，也是位学有所成的学者。但我仍为他当时的行为感到耻辱，

黄文弼在西北科学考察团期间沿途所摄的工作风物照片

因为他放弃了自己对国家的职责）。

斯文·赫定的兴奋很快就遭到了打击，8月26日，在迪化（今乌鲁木齐），他接到了中国铁道部部长顾孟余7月7日发来的电报，电报转引了黄文弼给教育部的汇报，"赫定先生未经许可正在罗布泊与塔里木河一带挖掘考古珍宝，这是违反法律和部长指示的。铁道部门必须对这一越轨行为负责。教育部长委派我调查该事件，并将结果上报教育部。"铁道部长命令斯文·赫定马上停止挖掘，并把已经挖掘出的每一件东西交给教育部的代表黄文弼。

收到这封电报后，斯文·赫定开始撒泼耍赖，当天就给铁道部长回电报说，他是看见那些古墓在那里被风化，被罗布泊的水冲刷，将来会损坏（这已经被风蚀、水冲了1000多年了），"我没想把财宝带走，只想把文物带回南京，交给你们"。接着他攻击黄文弼："教育部长的代理人（他气得连黄文弼的名字都不提）并没有去罗布泊，他没有任何证据也不知道我们去了哪里做了什么，怎么能谴责我们挖掘了考古财宝。"他这是赤裸裸地撒谎，就在他这本回忆录的前几十页，他记下了在描述挖掘过程时，看见了几个身影，他还以为是黄文弼等人呢，黄文弼当然去过罗布泊，而且就在他们附近工作，这一点他是知道的。8月29日，他再次致电铁道部长顾孟余，使出自己的撒手锏，倒打一耙地说这件事"严重地损伤了我的人格和荣誉。我自己从未想过有此类侮辱性的事情，因此我以这种方式提出我的辞呈，并通知你，我正在准备，一旦得到离开新疆的许可就启程返回瑞典"。9月5日，铁道部长回了电报表示挽留他，再也没提要他向黄文弼呈交文物的事（笔者推测，可能是铁道部想着考察工作已经完成，这时如果让赫定拍屁股走人，那前面的钱岂不是白花了，所以做出了妥协）。

铁道部妥协后，事情并没有完。9月13日，新疆督办盛世才派副官通知斯文·赫定，他所挖掘的文物不能带出新疆。笔者猜测，这是黄文弼先生发现铁道部对斯文·赫定妥协之后，又通过教育部做新疆地方行政长官盛世才的工作，试图通过新疆地方政府的力量把文物扣下。但是，斯文·赫定做通了苏联驻新疆总领事阿布列索夫的工作，通过他影响盛世才（当时，苏联人对盛的影响非常大，正是在苏联人的帮助下，盛世才才打败了来自甘肃的军阀马仲英），只是装模作样地检查了一下斯文·赫定一人所挖掘出的文物，最后还是允许他们把这批文物带到了北平。

到了北平后，斯文·赫定发动了他的一切人脉关系，通过丁文江、翁文灏、胡适、袁复礼等做工作，请求中国政府能允许他把这批文物带回瑞典（他又一次撒谎，前面他给铁道部长的电报中不是明确地说过，他只想把这批文物带到南京，交给国民政府的嘛）。北平的西北科学考察团理事会没有松口，经过他的反复活动，南京的国民政府同意他暂时可以把这批文物带回去，但只是"借"他一用，他要保证在规定的时间内还回来，并派傅斯年来检查清点文物（奇怪的是，为什么这时候不派黄文弼来，只有他去过新疆，最了解情况，傅斯年不是考古学家，肯定不如黄文弼专业。笔者猜测，或者是斯文·赫定强烈排斥黄文弼来检查，或者是南京政府方面又出于什么考虑，做了妥协）。最终的结果是，他终于将这批文物带回了瑞典，至于是否归还给了中国，尚未见到有关记载。

笔者关于这一事件的描述，完全来自斯文·赫定本人在 1942 年出版的回忆录《亚洲腹地探险八年（1927—1935）》的记述，斯文·赫定先生是生性率直之人，撒泼耍赖，毫不掩饰，所述之事真实可信。迄今为止，我们没有读到黄文弼先生对这一事件的记述（由于时间和资料的限制，我们没能尽读黄先生留下的著作）。从斯文·赫定的描述来看，在整个事件中，中国的铁道部、新疆地方政府、南京国民政府，还有一些中国学者，最终都向他妥协、"放水"了，只有一个人绝不妥协，那就是黄文弼，他几乎是在进行"一个人的战争"，不屈不挠地坚持着原则。尽管我们未听见他的声音，但始终能感受到他的力量，斯文·赫定也分明意识到了他所面临的最大阻力来自何处，所以对黄文弼表现出了强烈的敌意，自从8月26日电报后，两人似乎再也没有照过面，可谓老死不相往来。

他们之间没有个人恩怨，从个人的角度，甚至有些惺惺相惜的地方。斯文·赫定对黄文弼丰富的历史地理知识钦佩有加。他曾说，在现场任何相关的知识都可以从黄那里得到答案。而黄文弼也十分钦佩赫定的才华和激情，日记中，他充满敬意地记下在旅途中，为激励大家的士气，年过花甲的斯文·赫定顶着朔风、在骆驼上高唱法国军歌的形象。但是，如果回到国家立场上，情况就不同了。就斯文·赫定而言，他花了瑞典政府的钱，总得捞回去点什么，好给政府有个交代；自黄文弼的角度而言，他的职责就是终结外国人可任意盗挖、盗买中国文物的历史，捍卫国家的文化主权，两人立场的差异必然会产生硬碰硬的冲撞，黄文弼以国家主权的形象，始终屹立在那里。

六

在今天的人看来，黄文弼所做的事情没什么了不起的，不就是看着外国人，不让他们把中国文物弄走吗？然而，如果深入了解当时的社会环境，才知道要做到这一点有多么不容易。中国的学者想爱国、想维护国家的权益，可是，连一面稳定的国旗都没有，中央政权正处在靠武力更迭的过程中，地方上的军阀也在凭枪杆子比试，谁是当地的主人。在政治上，没有一个可以代表国家的具体机构，这些正在和外国学者打交道的中国学者，事实上是没有具体的"国家"可捍卫的。相反，有时还得靠这些外国学者及其所代表的"国家"来保护自己。1933年3月，日本人占领了热河，正向北京逼来，北平当局下令实行宵禁，局势日趋紧张。当时，西北科学考察团第一次从内蒙古、新疆收集回来的文物和标本存放在北京大学三院。3月16日，刘半农向斯文·赫定借了两面瑞典国旗，挂在北大三院，证明这是外国人的财产，一方面，害怕遭到日军的轰炸，另一方面，害怕遭到中国乱兵的抢劫。5月11日和12日早晨，日本的侦察机出现在北平的上空，接着，城市各处又响起了机枪声，没多久，刘半农带着黄文弼和贝格曼将文物送到斯文·赫定的住所"瑞典人之家"，他们认为，把东西放在这里比放在北京大学三院要安全些。5月20日，有11架日本飞机在人们头上盘旋，前些天从前线溃退下来的中国士兵也回到城中，有传言说，日本军队离城只有15公里了，火车上挤满了逃难的人。5月23日，斯文·赫定又和刘半农他们一起，把这些文物转移到德国大使馆，他们觉得大使馆内会更安全些。过了几天，《塘沽协定》签订，战争的车轮暂时停止了，刘半农才又把这批文物从德国大使馆转移回"瑞典人之家"。在整个过程中，刘半农等中国学者必须借用瑞典、德国这些国家的力量，才能保证文物的安全，而斯文·赫定无疑是出过大力的。中国人是重情义、讲面子的。所以，当庇护过他们的斯文·赫定提出要带一些文物回国的要求时，碍于情面，这些曾经受

黄文弼西北考察期间骑骆驼的情景

惠于他的中国学者确实不好一口回绝,最后,就出现了允许斯文·赫定先把文物"借"回国去的所谓"变通办法"。

黄文弼也是亲身经历过这些事情的,对斯文·赫定给他们的帮助是知道的,也是领情的,但依然坚持原则。在阅读这段历史时,我曾百思不解:究竟是一种什么样的力量,支持着黄文弼能不顾私谊与情面,去忠诚于一个几乎没有具体的国家形式的祖国的?迄今为止,我未看到黄先生本人的解释,但从他的著作中,我慢慢地理出了些头绪。黄文弼在西北地区所发掘的文物,绝大部分都是印有汉家文物痕迹的东西。比如,汉简、唐纸等,都是汉文的文献资料。这些资料证明,这一带自古以来就是祖国不可分割的一部分。穿行在浩瀚的大漠,徜徉于数千年的历史,无论从自然地理空间,还是文字文物表达的历史时空,黄文弼始终和祖国在一起,"中国"其实是个永恒的文化理念,与具体的政府或国旗之类的符号没有什么关系。在这层意义上,黄文弼和中国这个国家的"绝对理念"取得了同一性。这就是促使他能坚持原则的力量。他的尊严、信心、力量,全部来自这种延绵不绝、又实实在在的中国理念!

七

接下来,说一说黄文弼先生的学问。

黄文弼现在是公认的考古学家。但是,我们知道,他从来没有受过考古学的专业训练。他在大学只学了三年哲学,学习的是中国古典文献知识,而在考古方面的知识和技能,他完全是无师自通——自学的。

从他的日记中能看到,他至少掌握了三种考古学方面的知识和技能:测量绘图、现场发掘和拓碑。不知他是跟谁学的测量学和绘图的知识,反正他会使用测量工具,还能亲自绘制古遗址的平面图和剖面图,图虽然简略,但也中规中矩,以至于现代学者在研究高昌故城和交河故城时，还常引用他当年绘的图。现场发掘方面，他当然不惜力气，亲自挥锹挖土，将绳子拴在自己腰上，从 100 多米高的悬崖上吊放下去，探看石窟。他独创了一套古墓编号法，以墓碑主人的姓名做基本标志，然后再给这座坟墓中的器物编号，而不是按方位和顺序给坟墓编号。从纯粹考古学的角度来看，他在发掘方面存在着明显的不足。比如，基本上没有地层学的概念，在他的发掘过程中没有关注到古物分布的层位。对编号方法也重视不够，他去过的有些洞窟未做编号处理。而且他的编号方法可扩展性不强。比如，以墓主姓名作为一级编号，对于多个无主的墓怎么处理呢？我觉得，传统金石学和目录学的研究方法对他影响非常深，金石学先确定一通碑是谁的，然后再研究这通碑的拓片版本流变。总之，是以一个具体的人名为分类基础的，没有人名的碑价值就不大。所以，对那些没有墓志的古墓，黄文弼先生基本上不太重视，他的编号方法也是以墓志上的姓名为基础的。但是，传统金石学对他也有积极的影响，他本人会拓碑，而且技术还不错，根据西北地区的气候条件，他还琢磨出了用墨和用纸的独特方法。拓碑的技术想必也不是来自北大哲学系的课堂，可能是他在古物陈列室工作时，向民间拓工学的。从他的日记中看，他对这门手艺掌握得较为熟练，那是需要一定时间的实践经验的。

还有一种技艺，也是现学现用的：骑骆驼、骑马、骑驴。黄文弼先生是南方人，自幼在书斋读书，这些牲口以前都没骑过，到了西北一上去，也就会了。

现在，学术界提及黄文弼，公认他为新疆考古第一人，还公认他为著名的历史地理专家，这两项评价都没有错，他几乎走遍了新疆的主要文化遗址，只要提及这些地方，就不能绕开他所做的工作，而且有些研究工作非常深入。比如，罗布泊的土垠遗址，现在的研究还只是在他的论断上起步。他对于新疆河流的演变与古城兴废的关系所做的研究，其研究范围远远超过斯文·赫定等外国探险家。如斯文·赫定只是证明了楼兰古国湮没与塔里木河改道有关系，可黄文弼几乎谈及了每一部古书上记载的西域古城的兴废条件，从这个角度上看，他确实发现了一个"国"，而斯文·赫定只是发现了一座"城"。

但是，我认为，黄文弼对于中国考古学最大的意义还不在于上述那些具体发现，而是在于他创造了另一种独特的考古学风格。这种风格有独特的科学价值，可是，还没有得到充分的重视。

中国的考古学有两个来源：一是李济、夏鼐等在外国学习考古学的学者，李济是留美的，夏鼐是留英的，他们学习的就是考古学，所以，回国后使用的方法也是国外考古学的专业方法。另一是黄文弼，也包括徐旭生等，他们不是学习西方考古学专业出身的，是学习哲学或历史学出身的，他们在田野调查与挖掘方面的知识全是自学的，带有很强的个人领悟的色彩。读李济先生和黄文弼先生的考古报告，发现两者截然不同。李济先生的考古报告就是现在所通行的考古报告模式，只是在某一个遗址上，做得层位清晰、器型明白。而黄文弼先生的考古报告则缺少些单纯凝练的东西，但是，知识渊博，特别重视古典文献与文物的对应关系，以及地下文物所反映的古代文化社会生活，他几乎在每个点上，都要将古代遗物与古文献所反映的社会生活结合起来，并大胆地进行推测。如果简单化地给李济先生的考古学风格贴个标签：考古记录学；那么，可以给黄文弼先生的考古学风格贴上个标签：考古解释学。"考古记录学"的特点是，如实记录遗物的层位和样式，以此形成断代及用途的解释线索；而"考古解释学"的特点则是，从那时的社会文化条件来解释这些文物的出现，或者说这些文物反映了哪些具体的社会文化生活内容。现代很多考古学家认为，考古学的最终目的在于理解古人的社会生活状态，从这个角度而言，黄文弼的考古学更具有现代意义。

黄文弼是那种"开疆拓土"型（黄纪苏先生语）的学者，没有恪守某种学科边界的狭隘。他的书中，包含了各种学科的知识，如地质学的、生物学的，还有经济学和社会学的。他记录过一种"醉马草"，亲自观察到驴吃了这种草后，醉卧不走，两眼下垂的状态，"驴户以草烧烟熏之，立愈，然终无力"，他收集了这种草的标本，带回了北平（据 2012 年 8 月 28 日《中国科学报》头版报道，由中国工程院院士、兰州大学草地农业科技学院南志标带领的团队，自 20 世纪 90 年代初开始研究醉马草的致毒机理，近期才搞明白，不是这种草本身有毒，而是草中的内生真菌有毒。这一成果的报道距黄文弼先生采集醉马草标本已过去近 80 年，黄先生应是最早关注这种植物的现代学者）。这说明，他不仅在做考古学研究，还顺便采集生物学标本，他甚至还为新疆地区的经济发展和民族团结提出过建议。这种不拘泥于某一知识范围内的研究方法，让他的著作具有多种学科的研究价值。

八

黄文弼先生一生中去过四次新疆，分别是：

第一次：1927 年 5 月—1930 年 9 月，随斯文·赫定、徐炳昶为团长的中瑞西北科学考察团，入内蒙古、新疆考察。

第二次：1933 年 9 月—1934 年 11 月，随斯文·赫定带领的汽车公路考察团入新疆，此次考察他发现了不少古渠和古道遗址，也就是在这次考察中，他挫败了斯文·赫定非法发掘并想携带文物出境的企图。

第三次：1943 年 6 月—1944 年，他当时是西北大学教授，受西北大学委托，参加国父实业计划考察团到新疆考察。这次活动的重点是北疆地区，他一直走到了阿勒泰（当时叫承化）。

第四次：1957 年 9 月—1958 年 8 月，他率领中国科学院考古研究所一支考古队进入新疆，共调查了南疆 5 个地区 127 处遗址（包含 58 座古城），并在焉耆、库车做了发掘工作，采集了大量文物。

伴随着考察过程，黄先生发表了大量的研究论文。从 1930 年起，他几乎每年都有相关的论文发表。

1935年，他受聘为国民政府中央古物保管委员会委员，并被派驻西安任办事处主任，负责修整西安碑林，这项工作一直持续到1938年3月才完成。他多方筹集经费，重建陈列室、游廊等建筑，聘请著名建筑学家梁思成为设计师，同时，还接收了于右任捐赠的一批北朝与隋朝墓志。现在西安碑林的规模与建筑形制就是那时奠定的基础。在此期间，他还担任西北科学考察团专任研究员，利用夜晚时间，继续整理他在新疆考古时收集的资料，完成了《罗布淖尔考古记》初稿。

1938年4月，西北联大在汉中城固县成立，已经完成了西安碑林整修工作的黄文弼被聘为教授，前往城固任教。1939年8月，西北联大被分立为西北大学、西北工学院、西北师范学院等5所独立的高校，黄文弼任西北大学教授。1942年起，担任西北大学历史系和边政系两个系的系主任，直到1947年被北平研究院聘回北平任研究员，黄文弼先生在陕西西安和城固工作了约12年（1939年他被四川大学聘请为教授，曾前往四川做过一段时间的讲学）。在城固工作期间，他撰写了《两汉通西域路线之变迁》（发表于《西北史地季刊》1卷1期）、《张骞出使西域路线考》（发表于《地理教学》）等论文。在陕西的工作经历，使他对新疆考古的研究实现了圆满，因为西域之并入中国版图是从汉代开始的，而汉代的政治中心在长安，完成西域凿空之旅的第一位伟大的汉朝使节张骞就是汉中城固人。当黄文弼先生踏勘过西域辽阔的土地，满载汉家文物回到当年的汉朝首都，甚至再入住张骞的故乡时，他完整地沿着祖国西北地区形成的轨迹走了一趟，回到这个国家的心脏地区，静静地抚摸着旅途中的点滴收获，追忆那些伟大先祖的英雄往事，那是只有经历过同样艰辛的跋涉与斗争后才能有的血脉相通！读黄先生这一时期的著作，看到的不再是枯燥难记的陌生地名，而是他仿佛挽着张骞的手臂、并排走在风尘滚滚的西行路上的辉煌背影。

黄文弼著《西域史地考古论集》封面

　　1949 年，北平解放。从 1950 年起，黄文弼先生在中国科学院考古研究所任研究员，在此期间，他更深入系统地整理当年现场踏勘所获得的资料，先后出版了《高昌砖集（增补本）》《吐鲁番考古记》《塔里木盆地考古记》等大部头的专著，对新疆考古问题有了更系统、深入的认识。

　　黄文弼是位学风十分严谨的学者，他自述自己有时深入思考一个问题，可能十来天写不出来一个字儿，有些稿子曾经写过七八遍，自己还不满意。我们在他的著作中，经常能读到他修改更正自己此前看法的段落，说明他从不固执己见。他留下的学说体系，实际上是一个开放的知识系统，读者能清晰地看到他个人思路的探索变化过程，也很容易随着他一起进入这种鲜活的思维状态。当然，在他的著作中，您如果看到某些谬误之处，一点儿不用惊奇，那或许是他囿于当时材料的一个误判，或许是还没有来得及自我更正的一个初次判断，如果他尚健在，您当面向他提出这个问题，他一定会欣然接受、从善如流，和黄先生切磋学问一定是件极愉快、极享受的事情。

"文化大革命"中，黄文弼先生毫无例外地受到了冲击。1966 年 12 月 18 日，他在抑郁忧惧中病逝，享年 73 岁。

九

本文的标题为"黄文弼的多重意义"，这个标题是随着对黄文弼研究的深入逐步形成的，最初我们拟的标题是"西北考古第一人：黄文弼"，后来是"爱国者黄文弼"，最后才形成了现在的标题。所以，在文章的最后，有必要再啰唆几句，系统地谈一谈黄文弼在今天的多重意义。

首先，他是一位伟大的爱国者，在风雨飘摇、战乱频仍、国近不国的状态下，铁面无私地捍卫祖国的利益。他对自己的所作所为是充满自觉的，自清末外国探险家进入新疆后，提出了一个基本的学术观点：就是西域地区原来存在着一个独立的、非常优秀的文化，并没有受到东方（其实就是中国）文化的影响。很多中国学者不明就里，也未做过独立的实地调查研究，就盲目地随声附和。黄文弼先生宣告，经过他的亲自考察研究证明，西域一带自古以来就是东西方文化交融混杂之地，而在诸多文化中，汉文化是最优秀的，整个西域地区的文明进步，是在中国文化的推动下完成的。只有自觉肩负起这种文化使命的人物，才有足够的力量和信心去与外国学者一较短长。黄文弼几乎无时无地不在与外国人在"较劲"。1943 年，第三次在新疆考察时，他对同行的年轻学者说：我们现在使用的 50 万比 1 的新疆地图，还是由英国人斯坦因绘制的，这是我们的耻辱，新疆应有中国人自己绘制的现代地图。祖国是一种始终充溢于他胸中的力量，随时随地都会流淌成为有形质的东西。在近代中国，学有所成、开宗立派的学者并不少，但是，像黄文弼这样怀有强烈、坚定的爱国信念的学者并不多。这是他留给我们的最重要的意义。

在学术方面，他留给我们的第一重意义是创造精神。他没受过考古学方面的专门训练。但是，却无师自通、自学成才，证明中国人有自我创造出现代新科学的能力，而且，任何所谓新学科也许并没有那么高深的门槛，用不着做庸腐漫长的教条化知识灌输，掌握新的科学方法用不了太多的时间，重要的是，在实践中的反复使用与提高。

他留给我们的第二重学术意义是君子不器，不必拘泥于学科专业藩篱。他的著作中，除了考古学和历史地理的内容之外，还有其他学科的丰富内容。比如，他还进行了较为系统的民俗学调查，为研究新疆少数民族的生活习俗留下了宝贵的历史资料，他的学术著作值得现代各学科的专家学者深入挖掘。做学问也就应该像他那样：视野开阔，思维活跃。在学术上，他和斯文·赫定很相似，都是那种海阔天空的风格，同为一代大家。相比之下，今天那些死守某一学科藩篱，顾盼自雄，自以某学科方伯的学者，器小矣，难入学术大道。

他留给我们的第三重学术意义，是我们前面提到的考古学方法论上的。我觉得，他的"考古解释学"的方法，无论在中国学术发展史上，还是对今天中国的考古工作者来说，都有重大的意义。

从学术史的角度看，中国古代传统的学者所擅长的是文献整理工作（少数大学者，如郦道元、顾炎武、徐霞客等除外），无非是以此书的记录证明或证伪彼书的记录，皓首穷经，乐此不疲。王国维针对当时地下文物发掘的情况，首倡"二重证据说"，即以地下文物辅证地上之文献，此说被学界视为开新局面的空谷之音，然而王先生自己并不从事田野调查和现场挖掘，往往只是在文物贩子造伪的假文物上断章取义，他关于甲骨文的研究就是如此。黄文弼先生所受的所谓专业训练，其实是旧学教育，就是阅读整理古代文献，所以，他才有在目录学上的造诣。但他是具有深厚的旧学功底又自觉走向新学的学者，他亲自发掘文物，知道这件文物是怎么来的。基于此，他提出了"三重证据法"，即历史文献、现场勘察挖掘、文物分析三重证据互相印证的方法，至此，完成了旧学向新学的转变，并将旧学的合理性内容成功地纳入新的科学体系，在这方面，他的贡献不比王国维、陈寅恪小。历史学家不能只依靠不知其发掘过程信息的文物来佐证文献，也不能自己不做亲自的发掘实践，就贸然相信只从事田野调查的考古学家的现成结论，黄文弼的"三重证据法"对历史学的意义正在于此。

中国现在的考古学界中，能有黄文弼这么扎实的古文献基础的学者可谓凤毛麟角，绝大多数的学者顺着"考古记录学"的路子，走进了一个狭窄的学术胡同，撰写的科研成果几乎就是单纯的发掘过程报告，而对这一遗址的文献基础和社会文化解释，则依赖专门从事文献研究的历史学家来解释。黄文弼则不然，他熟读中国古典文献，基本上是按文献提供的线索去寻找遗迹，再按发掘出的实物，印证文献上关于当时社会生活的记载，所以，他的学术著作内容十分丰富，既有发掘过程报告、器型的深入分析，也有对古文献的校正，还有对人种、语言、风俗等其他问题的扩展研究。这种研究风格是目前中国考古学所迫切需要的。

其实，我们这样以统计学的方法，一、二、三地列举黄文弼的意义，本身就是有局限的，因为容易引导人们再次进入那种他有几条贡献的形式化窠臼，他的意义是多重的，并不是像我们这样简单地罗列个一、二、三就能说明白的，要真正理解他的多重意义，只能亲自去读他的学术著作，像他一样亲自去做那些艰苦的田野调查。只有那样，才能体会到他生命的气息，才有如晤故人的亲切，才能在如坐春风般的和畅中不知不觉地进入他的学术境界。

大时代与知识分子的精神世界
——访黄文弼之孙黄纪苏先生

在准备写黄文弼这个人物时,我们手头没有任何关于他的研究资料,只是从西北大学的校史资料中,知道有这么一位"中国西北考古第一人"的存在。荣幸的是,我们较顺利地联系上了黄文弼的孙子黄纪苏先生,他爽快地答应愿意给我们提供必要的帮助。

2012年4月20日,在黄纪苏先生简朴的住宅中,他接受了作者的专访。

黄纪苏先生是社会学者,还是著名的剧作家(他是著名话剧《切·格瓦拉》的编剧),感觉敏锐、细腻,思想客观、深刻,他不仅为我们研究黄文弼提供了基础的资料指南,而且还以优雅的、略带梦幻般的叙述,描述了祖父在他当时这个10岁少年心中的印象。进而,与我们深入地讨论了黄文弼,以及其子黄烈先生(黄纪苏的父亲)的学术风格与思想差异,当然,也谈及了黄纪苏先生本人对一些历史问题的看法。

当我们回来后整理这篇采访录时,发现黄纪苏先生所谈的已经不只是黄文弼先生本人的生平,而是时代大环境与这一家三代知识分子心灵的互动关系。他谈出了大时代与中国知识分子的精神世界。

黄纪苏

作者（以下简称作）：我们是在做"发现西北联大"这个专题时知道黄文弼先生的，因为在当时的《地理教学》杂志上看到了黄文弼的文章《张骞出使西域路线考》，除此之外，我们对他一无所知。我们不是搞考古学的，说实在的，在此之前，甚至连黄文弼的名字都不知道。通过这一个月的时间，我们才通过网络上的材料对他有个非常初步的了解。今天很荣幸地采访到您，所以，先得请您给我们介绍一下黄文弼先生的生平事迹，以及学术贡献。同时，希望能从您这里获得一些相关的研究资料，比如，黄文弼先生的著作，等等。

黄纪苏（以下简称黄）：1966年，"文革"开始那年年底，他就去世了，那时我才10多岁，所以对他的了解并不太多。

祖父留下的书倒是不少，"文革"时候抄家把书都堆在一间屋子，堆得跟小山似的，门上贴了触目惊心的封条。等可以开封的时候，一半的书都烂了。没烂的有一套全国政协（他是全国政协委员）编的《文史资料选辑》，我小小年纪把五十多本都囫囵吞枣地读了。

改革开放后，社会科学院给我祖父补开了追悼会，把他的骨灰挪到八宝山革命公墓，这些我都经历了。我父亲黄烈在祖父去世后，在整理我祖父的著作方面做了很多工作。其中一件工作，就是把祖父过去在西北考察期间的日记整理出版了，那些日记写在几十个小笔记本上，字非常小，有的很潦草，祖父是在月光下写的。这些日记1989年由文物出版社出版，书名是《黄文弼蒙新考察日记》。这些工作是父亲率领母亲、姐姐和姐夫们做的，我基本上没有参与，因为当时忙自己的事，后来又出国了。

我对我祖父比较有意识的了解还是在2003年至2004年间。当时，北京大学要出一个集子，把北大过去的校友介绍一下，我祖父是那里毕业的，后来还在那里工作，北大就动员老校友的子女写回忆先辈的文章。那时，我父亲已经老了，写不动了，让我来写。当时因为要写文章，我便读了祖父的一些东西，尤其是他的日记。再就是头些日子捐献祖父的藏书和其他资料，我又看了他的一些资料包括书信、笔记、检讨之类。

说到捐书，早在20世纪60年代，他就说，身后要把自己的藏书捐给国家。私人收藏最终归为"天下公器"，这大概是那一代学人都视为当然的事情吧。几十年里，我父亲一直在整理维护那些书，隔几年就跟姐姐们一块晒晒晾晾，重新包裹。在父亲去世之前，就留心有什么合适的受捐机构，但1990年以来的一二十年是中国社会风气最坏的时期，时不时传来像巴金给国家图书馆捐书现身潘家园旧货市场的消息。当时就怕没找对地方，辜负了先人的遗愿。我们死了也就罢了，就怕还活着的时候书就流失了。所以，直至我父亲去世，捐献的事儿也没办成。在他去世前不久，还坐在后街的花园里跟我说："这件事以后交给你了，不必太着急，稳妥为要，不能让这些书流入市场。"父亲过世很多年，此情此景，包括穿花度叶的阳光和拂面的轻风，都在记忆里。

去年，新疆师范大学邀请我去做讲座，我趁此机会对当地的有关机构做了些实地了解。最后选定了新疆师范大学，之所以选他们，第一，是他们做事认真；第二，他们的馆藏也缺少古籍。总之，因为要捐祖父的藏书，自然要进入他的世界，在图书、信件、手稿间，想见其为人。

作：书已经捐出去了吗？

黄：装了 20 个箱子，包得结结实实空运过去了。我是学社会学的，更关注当代问题，对我祖父的工作，例如考古学、历史、地理等，没有下过专门的功夫。他的学术发展历程，我只是稍知一二。

最早我祖父在北京大学是学哲学的，是黄侃、刘师培、马叙伦、沈兼士的学生。他写过《二程子哲学方法》，还搞过版本目录学。晚清民初，伴随着新史料的发现，西北史地之学获得了新机，在传统的经学、小学之外生气勃勃。与此同时，近代西方的考古学也引进来了。他当时在北大国学门做沈兼士先生的助教，沈兼士是鲁迅那一辈的学者。那是一个天风浩荡、沧海横流的大时代，跟咱们所经历的这 30 年可有一比。大时代的特点之一就是人心思变，不安于既有格局。你看，现在有很多人东颠西跑不知道在哪儿才算合适，做学问的去经了商，下海的又上了岸，国内搁不下他，非要在外面才踏实。职业流动、地域流动、社会流动乱流奔波。大社会如此，学术小世界也是这样。搞文学的很多搞起了政治经济学、社会学、思想史。这是当代中国非常有意思的现象。我祖父他们那个时代也是如此，很多人渴望尝试新东西，走向新天地。学者们渴望把现代学术跟中国的传统学术结合起来，用新的资料、新方法重新打量中国的过去，能看出些新眉目来，以指导中国现代化的进程，这也是文化动员的一部分吧。

他研究过哲学、版本目录学、婚姻制度、壁画，还办了考古陈列

黄纪苏先生的老母亲（即黄文弼先生的儿媳妇）亲自打包黄文弼先生的捐赠资料

室,但学术路径的根本性变化,还是在参加了西北科学考察团之后。中国西北地区的考古探险在清季就开始了。那时候,西方各路人马络绎而至。其中,英国的斯坦因、法国的伯希和、瑞典的斯文·赫定最为有名。其大背景当然是西方资本主义的全球扩张,西方列强的部队前脚到哪儿,传教士后脚也就到哪儿,学者也是旋踵而至。考古学家不就跟着拿破仑东征西讨吗?中亚地区包括新疆,对西方探险家来说,是一个充满魅力的地方。斯文·赫定小时候就对由沙丘构成的东方地平线心向往之,这些人都非常有学问。同时,又具有西方文明在上升时期赋予他们的那种野性和气魄。整个西方走向世界,无论在经济上、军事上、政治上,还是在学术上都极有气势。对他们来说,这是开疆扩土,对我们说来,就是国破家亡了。

具体到中亚探险而言,也是比较纠结。一方面,他们确实带来现代学术、现代科学;另一方面,他们巧取豪夺了大量的珍贵文物。斯坦因从敦煌王道士的藏经洞弄走绝世文物后,给英国女王写信说,我只花了女王陛下的区区小钱就换回这些无价之宝。当1927年,斯文·赫定再次来中国,准备还按老办法去西北,北洋政府也答应了。但是,中国的知识界不答应了,他们成立了学术界联合会,跟斯文·赫定重新谈判,订立比较平等的科学考察协议,终结了外国探险队将中国文物"捆载而去"的历史。

由此成立的中瑞联合西北科学考察团,徐旭生先生任中方团长,我祖父作为考古学家成为考察团一员(关于西北科学考察团的成立情况,本书《黄文弼的多重意义》一文已有详细的介绍,该文吸取了黄纪苏先生向记者介绍的内容,此处不再重复)。在这个考察团里,他依循的是现代考古学、人类学的基本路径:努力做规范的田野考察,绘制图纸,为石器分型、分式,准确记录所经之地的自然及人文面貌,等等。他扎实的旧学功底也发挥了作用,这方面是西方学者所不具备的。我整理他的遗物,看他为研究一个问题要准备大量方方面面的资料、地图、拓片、照相、中外文献，视野的开阔、路径的多样，可以说，是他的学术风格。这在一定程度上也是那个继往开来的大时代学术所具有的一般共性。

作：当时，西北科学考察团的工作过程十分艰苦。

黄：是的，祖父那时才三十多岁，一去就是三年。那一带环境恶劣，营养跟不上，身体消耗又大，回来时牙全掉光了。同在考察团的地质学家袁复礼先生去了五年，回来时一口牙也掉光了。袁先生的二女儿和大女儿相差六岁，去新疆之前生的大女儿，五年后回来才有的二女儿。他们那些人都付出了很大的家庭生活代价。

作：是什么力量支撑着他们克服艰苦的环境，从事这种开拓性的工作呢？

黄：爱国主义是一个重要的力量。他们那一代人的爱国主义强烈到今人难以理解的地步，甚至会觉得他们有些病态。

祖父的考察日记里，讲他经过内蒙古某地时，当地艺人表演下流的小戏，外国团员就拍摄下来。我祖父认为，有辱国格，跟外方吵。其实，从人类学田野工作角度上讲，拍摄也很正常。他理性上也明白这个道理，但感情上就是不能接受。

日记里还讲述在新疆时，有一天夜里12点了，徐先生到他屋里说，据传考察的赞助方德国汉莎航空公司正在跟新疆方面谈判航空权的事情，他们很着急，怕又丧权辱国，赶紧一起去找包尔汉（包尔汉新中国成立以后是新疆的主席），问明了包尔汉的态度才算放心。其实，航空权关你学者什么事啊，这是中国政府的事。但他们就是这样的人，以天下为己任。

说实在的，开始我也不太理解他们何以会有这么强烈执着的爱国情感。但是，后来慢慢明白了，这是时代使然。现在是改革开放的时代，内外环境和那时很不一样。想象一下他们所处的时代环境，我祖父出生在1893年，第二年是甲午战败，到稍懂事的时候是庚子事变。

那时，中国已经被帝国主义国家强迫签订了几百个不平等条约。所以，他们生长在一个"国将不国"的危亡环境中，我从前翻阅《中国现代思想史资料》时，读到国民党一位叫张继的元老在清末写的一篇激扬文字，面对内忧外患"血为之沸，发为之竖，肺为之炸，目为之裂，欲拔剑、砍地、奋身、入海"！我想，陈天华就是怀着这种激愤投海的，比他们稍晚一些，周恩来也写出了"大江歌罢掉头东，邃密群科济世穷，面壁十年图破壁，难酬蹈海亦英雄"的诗句。这是当时社会的普遍心理，是那几代知识分子的共同心态。虽然环境稍缓和时，也少不了徐志摩、陆小曼那些卿卿我我的风流佳话，但近代知识分子的基调是悲愤慷慨的救亡图存。

读我祖父的日记，念兹在兹，在学术上赶超西方同行的心情随处可见。为达到这个目的，什么艰苦都能克服。传统士大夫"以天下为己任"的传统在这些人身上体现得非常明显。他们什么都关注，什么都操心。从考古、地质到社会经济，甚至当地的交通运输，只要有助于改变国家落后面貌的事情，都在他们视野之内。这是他们那一代知识分子共同的特征。前几年纪念西北科学考察团80周年的时候，《凤凰周刊》采访过我，说要写写我祖父。我说，那可不是他一个人，是一群人，是一群奇男子、伟丈夫。

作：是啊，像西北考察团中的徐旭生先生、袁复礼先生、丁道衡先生等，都和您祖父一样，留下了充满炽热爱国情感的记录。那次科学考察收获十分丰硕。比如，袁先生发现了天山恐龙，丁道衡先生发现了包头的白云鄂博铁矿，您祖父发现了一大批古城、古墓、佛洞遗址，等等。他们对祖国科学事业做出的贡献，绝不应该忘记。在了解和您祖父同时代的西北联大的学者们的时候，我们也发现了他们有着共同的精神特征。比如，地质系的郁士元教授等，他们确实是一批人。

黄：是的，一代知识分子，像群山一样。

作：您见过您祖父吗？印象深刻吗？

黄：小时候见过我祖父。我们家三代人一直在这儿住。

作：您祖父在这个房子住过吗？

黄：不是这个房子，我们原来住平房，后来，20世纪80年代末把平房拆了，改楼房了，我们差不多还在原地。

我们这条胡同是非常有名的一条胡同，叫东厂胡同，就是明朝的那个东厂。晚清民国的一些著名的人物，像清朝姓徐的大学士，民国的黎元洪、胡适等，都在这胡同住过。新中国成立以后，近代史所、考古所、科学院图书馆、民盟中央等，也都在这一块。我小的时候这里是一个四合院，西边三间房是我父母的，北房靠东的几间是我祖父住，靠西几间是心理研究所丁瓒伯伯住。

我和祖父没有很深的交流，他给我的印象就是身体不好，因为早年牙都掉光了，两腮凹陷，又有哮喘，说话、走路呼哧带喘的。他跟我姐姐接触多些。他住的屋子挺有西域气息，墙上挂着那边出产的壁毯，屋子就显得比较暗，还有很高的香炉，烟雾缭绕挺像太上老君的丹炉。记得小时候，我第一次知道东南西北的时候，曾跑去向他汇报，他夸了我几句，也没奖励什么东西，让我有点失望。平时，我奶奶这边做好了饭，我们给端过去，那个红漆圆盘子上小碗儿、小碟儿，还记得碟里常放两块腌干鱼。有时候早上起来到他的屋子里，特别喜欢听收音机里播放的科普节目。大概印象也就是这些。

再后来就是"文革"了。

作：他当时在什么所？

黄：考古所，他不是所领导，刚开始，运动是冲着所领导去的，所以，最初的日子还比较平静。但是，后来就慢慢开始扩大了。我记得，当时我父亲可能不好意思自己去问，就对我说："你去问问爹爹（我们湖北老家话，把祖父叫爹爹），他们所的运动现在怎么样了？"我就是一小孩儿，傻乎乎地跑过去说："爹爹，爸爸让我问，你们所的运动怎么样了？"祖父很和蔼："现在运动还是在党内……"

后来，就有了红卫兵，记得第一次听说"红卫兵"是在春夏之交，美术馆附近满眼绿色，银灰色的云天下，树木显得特别明亮。我听小伙伴说，天津的"红卫兵"要到北京"串联"，当时想象中是一串小红点跳动在无边的绿色中，还挺浪漫的。

但是，到了8月的时候，抄家开始了。记得一天晚上走在胡同昏黄的灯光里，一队红卫兵从街上跑进胡同，脚步不快，非常整齐。从那儿之后，我的"文革"记忆好像都是夜景。抄我们家也是在不久后一天的夜晚。记得祖父那边灯火通明，大概所有的灯都开了。我没敢过去，也许我不知道我该怎么反应，是笑呢，还是哭呢。院里挤满了远近街坊，都是来看热闹的，感觉那气氛就跟春节除夕似的，似乎大家觉得这是一件特别好玩的事情。如果被抄的是别家，我肯定也会觉得特别好玩。我印象极深的是，院里一个比我略大的小伙伴跑过来告诉我："他们要挖枪了。"他眼神里有一种难过，是替我难过，这个眼神很难忘。红卫兵也到我父亲这边屋里来，他们个子很高，靠坐在桌子上，问我父亲一些问题。平日父亲在我眼里很威严，这时站在他们面前，口气似乎在对话与受审之间。我父亲留着背头，一个红卫兵说，你怎么还留这头，要给他剃了，后来没剃，也许看见墙上挂着郭沫若给他写的诗。我父亲20世纪50年代给郭老当了几年学术秘书，郭老大名鼎鼎，那时还没被打倒。记得红卫兵看了郭老的诗问我父亲，"这是郭老写的吗？"我父亲说是，他们训了我父亲一阵儿，就去我祖父那边了。

红卫兵抄完家走后，我母亲很晚才回来，她只说了一句"他们来过了"，又是疑问句，又是陈述句。语法书里好像没这种句式，但生活中有。我奶奶当时躲在漆黑的公用水房里面，但我觉得能够看见她眼睛，像猫一样发光。后来，我祖父来到父亲这边的堂屋，堂屋是日光灯很明亮，他站在门口对父亲说："看要不要商量一下？"我父亲冲他嚷了一句："你害死人！"记得祖父听了就退到屋外，感觉就像蜡一样化入了黑夜。我猜想这句话会长久回荡在父亲的天地，他晚年几乎把全部精力用来整理出版祖父的遗著。

其实，抄家那天，父亲的床底下泡着一大木盆信件，都是新中国成立前的一些"反动"人物（如胡适、于右任等）写给我祖父的。如果被红卫兵发现了，我们后来的命运就不好说了。信泡烂后，从我们家厕所马桶分期、分批冲了两天。这些信搁今天都成宝贝了。我祖父不久就精神失常了。

作：就是这个事件之后吗？

黄：抄家是8月下旬，精神失常应在九十月份，在所里戴高帽子游了一回街后就出现幻觉，他自己给所里写信也说，自己精神出了问题，有幻视、幻听，应是精神分裂症。他平常身体很虚弱，气喘吁吁的，那阵子却是步履轻盈，到我们这边来喝点藕粉，忽然觉得不安全，一下就跳到凳子上，关上面的窗子。他住的北房基座很高，几层台阶他两步就跨上去了，感觉他就像黑夜的幽灵在游荡，而且目光闪闪跟警灯似的。后来，到了12月，突然就发现他眼睛凹下去，脸塌下去，目光黯淡了，虚火熄灭了。我爸带他去医院检查，说是肺气肿，没过两天，在一个飘雪的清晨，他就走了。

作：他的去世是因病，还是自杀了呢？

黄：是病。

作：是什么病呢？

黄：到医院检查，说是血压高、肺气肿，那时能查的也就是这些。那天早晨，好像用一个帆布行军床把他抬到医院，已经不行了。送走祖父，全家人横七竖八靠在床上、椅上，只有爸爸说了一句："你们都是好孩子。"我父亲后来七十大寿，我写了首长诗回忆往事，其中有"当日全家围一炉，无言唯听炉上壶"。

作：您祖父应该是一个比较刚烈的人吧？他的性格是什么样的？

黄：性格应该说是比较烈的，脾气不好。

作： 您领教过他的脾气没有？

黄： 我没有。但"文革"前，他有时候为一些事情会跟我奶奶吵架。后来，我也听祖父的同事说：黄老跟徐老（徐旭生）在一块就辩论，辩得脸红脖子粗。徐老是他最好的朋友和同事，关系在师友之间。这已是一段佳话了。他是湖北人，挺倔，挺硬的。

看他的考察日记，他拜访当地一位县长，那县长娶了一个小老婆，宾客调笑打岔。我祖父觉得太腐败，一言不发生闷气，回屋蒙头大睡。一般碰到这种场合，大家开开"采阴补阳"的玩笑，讲讲黄段子，皆大欢喜就过去了。他不行，不太人情世故，太耿介，太较真了，否则，也不至于精神分裂。

作： 您父亲对您祖父有什么样的回忆呢？

黄： 我父亲晚年有回跟我聊祖父，沉吟了一阵说，祖父不是一个家庭观念很强的人，就是他要干他的事业，全部精力都投入进去了。我奶奶似乎对他也有些意见，嫌他不够顾家，但是，对他"从不乱搞"很是肯定。我祖父全心学术事业，自然对家里操的心少一些，这也可以理解。

不过，他心里对家人也有很温暖柔软的一面。20 世纪 80 年代，我访察他 50 年代初《文心雕龙·隐秀篇》冤案时得见这一面。（编者注：关于《文心雕龙》事件，比较曲折复杂，我们根据黄纪苏先生的叙述，又查阅了相关资料后，将此事件的始末附注于下：黄文弼在北大研习哲学期间，师从黄侃，黄侃对《文心雕龙》研究颇深，黄文弼受此感染，亦对版本学产生了浓厚的兴趣。后来，黄文弼的一位同学黄健中（后任国民党湖北省文化厅厅长）在英国留学期间，将大英博物馆藏敦煌文书（斯坦因盗去的）中有关《文心雕龙》的内容影印了一套二十多张寄赠给他，这在当时也是一件极普通的事。后来，黄文弼 1927 年在西北考察期间也发现一些残纸，仅有零散的几句话，他未及详核，推测出自《文心雕龙·箴铭篇》。黄文弼从西北回北京后，正值华中水灾，当时办一个赈灾书籍展览，他就提供了几件发现品包括这张残纸做展览之用。登记是误作"《文心雕龙》残纸"，其实，是《文选序》的残纸。这件残纸后来便一传再传成了《文心雕龙》早已亡佚的"隐秀篇"。此一"事出有因、查无实据"的子虚乌有故事，以后随着时光层累叠加，并与大英博物馆影印本合并，演绎成了"黄君文弼考古西陲，曾获唐写文心残卷一幅，长约三尺。唯视为枕中鸿宝，未尝轻以示人，其详无由得知（据说是隐秀篇）"。20世纪40年代末，北京有很多书肆，文人学者都经常去隆福寺、前门街一带淘书。黄文弼也经常去书摊淘书，也和其他人提到过自己的手里有一份同学影印的敦煌《文心雕龙》，二十多张。由于黄文弼是湖北人，所以，说话带有湖北口音，在书店一个李姓伙计听来，他家有敦煌出的《文心雕龙》珍本，二尺多长，传到了古文献专家王利器先生那里，就误以为是黄文弼考察敦煌得到了《文心雕龙·隐秀篇》。实际上，黄文弼20年代末西北科考并未去过敦煌，40年代去时并未做采集发掘工作，因为那里已有常书鸿主持的文物保管所。后来王利器还将此事告知胡适。黄文弼与胡适二人还是比较熟悉的，胡适还就此开玩笑说，如果他真有《隐秀篇》的话，可要值好几根金条呢。1951年时，全国开展了三反五反运动，主要是解决贪污腐败问题，随着运动的扩大化，检举、揭发之风盛行。王利器是青年知识分子，积极响应运动号召，进行检举，就将之前在书店听来的关于黄文弼收藏敦煌本《文心雕龙》的事揭发。范文澜、吴晓玲、何宝林组成的一个班子，要求对此事进行审查。在审查过程中，黄文弼根据他们的说法查找原因，逐步将之前的误会澄清。这期间，徐旭生还找过他，让他一定要把事情说清，否则，会坐牢的，他也很是着急。后来他遇到郭沫若也说到此事，郭沫若也感叹说，三人成市虎。最后，因为没有根据，所以，王利器等人的检举对黄文弼并未造成太大的影响，但是，这个谣言却流传下来。"文革"后王元化不明就里，以讹传讹，案子又翻了出来。

夏鼐先生在考古学会上特别做了澄清，说三反五反、"文革"抄家，考古所工作人员没有一人发现有私藏公家文物的情况——"文革"抄家时，专门把夏叫到黄家做了清点。夏还说要专门写文章澄清此事，可不久即因脑溢血遽然离世。后来，黄烈和黄纪苏一同走访王利器、吴晓玲、曹道衡，还有中国书店那位李姓伙计，再次查证此事原系误传。关于此案，考古研究所王世民先生曾在1990年5期《文物天地》上撰文详述其原委。）我祖父写了个检讨或自白，其中一段话，我读了心里酸酸的。他说："徐（旭生）先生很着急，说此事弄不好，你会坐牢。我听了心里很难过，我儿子患了肺结核，一家人依我为活，家乡土改了，内人和儿媳妇没带多少衣物出来，冬天在北方只穿薄棉袄。我若坐了牢，他们如何是好呢？"棉袄薄厚都看在眼里，可见，祖父心思细腻的一面。受大时代及科学精神的影响，他的写作风格总体上是朴素的，质胜于文，不大喜欢玩味文字。他从事的工作是在土里刨东西，再没有比这更脚踏实地的了。但有时，他的文字间也会闪现旖旎浪漫的色彩。（是的，采访后，我们得以通读黄文弼《蒙新考察日记》，读到他关于1927年9月9日露营沙漠的一段记述："此地沙碛松软，颇不易扎棚帐，用木桩乃固定。其沙细洁，余等仰沙中，远眺沙山环绕，不啻乘船浮游于海中也；时旧历八月十九，夜中月色如银，光照沙山，沙山起伏如波涛，仰承光辉，心神为之爽怡。"好一幅天人合一的妙景，令人心神向往——编者注。）

作：从您所了解的角度看，您祖父的学术贡献主要集中在哪些方面？

黄：这个我不太有发言权，因为我毕竟不是搞那方面专业研究的，据考古学界的学者说，只要谈及西北，特别是新疆的考古，我祖父是绕不过去的一位，这话我听很多专业人士讲过，虽不中亦不远吧。社科院考古研究所的孟凡人先生曾经专文论及我祖父的治学特点，说他开辟了一条把历史、地理、考古冶为一炉的治学路径。我父亲是从事民族史研究的,通过整理我祖父的遗作,他也得出过不失专业水准的评价,你们也可以参考。

作:您父亲的学术成就也很高(黄烈先生曾是魏晋南北朝历史学会会长,在北方民族史方面很有造诣)。

黄:但是,和我祖父那一代人相比,我父亲他们那一代学者就有距离了。我祖父是开疆拓土的一代人,视野很开阔,拘束少,想研究什么就研究什么。我父亲1924年出生,抗战期间进的大学,也是西北大学。

作:是在城固时期上的大学吗?

黄:应该是吧,他是跟着祖父他们从北平撤退到陕西的。他们那一代社科人文知识分子,可以说生不逢时。抗战内战颠沛流离,"硬件"不行;新中国成立后,意识形态控制太严,缺少学术自由,"软件"又不行。等到20世纪80年代硬件、软件都行了,人又老了。他们治学没有上一两代读书人开阔的视野、自由的心态,显得规行矩步,总体上精彩人物不多。但我父亲那一代学者也有他们的优点,认真、严谨。我读他20世纪80年代研究南匈奴的文章,写得真是缜密清晰,一步一个脚印。如果天假岁月,他们是能有更大作为的,天资都不差,可都消耗在没完没了的政治运动里了。

作:那您对"文革"怎么看?

黄:"文革"既然发生,而且得到亿万人的积极参与,一定包含了某些历史合理性的。这就需要我们理性全面地理解"文革",而不是意气用事,简单骂两句了事。"文革"至少有两点正面的教训:一是贫富差距不能过大。当时,我们院十几户人家几十口子人,只有两家有自己的厕所,其他人得排队等着上就一个马桶的公厕,一边等,一边跺脚。所以我们家刚一被抄,第二天就有邻居来上我们的厕所(倒不是在家里,在屋边)。我前面说到抄家时邻里的欢声笑语、节日气氛,你说一点道理没有吗?第二,如何制衡官僚集团的确是个真问题——但"文革"并非是个好答案。看待"文革",不同的人有不同的坐标,那些受过迫害的知识分子的坐标并非唯一的坐标。那段历史让整个民族付出了惨重的代价。既然付了这么大的代价,就应该从中获得更多教益,学会把过去的苦难转化成未来发展的精神财富。

作:您的这个见解非常深刻,尤其是经历过这种亲人的磨难,还能有如此冷静、客观的分析,极为难得。您的这些看法值得我们深入思考。

黄:历史是流动的,人也是成长的。既然还活着,我们就不应止步不前。我们不但经历了"文革",还经历了农村改革、城市改革,经过了1992、1997、2008。不少知识分子认识上、情感上还在十一届三中全会的会址原地踏步,踩出的坑都能把自己活埋了。这很可惜,这不利于整个民族的进步。

作:是的,您讲得非常深刻,这是我们这代人所面临的时代大环境,您今天的谈话给我们的启发非常大,不仅帮助我们梳理回顾了您祖父和您父亲那两代知识分子的心路历程,还触及了我们这代人自身应该如何面临时代大环境的问题,我们需要认真消化、思考这些问题,将来还会再次向您请教。谢谢您接受我们的这次采访。

(李寻、童言采访整理)

建立中国的生物学
——生物学家孔宪武

□王守义 来鑫华

中国的现代科学都是舶来品，是从外国学习而来的。但只靠对外学习，是建立不起自己的科学体系的，这倒不是说，科学有国界，而是科学的研究对象有不同的地域特征。比如，植物学，外国有的植物中国没有，中国的植物学必须从建立自己的植物标本开始。当年，现代生物学刚进入中国时，在课堂上讲课的均是外国教授，讲的也都是外国的生物。一位学习这种生物学的中国学生发誓要建立中国自己的生物学，为此，他放弃了待遇优厚的副教授职位，转而到北平研究院去做一名实习研究员，工资不到原来的四分之一！他用一生践行了自己的诺言，他就是生物学家孔宪武。

一、辞富而居贫

1929年，深秋，香山红叶红胜火。

在北平研究院植物研究所招收练习员的考试中，一位考生用相当熟练的中文和英文答着试卷。他对考题中豆科植物特征方面渊博精深的见解和独到睿智的眼光，得到了时任植物研究所所长的著名植物学

孔宪武

家刘慎谔教授的赏识，他被录取了。这位考生就是时任河北大学植物学教授的孔宪武。

没过几天，河北大学派人到植物研究所来请孔宪武回去，孔宪武断然辞谢了。通过来人，刘慎谔教授了解到，孔宪武是河北大学教授，月薪140元银圆，而研究所给练习员的月薪仅30元。

孔宪武为什么辞富居贫呢？孔宪武沉重地告诉刘慎谔："就我而论，大学里，起先的老师是日本留学的，只会教日本植物，尔后的老师是留美的，只会讲美国植物。我登上讲台讲外国植物，同学们有意见，讲中国植物，我知道得很少，少极了，这怎么能教下去呢！我放弃了教授、高薪待遇，甘愿当一个练习员，从头做起，做中国植物科学的小卒子，心里好受。"就是这种精神，得到了同是怀着报国热情和信念的刘慎谔教授的赞同和感慨。不久，孔宪武凭借自己的严谨精神和精深知识，被提升为助理研究员。

二、"五四"的干将

1917年的孔宪武是"五四"运动的干将。血气方刚的他，当时在北京高等师范学校博物系已经迷上了植物学。帝国主义分子猖狂掠夺，山河破碎，汉奸横行，军阀丧权辱国，人民处于水深火热之中。向往国家复兴、民族富强的他，在那场轰轰烈烈的学生运动中，写下了自己年轻而骄傲的名字。他高举着"外争国权、内惩国贼"的红旗，和愤怒的同学们一起痛打了大汉奸曹汝霖，放火烧了象征屈辱和卖国的罪恶巢穴。像许多正直而爱国的先进青年一样，他被捕了，后来又被营救了出来。

三、在土匪的枪声里采集生命的标本

在北平的植物研究所，孔宪武挑起了研究中国植物学科的重任，他需要不断地到渺无人迹的大自然中采集植物标本。

当时，日本在东三省大肆活动，加上社会混乱，土匪胡子多如牛毛。在这样的环境下，去野外采集标本，基本上是拿着性命开玩笑。在研究所的其他同事身上，就发生过碰到土匪后被洗劫一空，连内衣都让劫走的悲惨情况。但这些困难并没有吓住孔宪武。他还是到辽宁、吉林一带，一次又一次地去采集标本。

在原始森林里，能碰到采参人、猎人留下的树皮房是最好的了。更多的时候，在夜晚，他们只能睡在篝火围成的圈里，才可以躲避野兽的侵扰。而下雨的夜里，便只能顶着一块兽皮担惊受怕地熬到天明。带的食品吃光了，就只能饥了食野果，渴了饮山泉。如果能得到一些猎人炮制的干肉条，那将是在野外的一顿"改善"。

有一次，孔宪武在小长白山采集标本时遇到了土匪，险遭不测。采集过程中，他带着三大箱标本住在仅有两户人家的山沟里。半夜时分，土匪包围了这两户人家，并且开枪进行打劫。幸亏山里人为了对付土匪，也备有枪支。双方对开了几枪之后，土匪见占不到便宜，便撤退了。而孔宪武紧紧护着三箱标本，生怕被抢走。

当他带着这些用生命换来的三箱标本走出长白山时，才知道九一八事变发生了，日本帝国主义的铁骑已经踏遍了东三省。孔宪武带着满腔的愤慨和三箱标本，含着眼泪混过了日本兵的检查，回到了北平。

四、跋涉中发现的"孔氏忍冬"

一个安定的研究环境消失了，对一个学者来说，这是多么痛心的事！更有甚者，山河的破碎，对一个爱国者来说，更是莫大的耻辱和痛苦！孔宪武连北平也不能正常待下去了。即使是这样，他也没有忘记采集标本。他时常跋涉在河北、山西、陕西、河南一带，用科学的眼睛采集着标本。

一天，孔宪武爬上了小五台山，他望着前面一片绚丽的花丛，满心高兴。等他走近仔细瞧了一会儿，他高兴得几乎跳起来——因为在他眼前的这丛灌木，就是一种新种忍冬！他带着一种兴奋难耐的心情采集了这种忍冬的标本，带回"来远楼"，交给专门研究忍冬科的植物学家郝景盛教授研究。郝景盛教授用拉丁文准确地描述了这种忍冬，并用英文发表了忍冬新种论文。为了纪念采集者，他郑重地用了孔宪武的名字命名这种忍冬为"孔氏忍冬"（*Lonicera kun-geana K. S. Hao*）。从此，这种俗名"金银花"的中国忍冬品种，就和发现他的中国人一同载入了植物学史册："孔氏忍冬"，按照国际植物分类命名法规的双名法命名，已为世界植物学界所公认和共同使用。

五、走自己艰难但没有屈辱的科研之路

霸权主义不但横行在国际政治圈内，霸权主义甚至玷污了科技的清白与公正。贫穷落后国度中的科技学者们，连拥有公平享受科研成果的权利都没有。

孔宪武先生在和周围同道们的研究路上，发现了霸权主义对科学公正性的玷污。许多中国植物分类学者发现了新的品种，将成果寄到国外，让国外专家帮助鉴定，欲将成果向世界公布。但时隔不久，结果出来了："新娘结婚了，新郎不是我。"——辛辛苦苦采集来的成果，被别人堂而皇之地以自己的名义发表了，甚至连个招呼都不打！孔宪武先生愤怒了，在没有获得平等以前，他决定再不将一个标本寄往国外。并且他劝导同事们放弃对外国人的幻想，走自己艰难但没有屈辱的路。自此，他作为一个"自由人"开始了自己的绿色生命之路。他博览百家，炼淹古今，终于走出了一条中国植物分类学自己的"阳光大道"。当他以一个中国植物分类学者的身份，从容不迫地站起来用科学的高度讲话时，国际植物分类学界承认了中国和中国的植物学者。

六、一周 29 节课的教授

孔宪武先生在科研上代表着中国一代学者的严谨风范和刻苦精神。先生在教学上更保留着一代大师的高风亮节和诲人不倦的博大人格。

知道先生的人，都记得他这个一周 29 节课的教授。当时，先生在甘肃师范大学（今西北师范大学）生物系任教。由于先生的名气大，加上师资紧缺，他还兼带着兰州大学的生物课。每周 29 节课的教授，这在全国的教授授课记录上也是很少见的，何况两校分布在兰州的东西两头，相距近 30 里地。

当时，孔宪武先生对生活需求更是无所苛求，他不讲究吃穿，不知道玩乐。他的一双皮鞋穿了 20 年还舍不得扔。一顶草帽也是戴了十几年，到最后是线头串线头，发黑了还在用着。一个刮胡子的小圆镜，他竟然用了 30 年。这些数据，对生活在今天的人们来说，怕已经接近天方夜谭了！可这就是那一代大师们对自己生活的安排！

七、"同名同姓"的故事

孔宪武先生的谦虚是出了名的，有一个"同名同姓"的故事被大家广为流传，说是当时先生作为代表出席了党的第十一次全国代表大会，并且在会上被选为主席团成员。工作人员请他去主席台就座时，先生恳切地对工作人员说："同志，不是我吧！请了解一下，代表中是否还有一个同名同姓的孔宪武？"

而在新中国成立后的任教生涯中，他更是认准自己是一名教师，从来不认为自己是一个造诣精深、著作等身、声名显赫的大学者。他只是上着他的课，搞着他的科研，教着他的学生，过着他俭朴的生活，走着他平常而不平凡的伟大道路。

（摘自刘基、丁虎生主编《西北师大逸事》，来鑫华据王守义文整理）

杂交小麦之父
——农学家赵洪璋

□ 闻 迟

在我国搞农作物育种的人中，有3位名气比较大——赵洪璋、袁隆平和李振声。前两位都是通过杂交的方法来进行优种培育，后一位则是通过基因科学的方法进行优种培育。

对于同样以杂交为途径的育种者，袁隆平主攻水稻，赵洪璋主攻小麦，在业内有"南袁北赵"之称。"北赵"赵洪璋似乎现在名气没有"南袁"袁隆平大。但是，他的杂交小麦并不输于杂交水稻。他勤恳朴实的一生，值得我们永远铭记。

一

1918年6月，赵洪璋出生在河南省淇县一个普通农户家里。1936年，他考入国立西北农林专科学校农艺系。1938年，西北农林专科学校与部分内迁高校的一些专业合并改组为国立西北农学院。

1940年，赵洪璋从西北农学院农艺系毕业，到陕西农业改进所大荔农事试验场工作，负责小麦、谷子、棉花等作物的相关试验。他对小麦改良的兴趣便产生于这段时期。1942年，在试验场工作了不到两

赵洪璋

年的赵洪璋，被老师沈学年教授调回西北农学院做助教，一边讲课，一边做小麦改良研究，不久便升任讲师。1950年，赵洪璋升任副教授，并获得了全国劳动模范称号。1955年，赵洪璋凭借在小麦杂交育种上的成就，成为中国科学院生物学部委员，并在次年当选为全国政协委员，连任三届。从1978年开始，赵洪璋担任西北农学院副院长等职，并在西北农学院更名为西北农业大学后担任农学系小麦育种研究室主任。

赵洪璋一生都扑在小麦的杂交育种上，研究成果也是持续的，不同时期总有新的良种应需而生。

20世纪50年代，关中一带小麦产量普遍较低，赵洪璋将来自美国的"碧玉麦"和来自意大利的"中农28"与当地普遍种植的"蚱蜢麦""泾阳60"等品种杂交，各取优势，培育出了增产10%~30%的"碧蚂1号""碧蚂4号"和"西农6028"。1959年，这三个系列小麦的推广种植面积达1.1亿亩。其中，"碧蚂1号"独占9000余万亩，创我国小麦品种年种植面积最大纪录。

20世纪50年代末"碧蚂1号"发生倒伏，抗病性也逐渐衰退，赵洪璋利用出国考察时，从丹麦带回来的"丹麦一号"，与之前的杂交品种进行再一次杂交，培育出了"丰产3号"，亩产300公斤左右，增产10%~20%。截至1976年，"丰产3号"种植面积达3000余万亩，成为20世纪60年代末70年代初在关中和黄淮冬麦区种植面积最大的品种。在"丰产3号"之后，赵洪璋又将杂交育种的目标转向矮化研

西北农林科技大学校内的赵洪璋像

　　这座雕像位于西北农林科技大学老校区图书馆前的广场内。

究，利用矮秆多穗型"咸农39"等品系和"丰产3号"杂交，成功选育出抗倒伏性突出的"矮丰3号"。这个品系亩产400公斤左右，增产10%～20%，1978年，种植达500余万亩，是我国第一批小麦矮秆品种中栽培面积最大的。

　　赵洪璋培育出的比较突出的几个品种均荣获全国科学大会和陕西

省科学大会奖。1980年,"矮丰3号"还获得陕西省人民政府科技成果一等奖。

二

在小麦杂交育种的钻研中,赵洪璋走得很超前,时时都会面对新的问题和状况,只能一步步摸索,这使他对这一领域产生了许多新的思考。

在育种的过程中,赵洪璋提出必须重视生态环境,育种工作者研究作物的变异和遗传时,还要研究作物与环境条件的关系,从而确定正确的育种目标。刮风、下雨、光照等环境因素,在小麦的生长中是不能被忽视的,所以,在育种时就要考虑到小麦适种区的环境,以及这种环境对小麦的影响是好是坏,要怎么克服。他研究出的抗倒伏的"矮丰3号"和抗病的"西农881"等品系,都是为了适应和解决黄淮一带的环境因素引发的问题而培育出来的。

在育种的突破上,赵洪璋强调育种必须考虑主次。在一个地区,

赵洪璋在田间

当地主栽品种是制定育种目标最具体、生动的参考模板，育种家要善于从这一品种中找出在当地条件下经常起作用而且作用比较大的性状，作为主要目标，予以提高或加强。同时，针对其主要缺点有步骤地加以克服或改造。赵洪璋的小麦杂交育种，杂交母体中一定有一方是当地最普遍的品种。比如，"碧蚂系列"的母体之一就是当时当地种植比较广泛的"蚱蚂麦"，"丰产系列"的母体之一是"西农6028"等。

在长久的小麦育种工作中，赵洪璋还总结出了一整套的育种策略，即"以综合育种目标为核心，四条选择原则为基本内容"的动态选择策略。这四条原则分别是：第一，重点突破，一旦明确最重要的目标性状就抓住不放，不达目的决不罢休；第二，综合选择，每一个生育阶段对目标性状的选择都必须从群体着眼，个体入手，要充分考虑群体和类型的要求，既注意性状之间的协调性，又注意性状本身的时空变化；第三，系统考察，注意观察上下代的关系和表现；第四，辩证处理，不同组合既有统一标准，又有不同要求，保持各自的特色。这些原则成为后来育种工作者们进行工作时的重要指导思想。

三

赵洪璋一生极为认真，不管是在小麦育种的研究上，还是做人上，他的这种态度影响了无数人。

沈天民是河南某种业公司的董事长。1965年，刚刚初中毕业的沈天民跟随父亲学医，但他觉得，学医虽然能治病，却无法治贫。于是，不顾家人的反对，回到兰考县樊寨村引种良种小麦。

为了学习小麦育种知识，沈天民跑遍了当时对小麦育种有研究的科研机构和大学。其中，便包括西北农业大学。在西北农大，赵洪璋亲自给沈天民上课，还送给了他一句话，"要想选好种，地里踩死草"，以此告诫沈天民，选种是无数次的田间地头观察、对比、研究而来

赵洪璋（中）与助手在田间搞科研

的。坐在屋子里，不下地、不实践，是选不出好品种的。从1967年第一次拜访赵洪璋，沈天民每年要到西北农大两三次，带着自己在实践中遇到的疑问请教赵洪璋，而赵洪璋则是有问必答。沈天民最终成长为一位杰出的农民科学家。

河南农科院小麦所高产育种室主任许为钢，1982年考取了西北农业大学作物遗传育种专业硕士生，导师是当时颇有盛名的赵洪璋。在上课的第一天，赵洪璋没有讲什么理论，而是在黑板上写下了这样三句话："大学者，入门也；掌握学习知识的方法；好逸恶劳无益。"这三句话一直都是许为钢的座右铭。对赵洪璋说过的另一句话："科技工作者就是要急国家之所急，想人民之所想。"许为钢也记忆深刻，并以此激励自己不断进步。

不但他的学生，就是从未谋面、仅仅通过书信交流的知青，他也会尽己所能，给予帮助和鼓励。"文革"时期，赵洪璋收到了一个不认识的知青寄来的信，说自己想要在农村搞科学试验推广良种，希望赵洪璋能够寄给他一些优良的小麦种子。在那个特殊的时期，很少有人会去在意这样一封信。但是，赵洪璋却极为认真，不仅按照地址寄去了两包种子，还认认真真写了一封回信，信中详细介绍了两个小麦品种的特点，并鼓励这个知青努力搞好良种推广。虽然因为各种原因，知青的小麦并没能丰产，良种推广也没能继续，但他一直记着赵洪璋，遗憾未能在赵洪璋有生之年得见一面。

四

赵洪璋不喜名利，但他的研究成果却深入人心。他的秘书宋哲民曾讲过这样一件小事。1972年，宋哲民陪同赵洪璋到延安开会，途经子长县，在县城唯一的一家饭馆吃饭。由于正赶上饭点，排队的人很多，为了不耽误开会，宋哲民拿着政府的介绍信希望饭馆领导能让他们先吃，被拒绝了。随行的一位记者找到厨师长，和他谈起了"碧蚂

在田间观察小麦的赵洪璋

1号",记者说"碧蚂1号"的培育者赵洪璋就在外面等着吃饭,接下来将要去延安开会。厨师长听闻立刻到大厅见赵洪璋,将他请到自己的房间,说道:"我立即给你们准备饭,吃了好开会,那个'碧蚂1号'太好了。"在回忆的过程中,宋哲民还不住地感慨,赵洪璋的"碧蚂1号",比政府介绍信还得人民的重视。

对于科研成果参与评奖,赵洪璋也从不看重。他曾对自己的学生贺普霄说:"普霄,你要记住,得奖的不一定是好东西,好东西不一定能得奖,农民要的是好东西而不是奖。"

这位勤朴的科学工作者一生劳苦,临终时却少有积蓄,存款不足千元。但是,他的人生价值是无穷的。他去世时,各地农民纷纷自发前来为他送行,许多花圈和挽联的落款不是政府而是某某县农民。这或许才是人民对赵洪璋一生努力的最大肯定。

师范教父
——教育家李蒸

□ 商　昭

在西北联大的众位校长中,李蒸与李书田形成了鲜明的对比,李蒸认为,教育是为了提高全民素质,而李书田则认为,教育是为了培养卓越人才。二者一个坚持平民教育,一个坚持精英教育,各自按照自己的理念,培养出了适合不同层次需要的人才。

李蒸早年接受师范教育,此后一直坚持师范教育的独特性与必要性,坚信只有专门的师范教育,才能培养出合格的师资人才,才能保证中小学教育的健康、有序发展,进而促进中华民族的繁荣昌盛。他先后担任北平师范大学（现北京师范大学的前身）和西北师范学院校长15年,培养了大批合格的师资人才,对我国的师范教育和平民教育都有极大贡献,其师范教育理念,深刻地影响着我国现代师范教育。

一

李蒸,字云亭,1895年生于河北省唐山市古冶区王辇庄。李蒸接受的是旧式的启蒙教育,5岁入本村私塾。9岁时,李蒸的母亲去世,被外祖母接到滦县县城同住,并进入滦县城内的公立高等小学堂接受

北平师范大学校长时期的李蒸（1932 年照片）

新式教育。1910 年，16 岁的李蒸考入天津河北省立高等工业学校附属中学，这个年龄入中学学习，在现在算是非常晚了，但在当时还算比较早的。天津的繁华景象，学校新建的洋房校舍，给初从乡间来到都市的李蒸极大的刺激，不过，由于学校管理严格，加上学风优良，一个学期过后，小学时并不知道用功读书的李蒸，对读书产生了浓厚的兴趣。中学时代的李蒸有两大爱好——读书和在操场运动，这两个爱好深深地影响了李蒸的一生。

1914 年，李蒸中学毕业，升入本校的化学系，因为家境贫寒，以及受不了化学实验室浓烈气味的刺激，很快就退了学，到一所觉民小学教了半年书，第二年考入北京高等师范学校（即后来的北平师范大学）英语部。高等师范是公费待遇，不仅食宿全免，而且提供衣服书籍，在高等师范上学的前几年，在安定向学的风气熏陶下，李蒸埋头苦读。1918 年，一批新学者从国外归来，在北京各大学讲学，并在教育部举办学术讲演会，传播新知识、新思维，使青年学生顿时耳目一新。李蒸每次很早就去听讲，受其影响，参加了五四运动的大游行。不久后，李蒸以第一名的成绩毕业，并得以留校任英语部助教、讲师，还担任了体育科美国教师费特的翻译，和校长办公室英文文牍。但是，五四运动以后，学校里已经躁动起来，又因欠薪的原因，学校的上课情形很不安定，时上时停，工作很不稳定，加上自感学识不够，1923 年，李蒸考上了河北省公费保送留学生，与同学数人自上海乘坐"尼罗号"轮船启程赴美。虽则因为晕船受了不少苦，但是，沿途靠岸时的异域风光也令他大开眼界，日本的长崎、横滨和美国的檀香山，都给李蒸留下了深刻的印象。

抵美之后，李蒸进入纽约哥伦比亚大学师范学院，主修乡村教育。用了一年多时间就取得了教育学硕士学位，又于1927年取得哥伦比亚大学哲学博士学位。他的博士论文选题为"美国单师制学校组织之研究"。为了完成选题，1925年秋，李蒸赴美国中南部11个州参观和考察乡村学校，得到了各地教育局长、督学及各师范学校校长、教职员、各乡村学校教员的热心协助。正是这段学习及考察经历，为他日后发展民众教育奠定了深厚的基础。在美国学习期间，李蒸的课余时间大都是在图书馆度过的，星期天常到纽约近郊各公园及动植物园游览，或到各大博物馆、美术馆参观。由于经济不宽裕，虽然纽约的戏剧世界驰名，他也很少观看，只在冬季偶尔看一两次戏或电影。有时公费不能按时发到，他便去饭馆打工，洗两小时碗换一餐饱饭，这一点倒和现在的留学生差不多。由于河北省公费欠发甚多，为了获取学费、生活费，每个暑假李蒸都到乡间去做工。有一年，是到麻省避暑

20世纪20年代留学美国纽约时的李蒸

胜地的乡村旅馆工作，有两个暑假去康涅狄格州某农庄养鸡种菜。这些经历，使他对美国的社会文化有了更深入的认识，据他自己后来回忆，美国文化的主要特点是实用，是解决基本的生活问题，办事讲求效率，普通美国人的文化水准很高，教育已经普及，国家在教育上的投入，主要是为了方便民众，使他们拥有平等机会追求个人的自由发展。

二

1927年，32岁的李蒸学成归国，先后在北京大学、北平大学、北平师范大学任讲师、副教授。1928年，李蒸任北平大学区普通教育处处长，后又任河北省教育厅科长。1929年，李蒸任南京中央大学教授，后又应聘到江苏无锡民众教育院任教授暨实验部主任（该院与劳农学院合并后，改称"江苏省立教育学院"）。从此得以学以致用，发挥专业特长，开始社会教育的实践。李蒸的专门社会教育事业并没有持续多久，1929年6月，国民政府宣布停止实行大学区，北平师范大学恢复。但是，校长问题迟迟没能解决。次年2月17日，国民政府教育部委任李煜瀛（石曾）为校长，李蒸为代理校长。李蒸到任后（李煜瀛始终未到任），积极向多方争取经费，对学校进行全面整顿，并提出了全校师生努力的目标——培植优良师资，特别是中等学校师资；研究高深学术，特别是教育学术。此次代理校长的10个月（同年12月20日卸任），李蒸的各项工作无疑是成功的，李蒸在发展教育方面的能力也得到了体现，这也为他以后长期执掌北平师大奠定了基础。

1931年7月1日，国立北平师范大学第一部、第二部正式合并，分设教育学院、文学院、理学院。第二年7月，李蒸被任命为北平师范大学校长。当时的师大各学院院长、教务长均在辞职中，学生罢课，学校呈现出"无政府"状态。李蒸到任后，首先去拜访了各院长、教务长，恳请他们复职。之后又成立了"校务整理委员会"，开始着手对师大进行全面整顿。8月，报纸上刊出教育部以让师大整顿为借口，责令师大"停止招生"的消息。此消息引起了在校师生的恐慌。为了争取学校的生存，李蒸一方面，当即致电教育部并另具呈文，详细分析师范大学与普通大学的不同，请求撤销将师范大学取消的提案；另一方面，敦促"校务整理委员会"研究师大究竟与其他大学有无不同？是否有存在的必要？师大全体教授30余人也联名上书，申明师大的特殊性及不应停止招生的理由。虽经多方努力，但师大仍受到当年停止招生的处分。对于这一点，李蒸在当年的开学典礼上表示"十分难受"，并号召全体师生就此"深刻地想一想"。这年11月21日，李蒸在师大文学院大礼堂做报告时，再次谈到这个问题。他认为，师大无辜受到打击，有一个原因就是师大好闹风潮，这固然有师大无人管理、经费欠发的原因，但是，全体师生还是应该尽量充实自己，健全自己，同时，发挥师范教育的精神，加强教育之力量，以使学校不再无故遭受打击。在学术研究方面，成立了《师大月刊》编辑委员会，商定其主要内容为：刊载各种教育思想的文章、专业论著、研究及实验成果、译著、校闻、校讯。

一波未平，一波又起。1932年12月，国民党召开三中全会，中央组织委员会提案停办师范大学。在此期间，报纸上还发表过教育部部长朱家骅认为，师大无异于普通大学，名不副实，且风潮迭起，内容复杂，每令办学者深感困难，所培养的人才也供过于求，应该改变制度予以取消的观点。李蒸为争取师大的生存而多方奔走，终于使提案未能成立。此后每次国民党开大会，李蒸都会前往南京，以防有不利于师大的提案，好临时设法应对。李蒸当校长期间，一直没有停止为争取北师大的生存而进行斗争。经过几年的努力，李蒸把北平师范大学办成了闻名全国的一流学府。

当时，日本帝国主义步步紧逼，形势日益严峻，大家都在为学校以后的命运而担忧,李蒸对学生说:"我们在此办学校,是奉着国家的命令,是应该对国家负责任的,所以我们绝不搬家。诸位同学也许要问,假如万一全无办法的时候,我们学校是否尚能生存呢?是的,这是早几年我们即已考虑到的问题。我可以告诉诸君,如若万一无办法时,在北平不能办大学,在别处仍可以办。到那时,组织规模或者不能与现在一样,而生命则无论如何是不会断的。"

三

　　1937年,卢沟桥事变后北平沦陷,敌伪政权欲邀北平各界名流出面维持局面,李蒸亦名列其中,他于8月7日化装逃往天津。9月,得悉教育部下令将北平师范大学与北平大学、北洋工学院、北平研究院迁至西安,合组成西安临时大学的消息,李蒸经青岛、济南到南京,与教育部接洽,然后会同北平大学校长徐诵明及西安临时大学常委之一陈剑翛同车经徐州转往西安。三校部分师生历尽艰辛,会集在西安,因为找不到足够容纳众多师生的房子,只好将学生分散到城隍庙后街四号、北大街通济坊和小南门外东北大学校舍,教师则分散在城内。西安临时大学于11月15日开学上课,然而国难当头,这样艰苦的条件都无法保持。1938年2月,风陵渡失守,西安城内一日三次警报,学生们的学业实在难以为继,国民政府西安行营主任蒋鼎文命西安临大再迁汉中。1938年3月6日,西安临大正式迁离西安,师生们步行穿越秦岭,12天才到褒城,因为校舍没有解决,故在褒城停留多日,后来在城固找到地方落脚。1938年4月,西安临时大学更名为西北联合大学后,李蒸担任该校师范学院院长,1939年8月,西北联大又奉命改组,师范学院独立,更名为西北师范学院,他又被任命为院长。

　　城固办学之初,各项工作繁杂,教务、训育、行政种种工作都需

国立西北师范学院体育系教授曾在城固县城租住过的房舍

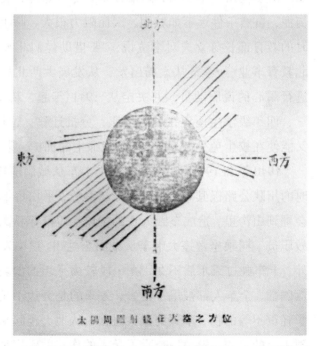

1941年国立西北师范学院师生在城固汉江南岸观测日蚀的记录

要重新开始，如调整课程标准，改进教学实习，拟定训导纲要，添建校舍，充实设备，等等，加上城固地处偏僻，抗战形势严峻，学校发展困难重重，李蒸以乐观的态度带领广大师生克服种种困难，将需要开设的课程基本上都开了，而且聘请的老师无论是品德还是学识，都令学生们钦佩。当时，西北师院的教授有三分之二是北平师大的老教授，他们怀着对北平师大深深的感情，将北平师大传承并发扬光大。

四

在西安临时大学改称国立西北联合大学时，教育部的命令中就有"为发展西北高等教育，提高边省文化起见，拟令该院校逐渐向西北陕甘一代移布"的内容，因此，1940年，西北师范学院奉命迁往兰州。由于兰州干旱少雨，地瘠民贫，冬季寒冷，无风三尺土，有雨满街泥，自然条件远不如城固，因而阻力很大，师生均不同意迁移。当时的教育部长陈立夫对李蒸说："要借助你们北平师大的力量发展西北教育事业。"李蒸从大局出发，从发展大西北教育着眼，向教职工进行耐心的说服动员，并决定从1941年起，新生在兰州入学，二、三、四年级学生逐年在城固毕业，分批迁移。这样，既能节省财力，又能使在校生免受搬迁之苦，得到师生的拥护，顺利完成了迁校任务。

1940年和1941年，李蒸两次乘卡车从城固前往兰州勘察校址。当时的川陕公路极其难走，需要翻越秦岭，平均每十辆卡车中就有一辆会翻到山沟里，造成车毁人亡的惨剧。1942年秋天，李蒸全家和学校教职员一同乘坐敞篷大卡车从城固至兰州，途中发生了一段惊险的意外。卡车驶过天水后不久，在一段较为平坦的山坡拐弯处，大卡车突然侧翻，全车人都被甩了出去，万幸的是旁边不是山谷。车上人都受了轻重不等的伤，李蒸的额头碰伤，从地上爬起来后，他顾不得抹去额头上的血迹，先一一查看了众人的伤势并镇定地安慰大家，使大家

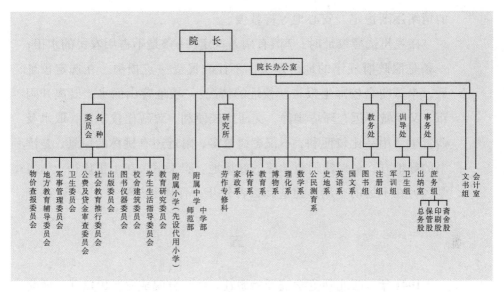

国立西北师范学院组织系统图

国立西北师范学院校徽

的情绪逐渐稳定,安心地等待救援。

在兰州选择校址时,李蒸有两条规定:一条是不占用农民的水田;一条是照政府规定的地价购买,不让农民受一点损失。在选定校址后,李蒸向全校师生报告新校址的情况:"校址背山面水,既离开闹市,又距城不远,环境幽静,交通比较便利,菜蔬比较丰富,取水及购置生活用品比较便利,不仅枣树繁多,附近还有桃林的风景,是读书的好地方,是兴建师范学院的好场地。职工宿舍在十里店街上,教学区另在不远的空地上建造,二者分开,有利于办学。"

五

1941年,西北师范学院开始搬迁,兰州分院成立。1942年,西北师院本院由城固迁到兰州,城固本院则改称分院。1944年,城固分院宣布撤销。抗战前,北师大就是以穷著称的,当时有句顺口溜叫作"北大老,师大穷,唯有清华燕京可通融"。抗战时期经费更加不足,

1940年国立西北师范学院文科系部分师生合影

师范教父——教育家李蒸

国立西北师范学院校务报刊

为了节约经费，教室、宿舍等，是由校内人员设计并负责施工，礼堂的设计和施工，由劳作科教师赵擎寰负责，宿舍区的厕所是在国外学习公共卫生的体育系教授兼主任袁敦礼设计的。教职员住在旧日驻军供疏散用的土平房里。在建校中常利用课余时间，动员全院师生参加建校劳动。例如，组织同学参加平整校园和修筑道路。刚开始由于设备不齐，连饭桌板凳都没有，不少同学在露天用餐。冬天馒头冻成冰疙瘩，咬也咬不动。师生们戏称他们戴的是"怒发冲冠"的帽子，穿的是"脚踏实地"的鞋子和"空前绝后"的袜子。

教师们的生活也很清苦，教育系名教授胡国钰先生曾说："我一

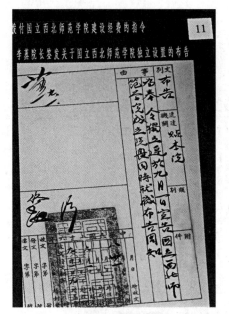

李蒸签发的关于国立西北师范学院独立设置的布告

李蒸为国立西北师范学院题词：尊严师道　继往开来

年到头就这一身衣服，冬天是棉袍棉裤，春天去掉棉絮成夹袍夹裤，夏天去掉里子成长衫单裤，秋天再加上里子，冬天再絮上棉絮。"当时，师生们喝的是"从天而来"的黄河水，用人力马车从黄河运到学校，再分送到伙食团和老师们的家里。学生们洗脸洗衣服，需要排队接来浑浊的泥水，自然沉淀之后才能使用，为了防止自己的水被盗用，即便是星期天早上，也没有人敢睡懒觉。当时还流行"预订剩水"，就是晚起的同学叮嘱早起的同学不要倒掉剩水，留给自己洗脸。虽然条件艰苦，但是学生们自己动手，克服困难，互相理发，自己拆洗缝制被褥，自己装订笔记本，自买颜料冲制墨水。每逢周末，则争先恐后地到茶炉和灶房取草木灰，用开水冲后，澄清洗衣。真正做到了"以精神的力量，补充物质的不足"。因此，学校秩序良好，教师认真授业，学生勤奋学习，人人精神饱满。

国难当头的艰苦环境，使得师生们对国家的热爱、对民族独立富强的渴望空前高涨。西北师范在德育方面的中心要求一是爱国，二是爱教育事业。1944年，国民政府提出"一寸山河一寸血，十万青年十万军"的青年学生从军运动，李蒸亲自主持青年参军大会，邀请第八战区司令官给学生们做抗战形势报告，西北师大有134人报名，比例在各高校中居首位。1945年，日本投降后，西北师院国文系教授黎锦熙便派国语专修科4位同学赴台湾省推行国语。临行前，李蒸叮嘱他们："同学赴台任务，不只推行国语，更重要的是，要向台湾青少年讲明台湾的历史，恢复他们的中华民族观念和爱国思想……"

六

抗战前，教育部部长朱家骅曾对李蒸说："师大在北平不适宜，应当搬开，地点在西安、洛阳或石家庄可以选择。"李蒸表示不能接受，后来由于朱家骅调离教育部，此事被搁置。北平大学、北平师范大学和北洋工学院三校搬迁到西安后，教育部想利用搬迁的机会，对三校进行改组，派童冠贤为西安临时大学筹备委员会委员兼秘书，后又任其为"主任委员"，李蒸与北平大学校长徐诵明、北洋工学院校长李书田察觉到事情有异，联名向教育部提出辞职，常委陈剑翛也提出了辞职，迫于压力，童冠贤辞职他去。正因为北师大一直面临着生存压力，考虑到战后北平师范大学复校问题上必然会困难重重，抱着为复校而斗争的决心，1945年，李蒸接受张治中的邀请，出任三民主义青年团中央干事会副书记长，离开了西北师院，离开了十里店。早在1939年，李蒸就对学生们说过，我们盼望抗战早日结束，争取把学校迁回北平。1947年，西北师院的学生掀起了"复大运动"。当时，李蒸恰好在北平，代表团前往南京请愿前拜访了李蒸，李蒸指示两点：一是到上海时去拜访曾任师大校长的辛亥革命老人李石曾先生，请其在京沪呼吁；二是见了欺软怕硬的教育部长朱家骅要理直气壮。这两点对于恢复"国立北平师范大学"发挥了巨大的作用。后来，北平师范大学得以在北平重建，李蒸起的作用巨大。

1947年，三青团并入国民党，李蒸改任国民党中央常委，国民政府立法委员。1949年，李蒸任国民政府和平谈判代表团代表，到北平参加和谈，和谈破裂后，与和谈代表一起留在了北京，并出席中国人民政治协商会议第一届全体会议。新中国成立后，李蒸又参加了皖北土改，并相继任全国政协委员会第二、三、四届委员，参加政协考察团在全国各地考察。

七

李蒸生长的时代正是中华民族饱受欺凌、社会动荡不安的时期，有识之士无不积极寻求救国之道，李蒸选择了教育救国。他认为，社会改造或社会建设无不以教育建设为基础，教育是民族复兴的一条途径。终其一生，李蒸都在为发展教育而努力。

李蒸对教育事业最大的贡献就是维护师范教育制度，为师范大学的存亡、北平师范大学的传承与发展努力奔波十余载。在当时一片"师大无异于普通大学""取消师范大学"的呼声中，李蒸始终坚持师范教育的独特性与必要性，认为师范教育不同于普通大学教育，师范教育为一切教育之母，师范教育是一种以培养师资为主要任务的专业教育，而教师便是人类灵魂的工程师。曾经有一位工程师在师大演讲，大讲工程学科的重要性，最后还高呼："有为的青年都要去学工程！如果我的演讲成功了，你们都要改行学工程去！工程师是伟大的！"讲完后，李蒸先是称赞他讲得好，然后故作忧虑地说："我们的学院就要关门了，实在是令人担心。不过，刚才听到某先生对于工程的分类虽然精到，只是遗漏了一种最大的工程——人类的工程！教师是人类灵魂的工程师，岂不是更伟大？这样大家就不必改行了。"此言一出，全场为之倾倒。

李蒸曾具体分析师大不同于普通大学之处，"师大在课程上的特色即为不仅注重如何'学'，同时，须注意如何'教'；且不特训练'言教'，兼养成'身教'。于学术上不在石破天惊之发明，不在凿空探险之奇迹，而在平实正确，求一人人共由之路，以奠全国中等教育之基"。李蒸认为，作为一个师范生，应从四个方面做好准备：教师修养、服务精神、丰富学识、健全体格。这四个方面的准备，直到今天仍是做教师所必备的。

所谓教师修养，指的就是教师品格的修养，也就是说，做教师要有高尚的品格。李蒸认为，学识与方法固然重要，品格修养更加要紧，因为师大学生的品格能够影响到学生，进而影响到整个民族，使得整个民族的风气为之一新。李蒸的这种思想深刻地影响了中国的师范教育，现在将师范二字解释为"学高为师，德高为范"（也有说"身正为范"，意思差不多，都是强调道德的作用），在如今的师范教育中，教师职业道德修养是必修课程。

服务精神，指的是要认识到人生是为群众服务的，要养成厌恶自私自利的心理与习惯，要能牺牲小我而为大我。李蒸在非常艰苦的条件下依然坚持办教育，并告诫学生要牢记教育者的使命，耐得住清贫，不可为一己之舒适，离开缺乏人才的西北。他要求办社会教育的人，首先要养成一种"传教的精神"（不畏艰险、不顾生死的"牺牲精神"）和"接近民众的态度"。

为了使学生掌握丰富的知识，李蒸对学校的各项工作都严格要求，对学生入学和学习制定了严格的标准，当时有"北大难进好出，师大难进难出"的评价。每节课都有注册组人员负责点名，绝不允许学生以任何理由无故缺课，老师也很少有请假或迟到者。平时作业有欠缺者得补做，考试不及格者必须补考或重修，未修满学分或未写论文者不予毕业。在重视理论课的同时，他也非常重视实践，增加实习的分量。当时师大设有附中、附师和自强小学，供学生实习。每个学生都得在老师的具体指导下，从事一段课堂教学和辅导，老师要认真评定成绩。学习教育行政的学生，还要进行学校行政工作实习。除了在学校的教育实习外，还利用暑假组织学生到农村进行社会教育实习，要求学生到农村办学，亲自动员组织农民上学，亲自为农民编写教材，并和农民一起活动。李蒸有时还亲临指导，详细记录学生讲课的情况，并做出评语。为了培养学生理论联系实际的能力，在北师大期间，李蒸主持建立了劳作师资专修科。

为了达到健全体格的目的，李蒸非常重视体育教育。这大概与李蒸本人比较热爱体育运动也有一定关系。李蒸喜欢打篮球，在高师读书时，是校代表队的选手。1933年起，每年师大校庆后毕业校友与在校篮球队举行比赛时，李蒸都会入场参赛。李蒸对体育课考试的要求，比其他课更为严格，不及格得补考，直至及格才允许毕业。对于体育理论知识同样重视，经常请名家做有关体育理论的学术演讲。他

国立西北师范学院球队合影

经常对学生说："纵使你们不学体育专业，这样也能使大家将来办学时对体育予以重视。"在李蒸的重视下，北平师大及西北师院的体育取得了丰硕的成绩。在北平时，董守义教授训练的篮球"五虎队"威震全国，曾代表我国参加奥运会。在平津高校运动会上，师大的田径总分第一，足球队战胜清华大学，称霸华北。1943年，在兰州市田径运动会上，西北师院夺得全部项目的第一名。

学校迁到西北之后，李蒸又提出了发展西北地区的教育及文化建设的历史使命。他说："本校所负之使命，在校内为训练未来国家精英，培养师资与研究高深学术，在校外为协助西北教育当局，发扬西北文化与普及西北教育，这是政府规定本校应负之责任。"他认为，西北地区过去是我国古代文化的发祥地，现在是国防的重心，所以开发西北是坚持抗战、建设国家的紧迫任务，而开发的首要任务便是教育。为了给西北各省多输送人才，李蒸要求西北师院在抗战期间招生尽可能向西北各省倾斜，并要求毕业生以西北为服务领域，积极主动留在西北工作。1938年12月，李蒸在西北师范学院成立小学教育通信研究处，以期对豫、陕、甘、宁、青、绥六省小学教育有所研究，提出改进办法，以利于普及。西北六省教师辅导训练是西北师范学院教育开发西部的最重要工作之一。1941年4月，根据国民政府教育部划定的师范学院辅导区，西北师范学院召开辅导区内中等教育辅导委员会第一次会议，提出了辅导区的三项任务：培养师资、指导现任教师进修、辅导本区的各省中等教育之改进。此后，西北师范学院逐年举办暑期训练班，又与地方教育当局分别在城固、临潼、西安、兰州合办暑期中等学校各科教员讲习讨论会。由于西北师范学院研究和解决了小学教育的实际问题，辅导小学教师进修，帮助改进小学教育，做出了突出的成绩，得到了国民政府教育部明令嘉奖。嘉奖令上说："查该院举办小学教育通讯研究，颇著成绩，殊堪嘉许。仍仰继续努力，尽先汇印小学教育实际问题研究报告，分发参考。"

在抗战即将胜利之时，李蒸又指出西北师院有参加整个西北地区文化建设工作的任务。他将文化建设分解为教育与研究事业、文学与艺术的创作、新闻与出版事业三个方面，又将中小学师资的培养作为西北文化建设的根本。此外，李蒸认为，做好西北地区的文化建设还有一个重要举措，即保存好西北古代艺术，因为西北各省流行的民间文学与通俗歌曲富含民族精神。他的这种思想在现在仍具有积极意义。

八

李蒸认为，教育贯穿整个人生，教育的目的在于帮助全体民众全面发展。在这种思想的指导下，加上李蒸留学时主修的是乡村教育，回国后他一直坚持民众教育实践活动。1929年，李蒸在《民众与教育》上发表《民众教育的途程》一文，从民众教育的理论、实施、结束三个方面论述了民众教育的思想。他说，民众教育即是培养全国民众成为健全公民的过程，民众教育有广义和狭义之分。广义的民众教育指的是提高全民素质，狭义的民众教育指的是提高青壮年劳动力的文化水平和生产技能，民众教育的最终目的是实现自治，为此首先要培养全国民众"最低限度的自治能力"。"最低限度的自治能力"包括知识技能、个人修养、公德三个方面，每一方面又有详细的要求，如关于知识技能者包括认识1000个常用的字，能运用加减乘除的算法等；个人修养方面要达到的目标包括养成清洁好美的习惯、有求知的欲望等；公德方面要求有国家的观念；等等。

他还提到实施民众教育之前，应该先制订一个整体计划，设立必需的民众教育行政组织系统，筹措充足的经费，培养专门的民众教育人才。由于民众教育没有先例可循，其实施可以先进行实验，然后再推广。民众教育实施方法大体有两种，一为"学校式"的，一为"非学校式"的或称"社会式的"。"学校式"的方法就是开办民众学校，"非学校式"的方法很多，比如开办民众教育馆、民众图书馆、举行讲演会、各种表演及发行刊物等。

在江苏无锡民众教育院任教期间，李蒸为实验部制定了三年计划大纲草案（《江苏民众教育院、劳农学院实验部三年计划大纲草案》），从目的、目标、工作范围、本部职员、在院同学实习计划、出院同学实习指导办法、实验区实验、乡村民众教育馆实验等八个部分，系统阐述了民众教育实验的方法步骤，并对在院学生三年内每学期的实习计划都做了详细的安排。如民国十八年度（1929）上学期农民教育馆馆内实习事业分为图书、生计、健康、游艺四科；农民教育区内实习事业分民众学校、民众茶园；选修实习事业分为民众读物编辑、家事教育及政治教育三种；此外还有参观报告批评。并断言如全省各县都能划分若干民众教育馆，一区设立一处民众教育馆，为实施该区民众教育之中心，则民众教育之进行定有办法。在此期间，李蒸还发表了多篇有关民众教育的理论文章，编写出一套较系统的教材，阐述了自己对民众教育的理论与实施的设想。此教材对我国早期推广民众教育工作，起到了引导性的作用。

　　当了师大校长后，他结合师大特点，制订了民众教育工作的发展计划，在北平近郊的宛平、昌平、温泉等地组织了乡村教育实验区的筹备工作，继而在实验区开办了学制为三年的师范班，以培养从事儿童与成人教育的师资。试验区还举办了多种民众教育活动，如成立男子与妇女两种农民学校，成立农民俱乐部、农民书报室。

　　在西北师范学院期间，李蒸在城固郊区开展民众教育及社会教育工作。1941年1月19日，在城固近郊的邯留乡成立了社会教育试验区，当时称为乡村社会教育施教区。在社会试验区开业第一天，采取庙会与开业相结合的方式，搭台、敲锣打鼓地集合人，做报告，邀请乡长、士绅和群众参加，李蒸亲临会场指导和讲话。施教区是学校兼办社会教育的一项试验，工作组设于荒凉的古庙中，经费少得可怜，只能以国民学校所在地几个村为据点开展活动。工作组分入各村之中，白天做爱国主义宣传教育工作，晚上上课扫盲，并进行时事宣传与爱国思想教育。

　　1941年至1942年，西北师院组织了80多个学生进入邯留乡，开展为时4周的社会教育，如宣传兵役法、帮助农民夏收，讲授卫生常识及进行其他各种社会服务。施教区很受当地群众欢迎，当西北师范学院准备迁往兰州，结束城固的施教区时，当地百姓依依不舍地挽留，还赠送了"善教民爱"的锦旗。西北师院迁到兰州后，继续开展社会教育试验区的工作，以十里店及附近村落孔家崖为据点，充分利用了学校的人力及设备，使学校成为社会教育的中心，进行社会教育方法的试验，以便向其他各地推广，并确定其任务为弥补过去教育领域方面忽视社会教育和乡村教育的不足，倡导平民教育、民众教育、社会教育和乡村建设运动，以及系统从事各项社教的实施。李蒸为之题词："努力唤起民众，提高文化水平。"还成立暑期社会服务团，指导学生利用暑假帮助农民学习文化知识。50年之后，当地的老农还能清楚地回忆起当时社会教育活动的红火场面。

九

　　李蒸从小做事就不拘泥于形式，能够灵活处理问题。李蒸9岁丧母，之后得到外祖母的悉心照料和爱护，但是李蒸小学没有读完，他的外祖母便去世了。据说，小学时有一次李蒸去给其外祖母上坟，不知怎么回事，找了半天，就是找不到那座坟了，李蒸便跪下来向某个坟磕了头，然后站起来说，我对外祖母的心意尽到就行。作为校长，难免会遇到托人情的事，要想既不破坏原则，又不得罪朋友或有权者，实在是一件很为难的事。对于那些托了人情而未被录取的学生，李蒸允许他们在校旁听，补习一年，下年再考，一般都可以录取，圆满地解决了这一问题。1935年李蒸到江苏无锡教育学院去讲课，在此期间，教务长开除了六个疑似共产党的同学（当时没有副校长，由教务长代理校长职务），其他同学找教务长交涉，被轰了出来。李蒸回来之后，这些学生又找到他，请求不要开除这六个学生。李蒸对学生们说："你们将来也要到中学做领导工作，你外出了，代理你的职务上的人做的事情你不承认，那能行吗？以后谁还愿意代理你的职务呢？我不在校时，由教务长代理，他开除了学生，我怎么能够收回呢？你们想一想，假设你们处在我的位子，你们能够这么做吗？我想是不能的。我看咱们学校过去有例子，开除的学生过一个时期，还可以回校继续读书，这六个同学也可以这样做。"可见，李蒸在遇到问题时，能够灵活处理，能够积极应对，照顾到各方利益，从而在维护学校稳定的同时，也得到了各方的好评。

　　李蒸在"文革"中没有受到冲击。据说，红卫兵曾去当地派出所了解他的情况。派出所介绍说，他是一个普通的老人，家中一无所有，没有雇佣过保姆，什么家务事都自己做，因此，红卫兵认为，他不值得注意,也就"放过"了他。可见,李蒸不仅生性淡泊、生活俭朴,也善于处理人际关系。

李蒸一直保持着及时与全体师生沟通的习惯。每次总理纪念周上都要向师生报告校中发生的重大事件,这使得学校的各项工作都比较透明,也是他能得到师生们的理解与支持的一个重要原因。李蒸讲话不仅层次清楚,语言清晰悦耳,而且很有理论说服力。他特别擅长总结会议要点,能用几分钟、十几分钟的时间,将一个一两个小时的报告的要点总结出来,而且条理清楚,重点突出,使人印象格外深刻。

作为校长,李蒸十分尊重教师。北师大的社会教育学课程由傅葆琛教授讲授,李蒸来到北师大后,并未取代傅葆琛去讲自己的主修课,而是仍请傅葆琛继续讲下去,自己则利用每次南下的机会,应聘到无锡教育学院去陆续讲授此课。在兰州时物资匮乏,每当有新家具时,李蒸总是优先分配给其他教师,自己一家一直挤在两间小土平房中,用着简陋的家具。学校会议室只有一张破旧沙发,每次开会时,他总是让年纪较长的李建勋教授坐。当时饮水供应困难,常有不济之时。有一位教法学绪论的教授,也是一名大律师,平时对学校的行政,稍有不满即横加批评讽刺。有一天,家中缺水,他就跑到李蒸的住所,大声说:"没水吃了!"李蒸和颜悦色地说:"我的水缸里还有些水,我马上让工友给你送去,我们分着吃。"据说,等该教授回到家中,水也到了。从此以后,学校的事,他再也不批评了。

李蒸极其爱护学生。从城固时期开始,只要是在学校,每天清晨,他都去学校和学生一起参加升旗典礼和早操。他认识每一位学生,见面能够喊出学生的名字。他认为,学教育的不认识学生不成,在校认识学生对师生关系交流思想有用,学生毕业后,也要与他们保持联系,了解他们在社会上的情况,予以帮助,以便促进学生搞好事业。李蒸当了北师大校长后,允许过去被教育部开除的三十几个学生回校就读。1942年,郭海瑞被录取到师大英语系,按照规定,他必须去兰

西北师范大学图书馆前的李蒸像

州上课,由于路途遥远,交通不便,加上经济困难,只身前往,困难重重,焦急之时,听说学校包有汽车要送几位教师前往兰州,便找到李蒸,请求乘学校包车一同前往,李蒸慨然应允,顺手给他写了个准予乘车的便条,当他退出办公室时,还客气地起身相送。

  李蒸一向严格要求自己,公私分明,廉洁奉公。在兰州时,从十里店到兰州市不通汽车,学校有一辆极其普通不带顶篷的马车,供学校领导公差使用,李蒸因私进城,从未乘坐过这辆马车。虽然当了多年的教授、校长,李蒸本人并无多少积蓄,竞选立法委员时,竟然拍卖所存书籍以筹措经费。

  李蒸生性豁达。据说,他无论遇到任何困难,从不愁眉苦脸,也从未见他大发脾气。李蒸患冠心病十余年,但由于他热爱体育运动,拥有强健的体魄,加上心胸豁达,反而得享高寿。1948年,立法院在南京举行行宪第一届会议前,李蒸告知与他一同前往的学生,国民党中央已经决定让他担任教育部长,到了南京之后,才知道事情起了变化,国民党又决定由别人担任教育部长,李蒸闻之神态怡然。

  李蒸以自己的实际行动维护了中国师范教育体系的生存与发展,无愧于"师范教父"的称谓。他倡导并实践的平民教育,对于提高普通民众尤其是青壮年的文化水平、劳动能力,做出了巨大的贡献。在北平师大西迁之后,他将学校服务的重点转移到西北,对西北地区教育、文化事业的发展做出了巨大贡献,担当得起"西北的拓荒者,社会教育的生力军"这个赞誉。

执着于女子师范教育
——教育家齐璧亭

□李海阳

自清末教育改革到 1949 年之前，中国存在着独立的女子师范学院。这种针对女子专门立学的方法，在今日女权主义者看来，似乎有"性别歧视"之嫌疑，但若自中国古代妇女受歧视、不能受教育的传统来看，则是一个巨大的进步。如果客观地看问题，也不能不承认男女有别的事实，因此而施以更有针对性的教育，亦不无道理。当时女子师范教育中的家政学专业，在现代社会也不能说完全没有价值。回顾中国女子师范教育史和家政学的历史，有一位重要的人物是绕不过去的，他就是杰出的教育家齐璧亭。

一

齐璧亭，号国樑，1884 年出生于河北省宁津县（今属山东省）一个世代为农的家庭。其父齐俊元是当地一位开明士绅，鼓励儿孙们接受新式教育。齐璧亭的母亲谢氏为齐俊元继娶，聪明、能干，是一位勤俭持家的好手。两人共育有五个儿子，没有女儿，齐璧亭是长子。齐俊元身体不好，除进行一些公益活动外，常年卧床休息，看看书而

齐璧亭

已,家中一切事务完全落到了谢氏一个人身上,她不但把家庭打理得井井有条,而且使五个儿子都受到良好的新式教育。由于齐璧亭母亲的行为,"男尊女卑""男强女弱"的封建传统观念在这个家庭中产生了动摇,也为日后齐璧亭毕生从事妇女教育事业奠定了思想基础。

1907年,齐璧亭由保定高等师范学堂毕业后,入北洋大学堂师范班学习。1909年,北洋大学堂选派齐璧亭等五人赴日本留学深造,就读于著名的广岛高等师范学校。他第一次走出国门,学习上要争取好成绩,饮食上又不习惯,长久如此得上了终生难愈的胃病,只得靠喝咖啡来振作精神。从此,每日必喝咖啡,成了他终生的习惯。1911年,辛亥革命爆发,齐璧亭从日本回国参加革命,并在宁津、广千、保定等地任教;1914年,再度赴日完成学业。1915年,齐璧亭结束了日本广岛高等师范学校的学习,获得学士学位。在日本大学的学习,他亲眼看到了日本师范教育的特点,同时,日本女子教育中崇尚实用的特点,以及从欧美国家,主要是从美国学来的家政学这一新兴学科的设置,也给他留下了极为深刻的印象。他萌生了在中国兴办家政学科的念头,这后来一直成为他办学的特点之一。

二

1916年,齐璧亭接替张伯苓就任位于天津的直隶第一女子师范学校校长。此校最早可追溯至 1904 年吕碧城在天津创办的北洋女子公学。吕碧城是个传奇式的人物，她被誉为在中国文学史上继李清照之后最优秀的女词人，还是《大公报》第一位女编辑，只用优雅的文言文写作，又是革命女杰秋瑾的好朋友，著名翻译家严复的忘年交，精通英文，曾任袁世凯的英文秘书，还曾把佛经翻译成英文，是中国动物保护运动第一人，还曾到上海经商，积累一笔财富，后又游历欧美八九年，写了大批关于欧美的报道，最后皈依佛门。她 1904 年担任北洋女子公学的总教习（教务长），当时只有 21 岁，两年后，升任监督（校长）。她的办学理念非常超前，主张妇女解放，在校一干就是七八年，既负责行政又亲自任课，使北洋女子师范学堂成为中国现代女性文明的发源地之一，邓颖超、刘清扬、许广平、郭隆真、周道如（曾是袁世凯敬重的家庭教师）等，都曾聆听过吕碧城授课。

学校几经易名，1913 年为直隶女子师范学校，改归省立，其后，规模不断扩大，除原有的附属小学外，又增添了附属女子中学与附属蒙养园（幼儿园）。在这一段时间，继傅增湘之后，校长也屡易其人，直至 1916 年又改称直隶第一女子师范学校，齐璧亭任校长。

齐璧亭是当时我国中等师范学校校长中第一位且仅有的一位具有国外学历和学衔的校长。他起用赞成妇女解放、提倡妇女走出家门入学堂接受新式教育的马千里先生协助他主持校务，还聘请了一批思想新、学问好、责任心强、提倡男女平等、赞成妇女解放的教师，充实到学校各级教师队伍中去，并根据每位教师所长，重新安排了课程内容。以国文课为例，过去的教学只重视古典文学，特别是古代女性诗词的讲授，而今加强了新文学著作的选读，并给教师以自由空间，根据本人所长自选教材、自编讲义。

例如，1926 年入学的校友王振华女士在回忆她在女师上学的情况时曾说："在顾随（顾羡季）先生班上，初中三年的国文课程是以讲授鲁迅等进步作家的作品和苏俄及其他外国作品为主的，并印发了大量讲义供同学课外阅读。"她还回忆说:"1926年,在北洋军阀褚玉璞统治时期,在校中学生要奉命读《四书》《五经》,北伐革命之后,国民党也如法炮制,但女师在教材上并不严格规定,老师教学很自由。"王振华虽回忆的是20世纪20年代后半期情况,但女师早期情况也相差无几。理科方面,学校的实验设备一应俱全,化学实验用品每人一份,每个学生都有自己的柜子用来装实验用品,生物实验室四壁都是标本和挂图,显微镜每两人一架。课程除在课堂上由教师演示外,还安排学生亲自实验,每周两小时,连在一起以利操作。动物课还让学生进行解剖,如解剖青蛙、鸽子、兔子、鱼等,这在当时是很先进的。初中音乐课程除教授中外名曲及乐理外,还经常让同学欣赏各种器乐演奏与中外唱片,用以提高音乐修养。同时,也很注意民歌、民谣的教唱与欣赏;高中时期,重点是乐器的训练,先是风琴,继而钢琴,还有提琴、琵琶等,设有专门的练琴室。美术课程包括国画、油画、水彩画、粉笔画等。由于个人的兴趣、爱好及努力程度不同,掌握的程度也就不尽一样,但课程要求必须掌握基本素描和图案,以便将来工作应用。体育课教学从体操、国术直至田径、球类都有专门课程设置,专门场地练习。为满足当时同学中要求滑冰、骑自行车的要求,女师设有专门的冰场、旱冰场、自行车场,备有一定数量的冰鞋、旱冰鞋。高中三年级还设有小学体育教材编写与教学方法课,每位同学都要独立编写一部分儿童体操与儿童舞蹈的教材,并进行实习。在天津运动会上,直隶第一女子师范学校的成绩总是名列前茅,涌现出不少运动高手。

学生们的课外生活也很丰富,经常举办各种展览和比赛活动。就讲演而言,女师十分重视学生的口头表达能力,因为这是当好教师的一项重要基本功。不但平时注意对学生的锻炼与培养,而且通过经常性的讲演比赛进一步鼓励她们。这对于早期大多数没有当众讲话习惯、见生人说话就脸红的青年女学生,尤为必要。这种演讲训练为大多数学生一毕业就能成功走上讲台开口讲课，打下了良好基础。

在齐璧亭的管理下，女师对学生的要求十分严格。学生平日有事出门要经过批准，每日晚饭后到晚自习前，可到街上去散散步，但出门必须在门口翻牌，回校后再把牌子翻过来，传达室有所有学生的牌子，一看牌子的正反，就知道那个学生在不在。上课时不准会客，下课后会客要到会客室，客人来找只能在会客室等候，绝不准进入学生宿舍，如有人违反制度，超假不归或在外留宿，就要受到纪律处分。

民国初年，各地都办起了一些女子中学，除了公立的以外，教会办的和私人办的也不少。齐璧亭管理的女师和其他女校相比，校风朴实，在人们的心目中印象不错。

齐璧亭认为师范、中学要实行分科教育。师范造就小学教师，中学培养普通人才。小学教师分任各科，师范分科必然；但中学学生之天才不同，兴趣各异，且大学招生分科，社会职业繁多。所以，在师范、中学有相当分科素养，较为适宜。鉴于此，师范、中学除设普通学科外，要特分文、理、艺三科，略增特殊科目，以示区别。学生各就其性之所近，分别学习，以发展其特长，结果教育至为优良，形成特色。

直隶第一女子师范学校是以培养河北省各县及天津市的小学教师为主。师范班为六年制，即初中三年、高中三年，毕业后分配至河北省及天津市的小学任教。后来根据需要，又增加了幼儿师范班和乡村师范班，学制三年，毕业后分配至幼儿园或农村初级小学工作。如打算毕业后深造投考高等院校，需先在小学任教两年后，才得报考。如同其他师范学校学生一样，凡属河北省省籍及天津市市籍的学生免交食宿费，毕业后由教育厅统一分配工作。外省籍的学生则实行交费上学制，但毕业后升学则不受限制。

20世纪20年代前后，直隶第一女子师范学校已跃居享誉全国的著名女校，加之对本省市学生实行公费制，每年报考的人数很多，一般来说，录取率为 10%。同时，毕业生中也人才辈出，涌现了刘清扬、郭隆贞、张若茗、邓颖超、许广平等妇女领袖。

1920 年，北京大学初次招收女生，报名者来自全国各地，只录取了 9 名，其中 2 名女师学生；留法勤工俭学第一批河北省的 3 个女性名额，也全部为女师学生包揽。1928 年，直隶第一女子师范学校改名为河北省立第一女子师范学校，学生人数达 350 人，共有各类学科 201 学时。

至 1936 年，河北省立女子师范学院共陆续设有家政、国文、史地、英文、教育、生物、理化、数学、音乐、体育、图画等 11 个系、23 个班级。面向全国招生，学生经常保持在 350 人左右，连同它所属的师范部、师中部、小学部、幼稚园部，共有在校生 1826 人，是全国同等院校中规模最大的，办学经费超出普通女子师范院校五六倍之多。发展至此，女师学院从小到大、从单一层次办学到多层次办学，都展示着齐璧亭的理念。

三

把国外新兴的家政学科介绍到中国，开设专门课程，培养新型的女性师资和兼顾家庭的合格主妇，是齐璧亭在日本留学以来的夙愿。在他看来，办好女学的关键是，要牢固树立起男女平等的信念，要求政府与社会拿出与办男学同等的紧迫感来兴办女学，并在这一前提下，针对女性的特点办好女子教育。这是他与吕碧城理念的衔接并更具体化的体现，吕碧城提出了要兴办女子教育，他则具体分析："男女之身心必各殊，其天职亦异，故教育宜于男子者未必宜于女子。同一知能往往在男子为切要，在女子为迂远必也。察其特性，审其天职，因物付物，然后可收改良之结果。"他认为，我国教育应将女子教育与提高全民素质结合起来，与妇女解放结合起来，要重视女子智、德、体三育之全面发展，通过女子教育培养女性人才，担负起教育下一代的任务，从而使国家前途无量。在这种教育理念中所开设的家政学，不同于如今开设的"淑女班""礼仪课"式的女子教育，是侧重于使女子独立、自尊、自爱、自强之思想的课程，很具有现实意义。

1917年，齐璧亭在直隶第一女子师范学校正式设置了家事专修科，并开始招生。家政学在国内是首创，齐璧亭特地从日本聘请了东京高等师范家事科毕业生佐竹、加滕两位女士任教，为了解决学生不懂日文、教师不会中文的矛盾，齐璧亭在任校长的同时，还亲任课堂及课外辅导翻译。

20世纪20年代后，我国的教育制度开始从学习日本的经验转向学习欧美的经验。37岁的齐璧亭向教育厅请假，暂离女师于1921年赴美深造，先入美国斯坦福大学教育系本科学习，一年后，齐璧亭以优秀成绩完成学业，获取学士学位，进入哥伦比亚大学师范学院研究生院学习，又获硕士学位。在美期间，齐璧亭特地考察了美国学校中的家政学科，目睹日、美"家事教育之发达，及其女子能力之伟大"。

在获哥伦比亚大学研究生院硕士学位后，他本拟继续读博士学位，但女师急需他回校任职。回津后，他进一步发展家政学，将新理念投入办学中，想像美国那样设置专门的家政学系或学院。回国当年，便向省教育厅申请，由于时局不稳、经济困难而没有实现。

1928年夏，时局趋于平定。教育厅有设立省立大学的考虑，齐璧亭又提出申请，要求成立河北省立家政艺术学院。因省内中等女子学校师资缺乏，省政府遂决定在原来的女师校内增设大学级别的女子师范学院。其中，设置家政、国文两系，面向全国招生，仍任命齐璧亭为院长。从申请办院经费到各系建立直至教师聘请、招收学生等，齐璧亭处处事必躬亲。同年，学院正式招收了家政、国文系学生各一班，9月10日开始上课，河北省立女子师范学院正式成立。1930年，鉴于在同一所学校内分设师范学院与师范学校，院校并立，给行政带来不便，经教育厅批准，将院校合并，总称为河北省立女子师范学

192 知识分子何谓／西北联大知识分子群体研究

直隶女子师范学校旧址

院，以家政为学院的一个系。

齐璧亭为努力办好女师学院家政系，专门聘请了留美归来的家政学专家孙家玉主持女师学院的家政系，请他任系主任，以及王非曼、程孙之淑等专任教授，参照国外标准结合我国实际情况，制定教学规划，安排课程，凡有关于家政方面的研究，如教育、心理、管理、经济、化学、物理、营养、烹饪、看护、织染、园艺、音美等，课程无所不备。除了理论外，还注重实际操作，进行各种实习，学院在宽敞明亮的科学馆内建起了先进的化学及营养分析实验室，还专门辟有为烹调用的中、西餐大厨房，以及家庭管理实习用的"家宅"。河北省立女子师范学院是我国最早建立家政系的院校之一。除此之外，大概只有教会办的北京的燕京大学和南京的金陵大学等少数几所院校有家政系，女子师院的家政学科声誉大著，成为国内培养有关家政师资的重要基地，毕业生服务各地，成绩斐然。

四

1937年爆发的七七事变，中断了河北省立女子师范学院的进一步发展，学院校舍毁于日军炮火中，学校器物被掠，损失中外图书57000余册、中文期刊210种，院务陷于停顿。同年8月，私立耀华中学和圣功中学将女师学院附属师范部和中学部学生分别收容；附属小学部学生商洽于志达小学继续上课；唯学院本部学生在租借地各私立高校没有相应系科，无法安置。经齐璧亭申请，教育部同意女师学院用中英庚子赔款补助办学，并与西迁的北平大学、北平师范大学、天津北洋工学院合并，共同组建西安临时大学。齐璧亭率女师学院部分师生西迁西安，家政系整编迁入西安临大的教育学院，并维持独立建系，其他各系学生分别转入西安临时大学各系，无使失学。1938年，西安临大迁至陕南城固，改称国立西北联合大学，教育学院改称师范学院。同年，齐璧亭被选为"国大"代表，由师范学院赴重庆参加全国教育会议，会后加入国民党。

1939年，西北联大进行改组，师范学院独立为国立西北师范学院。在此期间，齐璧亭任家政系主任，他不是校务委员会的委员，家政系能保持不辍，实在是齐璧亭努力奋斗的结果。为了在西北地区办好家政系，齐璧亭一面在城固和兰州举办家事教育试验区，一面捐出个人的薪资，作为陕西、甘肃、四川等省女校家事教育的设备费，解决资金拮据的问题，他还得到了教育部特批的中英文化教育基金的资助，并多次被邀请到四川省讲授家政学，推进了大后方的家政教育。

1940年4月，国民政府下令将国立西北师范学院再迁甘肃兰州，学校在兰州十里店选址建校，采取兰州招收一届新生，城固毕业一届老生的办法，逐步将学校迁至兰州。1941年4月，成立29人组成的

城隍庙后街 4 号——西安临时大学国文系、历史系、外语系和家政系曾在此上课

家政系学生进行食物调剂练习

兰州分校建校筹备委员会，齐璧亭任兰州分校主任。1944年11月，城固分校撤销，国立西北师范学院全部迁往兰州办学。

五

1945年抗日战争胜利后，河北省教育厅派女师学院原庶务主任李荫珂为接收员，接收天津女师学院的校产。为恢复学校，齐璧亭不辞劳苦奔波陕渝各地。1946年1月，李荫珂为女师学院复原筹备主任，负责复校事宜，齐璧亭也由兰州返回天津主持院务。河北省立女子师范学院在天津市北区天津路原址复校，院长仍为齐璧亭。

当年九月左右，河北省立女子师范学院修葺完毕，附属中学、小学、幼儿园和学院本部先后开学上课。当时，女师学院的校训是"勤朴、奋勉、和婉、敬信"，学生们评价：齐院长的含蓄是女师之所以充实丰富、不尚浮华、不慕虚荣的校风之所由来。

新中国成立前夕，国民政府邀请齐璧亭南下办学，遭到他的严词拒绝，他留下来坚持任女师学院院长，直到1949年我国独立女学停办。从1929年到1949年，学院培养了不少教育方面的人才，特别是齐璧亭最关心的家政系，20年来培养出了不少幼教和营养学方面的人才，在国家机关和华北各地区大单位幼儿园的负责人和幼教专家，不少人是河北省立女子师范学院家政系毕业的；北京、天津和河北省的各大医院营养室的负责人和专家，也大多是女师学院家政系毕业的。

新中国成立之后，齐璧亭拥护党和政府的各项方针政策，积极工作，并及时向党和政府提出了很多很好的建议，曾被选为河北省政协副主席、河北省人大代表、中国国民党革命委员会河北省分部副主任、国务院参事室参事等。1956年，他出席全国政协会议，受到周恩来总理的接见。但后来他在"文化大革命"中遭到迫害，于1968年

11月29日病逝于天津，后又得到平反，恢复名誉。1980年，河北省委、省政府为其举行了追悼会，对其一生的功绩予以肯定和褒扬。

六

齐璧亭任女师校长、女师学院院长达30余年，是国内同类院校中任期最长的院长、校长。可以说，他的生活经历和这个学校的成长，是密不可分的。为办好女师，他曾一再谢绝省教育厅聘他为副厅长的任命。他"爱校如家"或者说是"爱校胜过爱家"，从到女师工作的那一天起，只要不是出差或出国留学，他无论春夏秋冬、下雨刮风，每天都按时到校上班，除春节休息几天拜年外，他从来没有寒暑假和休息日。

在生活上，齐璧亭也十分俭朴。每天早餐桌上的两杯咖啡就算是奢侈品了，夏天是一身白夏布长大褂、布鞋，冬天是长袍马褂。为解决学校经费少（教育厅经常拖欠经费）、学校购书难的矛盾，他把从国外带回的大批书籍，先是放在院长办公室供师生借阅，后来便全部捐赠给了女师图书馆。对员工及同学中经济上有困难的，无不有求必应，慷慨相助。在西北办学期间，因为只有他一人在，家人没有同去，没有任何家庭负担，每月除吃饭和必要的生活费外，他把工薪全部都捐了出来。

齐璧亭的家庭生活也是围绕着他的教育事业转的。他不到20岁时，便由父母做主结了婚，夫人名傅玉珊，出生于宁津县农村一个世代为农的家庭，婚后育有一子，便是我国著名历史学家齐思和。早年，齐璧亭在外求学的时候，母子俩便住在宁津县城内，齐璧亭经常来信鼓励傅玉珊读书识字。1916年，齐璧亭任女师校长后，夫妻两人便到天津与齐父齐俊元同住。傅玉珊虽然文化水平不高，但是聪明能干，料理家务很在行，在齐璧亭影响下也很关心教育事业，识大体、顾大局，凡是齐璧亭做的事情她都热心相助。每当齐璧亭的教育费用紧张时，傅玉珊总是自觉地带着儿子齐思和回到宁津县老家暂住，等情况好转后再回天津。

抗日战争爆发，齐璧亭丢下一家老小，带领女师学院师生到了大后方。傅玉珊在天津日伪统治下的沦陷区苦苦支撑，从未向任何人伸手要过一分钱、喊过一声苦，反而还尽力帮助亲友渡过难关，这种日子直到抗战胜利，齐璧亭归来，全家团聚为止。

重视女子教育也是齐璧亭治家的原则，家族中的女性都受到良好的教育。儿子齐思和的夫人王秀华也是女师的毕业生，后又考入家政系继续学习。女师的教育、特别是家政系的教育，对她影响很深，又直接应用到齐璧亭的孙辈身上。齐思和与王秀华有子女6人，6人中有5人是北大本科毕业。其中，3人又是研究生毕业。这也从另一个侧面，让我们看到了女师教育之成功。

高等教育的原则是培养精英
——教育家、工程学家李书田

□ 闻 迟

青年李书田

西北联大诸校务委员均极有个性，但是，最有个性的莫过于北洋工学院的院长李书田。他秉承了北洋大学培养一流人物的理念，在新组建的西北联大中，试图推行他的"北洋标准"。比如，他认为，北洋工学院所招的学生都是高标准的学生（也确实如此，北洋大学校史上曾有过一届在1000多名考生中只招1名的记录），对别的学校来的学生要重新考试。不仅考学生，还考教授，根据考试的结果来重新聘任。结果是北洋工学院的教授仍可以当西北联大的教授，而别的学校来的人很多只能当副教授，此举引发了严重的冲突，甚至可以说，是西北联大解体的原因之一。

抛开是否"顾大局"的考量，作为一名教育家，李书田的教育原则是令人敬佩的，他从不掩饰自己的精英主义取向，并且敢于将其付诸实施，如果没有一点这样的精神，想办出一流大学是不可能的。他身上有一种不同于中国传统儒家"中庸之道"的现代气质，也有与民粹主义强烈对立的精英意识，这可能是建设现代文明时所迫切需要的精神资源。

作为学者，李书田也绝非平庸之辈。他是优秀的水利专家、桥梁建筑专家，对于他的学术与教育成果，我们尚缺乏足够的了解与认识。

一

1900年2月10日，也就是《辛丑条约》签订的前一年，李书田出生于河北秦皇岛市卢龙县新房子村。李家一门出身行伍，多出武秀才，李书田的父亲李星五是一名武监生。李书田有一位兄长，比他大10岁，李星五为之取名书华，字润章，而李书田则取字耕砚。单从名字就能看出，李星五对兄弟二人寄予了极大厚望，希望他们能够成为有学问的人，光宗耀祖。后来，这两兄弟也不负他所望，双双成为著名学者。

1912年，李书华与第一批留法俭学生赴法留学。李书华的出国给了好读书的李书田一个目标，那就是要像哥哥一样，发奋读书，出国留学。第二年，李书田就考入了永平府城卢龙的直隶省立第四中学，即永平府中学堂。1917年，李书田以优异的成绩从第四中学毕业，进入北洋大学预科班。

在北洋大学读书期间，李书田埋头书本，很少理会各种政治活动。

五四运动发生后，天津学生立即响应，北洋学生会也组织学生参与游行。负责宣传鼓动的学生找到李书田，希望成绩优异的他能够积极响应。但是，李书田认为，学生就应该一心读书，不可以随便上大街，还劝当时的北洋学生代表孙越崎（后来成为著名的石油地质学家）不要带头瞎胡闹毁了学业。主事的人见劝不动李书田，很生气；

李书田担心学生游行会影响学校正常上课，也很生气。

"学潮"过后，有参与学潮的人离开北洋大学。其中，就包括李书田很是欣赏的孙越崎，这让李书田心里很不好受。心里难过的李书田将所有精力都投入学习中，越发得刻苦。与李书田对门的张度曾回忆说，他自己在北洋大学算是起床很早的人了，但是，李书田比他起得还早，每每自己梳洗完，李书田早已经在大楼绘图室了。北洋大学有晚间11点熄灯的规定。但是，熄灯后，李书田却仍用小煤油灯继续读书。如此的勤奋让李书田在北洋大学期间一直名列本科班榜首，并以土木工程科第一名的成绩于1923年毕业。

大学毕业的李书田考取了赴美官费留学的资格，进入美国康奈尔大学攻读土木工程。当时，考取官费留学资格的竞争很激烈，李书田的同级校友——北洋大学矿冶专业的陈立夫也参加了考试，但是，没有考上。这位后来曾任国民政府教育部长的校友晚年回忆说，有李书田参加考试，自己考不上也是应该。可见，在当时的同学中，李书田的优秀是大家有目共睹的。

在康奈尔的三年，李书田整日地泡在教室、图书馆和实验室，平均成绩高达99.5分。三年后，李书田以一部60万字的《铁道管理经济》获得康奈尔大学哲学博士学位。

1950年，李书田再次赴美，继续攻读康奈尔大学的土木工程学，获得了博士学位。李书田的学习并没有就此止步，古稀之年的李书田在闲暇时间自学了地质博士课程，再一次获得博士学位，成为荣膺三个博士学位的大学者。

二

李书田执掌过多所高校，但独独对于母校北洋大学有着极为浓厚的情结，凡是跟北洋大学有关的事，他都会积极响应。这种母校情结并没有什么不妥，但是，在当时抗战和高校重组的特殊背景下，却一次次地给他带来麻烦。

1937年，全面抗战爆发，为了保存教育的火种，华北多所高校内迁。其中，就包括李书田任院长的北洋工学院。当时的李书田已经归国达10年之久，这期间，他还曾执掌过交通大学唐山工程学院。在归国之初，李书田受到母校校长刘仙洲的邀请，回母校讲授水利学课程。1932年，原北洋工学院院长蔡泽远因病请辞，推荐李书田回校继任这一职务。对母校心怀感激的李书田收到邀请便欣然接受，赶往赴任。

内迁时，北平大学、北平师范大学、北洋工学院在西安成立国立西安临时大学，李书田以北洋工学院院长出任临时大学筹委会常务委员。但是，由于战火蔓延，西安临时大学仅仅存在了6个月，1938年3月，便从西安迁往陕西汉中，同年4月改称为"国立西北联合大学"。在迁校之前，联大曾派出师生前往汉中探路并接洽建校事宜。

当时，汉中驻军较多，不仅有阎锡山的军队，还有一支美国飞行队也驻扎在这里，房源相当紧张。联大师生在褒城停留多日，但是，汉中这边仍然没有找到办学地点和住房，筹委会不得不临时改变计划，将学校迁往城固县。

1938年7月，根据教育部令，西北联大工学院独立成校，院址仍在古路坝，李书田出任筹委会主任。李书田的波折也就是从这个时候开始的。

工学院独立伊始，李书田不同意将学校称为"西北工学院"，执拗地认为，校名应该是"北洋工学院"。当时的教育部长是李书田的好友陈立夫，陈也是北洋校友，但他不敢答应李书田的要求。

为什么？因为把这批学校永久地置留西北，已是当时国民政府的既定战略，将内迁来的高校改校名，缀以"西北"二字，正是实施这一战略的一个关键步骤。况且，组成西北联大工学院的不止北洋一家，还有北平大学工学院、私立焦作工学院和东北大学工学院及一些零散师生，要是定名"北洋"，其他院校的师生肯定不同意。

为此，陈立夫多次劝说李书田，两人关系一度闹僵，陈立夫只好请来当时在搞石油的孙越崎前去劝说。前面说过，李书田在北洋念书时，曾劝说过孙越崎不要参加学潮未果。这次，孙越崎劝说李书田，一样没能成功。最终，在北洋校友、时任国民政府交通部部长曾养甫的软磨硬泡下，李书田才勉强答应将学校称为"西北工学院"。

未能使母校"复名"，李书田对此耿耿于怀。或许是出于"既然名字不能叫，我按以前的规矩来总可以吧"的想法，李书田坚持对所有教授进行考试，以结果评定职称。这一考，原北洋的教师级别都未变动，其他学校的教师却来了个"大降级"：教授几乎都降为副教授，副教授降为讲师，讲师降为助教……对于这个结果，李书田应该是心里有数的。毕竟，当时北洋大学的水平是国内公认一流的，他也从不掩饰自己的这种优越感，在言语之中毫不注意，时不时地流露出看不起其他院校师生的意思。这就犯了众怒，使得西北工学院内形成了其他院校师生与北洋师生对立的局面。

有人劝过李书田，但李书田的倔性子上来了，谁的话也不听。"教授考试事件"后不久，李书田未与筹委会其他成员商议，又推出北洋大学的"传统"——末位淘汰制：凡考试两门功课未及格者必须留级。北洋大学的学生早就习惯了这条规矩，但是其他院校学生不同，他们水平本来就参差不齐，又经过这么多次的搬迁和重组，客观上学业是受到了影响的，忽然来这么一条，自然难以接受，矛盾就这么爆发了。

1939 年元月中旬，原北平大学工学院的一些学生结队来到办公大楼院内，与原北洋工学院的学生发生了冲突，两方棍棒相对。冲突发生时，李书田不在，原北洋工学院教师潘承孝和周泽书前来劝阻。

在劝阻的过程中，原东北工学院学生也结队来到办公大楼院内，

焦作工学院校门

东北大学 1928 年校门

国立北洋工学院教室

一时砖石齐飞。原北洋工学院人少,潘、周两人急忙带领北洋学生退出。李书田得知这件事后勃然大怒,下令全院停课,并坚持开除三名闹事的学生代表。学生不同意,两方僵持不下。没过几天,就发生了"驱李事件"。原北洋工学院学生陈之藩曾对"驱李事件"半带调侃地回忆说,其他学院的学生不喜欢李书田,被降级的教师更不待见他,一天夜里,被"贬"的人每个都到厨房拿了一根柴火棍,在李书田的宿舍前大喊:"李书田,你出来!"李书田出来了,大家一拥而上,就这么把李书田打跑了。

是否"打跑了"有待考证。但是,此后李书田确实离开了城固。1939年3月,李书田愤然率领约200名北洋师生南下四川,扬言脱离西北工学院,要在四川"复校"。对于李书田此举,教育部很是震怒,下令沿途不许为其提供方便,断了一行人的水陆交通。

不久,曾劝说过李书田的曾养甫再一次作为"说客",和新任西北工学院院长赖琏前往广元劝导这批师生回去上课。在答应了学生两个条件后,学生随他们返回城固。但李书田执意不回,两人带着学生无奈离开。陈立夫为了此事又一次批评李书田，说他"作风霸道，不善团结"。

四川"复校"失败，李书田并没有放弃，辗转到了西康。当时，国民政府刚刚在西康建省，陈立夫就让李书田在西康筹办技艺专科学校（即西昌学院的前身）。接到消息的李书田，发誓要把西康技专办成北洋大学式的学校。

在西康办学期间，李书田知晓西南矿藏丰富，大力支持找矿事业。后来，攀枝花大型铁矿的发现就有他不小的贡献。

1940年，李书田派采矿教授刘之祥和国民党西昌行辕地质专员常隆庆同行探矿。两人于年底返回后，分别整理资料并发表了矿产调查报告。

李书田曾撰写过一篇名为《攀枝花巨型铁矿发现之由来》的回忆文章，详细写明了他委派刘之祥教授探矿的事情，并说还曾受到教育部和西康省主席的表扬。但是，现有的记载中一般将常隆庆作为攀枝花铁矿的发现者，刘之祥教授鲜有人提及。不管是出于何种原因，刘之祥教授对攀枝花大型铁矿的发现功不可没，不应该被人们所遗忘。

在西康待了两年，李书田又被教育部任命为国立贵州农工学院（现贵州大学的前身）院长。但他仍一心恢复北洋大学，因此，在贵州待的时间并不长。

就在到任的次月，李书田借中国工程师学会及各专门工程学会在贵阳举行联合年会之机，发起了北洋校友临时大会，主张复校，校友们一致同意，但教育部以拨款困难为由，未予采纳。于是他又提议私立复校，筹款办学。

第二年夏季，李书田毅然辞去农工学院院长一职，专心搞起私立北洋工学院的筹备工作。功夫不负有心人。1943年3月，教育部将浙江南部泰顺县的省立英士大学改为国立，其工学院独立划出，命名为泰顺北洋工学院，独立招生。李书田的北洋复校之路跨出了第一步。

国立西康技专遗址纪念碑

1944年5月，李书田回到西安，开始盘算复校的下一步。考虑到各种实际的状况和需要，李书田在西安申请筹办了"北洋工学院西京分院"。可惜好景不长，1945年，教育部长易人，新任部长朱家骅与陈立夫不同，他不是北洋校友，对北洋复校之事比较冷淡，处事完全依据形势而定。6月份，因李书田多次发电请求拨款，朱家骅给出了这样一份复电，其中说："西京分院催款电报，雪片飞来，为解决国家经费困难，决定撤销西京分院，将现有学生合并西北工学院，待抗战胜利后在津复员。"李书田飞往重庆交涉未果，只好转而求助北洋校友，勉强维持学校运作。几乎同一时间，泰顺北洋工学院也收到了教育部命其归入英士大学的电令，两校惶然。

　　不愿意被合并的两校师生自行开展护校斗争，各地校友也对并校的命令不满，纷纷致电教育部，恳请收回成命。1945年10月，北洋大学校友会总理事长、国立北洋大学筹备委员会主任委员王宠惠向教育部发出电函，将北洋大学的历史与贡献娓娓道来，提出"现在天津业已收复，恢复北洋大学为期已近，拟乞准早日恢复北洋大学"。

　　迫于多方压力，次年1月，教育部下令在天津西沽原校址上恢复北洋大学。这一消息传出后，李书田激动万分，带领35名学生和2名教员，回到天津。5月下旬，李书田被任命为北洋大学教务总长。至此，盘桓在李书田心中8年多的母校"复校"之路终于走完。

三

　　作为教育家的李书田十分爱护学生。1948年毕业于北洋大学的陈景元、钱锡来、阮海水三人分配在交通部葫芦岛港务局，至台湾后便失业了，他们打算转回老家，于是去向李书田辞行。李书田听后很生气，问他还有多少钱，陈景元摸摸口袋，只掏出24元美金，李书田让他们回去省吃俭用，说两个月内帮他们找到工作。

陈景元回忆说："那时，'政府'防谍工作严格得吓人，而院长只顾我们的生存，不顾自己受牵连。结果不到一个月，院长就推荐我去台湾纺织厂任公务员。"曾就读北洋大学的陈之藩随国民党撤退后，在台南高雄的台湾碱业公司上班，每天的主要工作是修马达。这事被李书田知道了，他生气地说："整天修马达干什么，这哪儿是你干的活——跟我走！"把陈之藩介绍到了"国立编译馆"工作。

李书田很爱才。他有一个小记录本，上面记载着北洋工学院和唐山工学院应届毕业生各班前三名学生的姓名、学历、经历、现任职务和通信地址等，以备随时联系，为之介绍适当的工作，或为母校聘请任教。

1943年，李书田任贵州农工学院院长时，学生张度前去拜会，李书田见了他，第一句话就是："张维（张维即张度的弟弟，北洋毕业后出国留学）回国了吗？你弟弟可要跟着我干呀！"

1946年7月，在张维夫妇回国之际，李书田不知从何处得到消息，竟提前赶到码头等候。看到两人下船，李书田就上前笑着对他们说，"欢迎到北洋大学来工作"。搞得夫妇俩丈二和尚摸不着头脑。不顾两人的诧异，李书田继续笑着说："我们北洋大学可是允许夫妇俩都当教授的呀！"两人听后互看了一眼，异口同声地问："真的？"李书田肯定地回答并补充说："房子都给你们准备好了。"说罢，又低头看了看专心看他的小克群（张维夫妇的孩子）说："咱们虽然没有幼儿园，但孩子也有4岁了吧，就提前上小学吧。"竟如此将张维夫妇二人"抢"至北洋大学。

虽然身为国民党党员，但只要学生好好读书，对于学生参与党派，李书田也不太干涉。1936年，时任国民党北洋大学区分部主任委员的李书田在北洋的开学典礼上说："你是共产党也好，国民党也好，好好念书就行。"

对于这一点，他的二女儿李淑贞在《我和我的父亲》一文中也有过描述。她说："1947年，我考入北洋大学化工系，当时住校不常回家，父亲也不限制我参加一些活动，我很自由。"这里的"活动"就是"'反饥饿、反内战''向反动派游行示威'等进步活动"。

但遗憾的是，天津解放时，虽然周恩来曾写信试图挽留，但不了解共产党的李书田并没有留在大陆，而是抛下了小女儿和夫人，跟随国民党去了台湾，1950年，又辗转到了美国。

四

李书田抛下妻、女一人撤离，曾让家人很不理解。但是，李书田说："自私是只考虑自己和自己的家庭。我一生追求的就是面向全世界。我要用我毕生的财富，奖励那些优秀的专家、学者，为祖国、为全世界培养高科技人才，发展科技事业，尽绵薄之力。"

这不仅仅是说说而已，李书田正是这样践行的。早在1934年，李书田任中国水利工程学会副会长时，就捐款800元作为基金设立了"耕砚论文奖"，奖励在《水利》月刊上发表优秀论文的作者。

1972年，在他72周岁那天，向前来美国祝寿的儿女宣布："孔子寿72而终，我要在比他多活的年月里办一所我个人的私立大学。"第二年，李书田果真在美国南达科他州注册了"世界开明大学"，这所多科性的函授和走读研究生院，在世界上颇负盛名。

即使是在临终之际，李书田仍不忘自己所言，在遗嘱中明确说，要将自己的40万美元保险金兑现后捐给李氏科学技术学院基金，用来奖励由李氏科学技术学院执行委员会和开明大学校长提名的具有博士学位和教授资格的世界知名工程师和科学家。此外，在整个遗嘱中，除了他的孙子李奇获得了13万美元，以支持其求学直到读完博士外，李氏家族无一人获得任何遗产。

虽然身处异国他乡，李书田对于祖国的发展仍十分关心。1983年，李书田留在大陆的女儿李淑贞代表石油部赴香港为各油田成立开发实验室向外国订货，李书田得知后写信反复叮嘱，要她一定谨防假冒伪劣，说外国的东西也不一定都是好的，一定不能上当受骗，让国家蒙受损失。

1985年，李淑贞作为石油部重油勘探开发赴美考察团成员到了美国，团长特意给她一星期假期去看望父亲。父女分别38年后第一次见面，李书田说的第一句话不是询问妻女，而是："邓小平先生身体好吗？邓颖超女士身体好吗？"在与女儿的交谈中，他显露出了对祖国建设的极度关心，特别是水利建设。他也曾感慨地说："我老了，身患多种疾病，每年要住院五六次，回国也干不成什么事了，不能再为国家出力了。"此时的李书田已是85岁高龄。在生命的最后时刻，他还曾致信中央组织部，要求祖国派一位学界名流，接管自己一生心血的结晶——世界开明大学。

1988年，李书田在美国拉皮德小城逝世。逝世前的他身具多种荣誉，家产过百万，却是一位"三无"人员，无房无车无电视，甚至连一套好一点的新衣服和新鞋子都没有。为了纪念他，开明大学更名为"李书田基金会"，专门颁发"李书田奖"，这是以中国人命名的在美国颁发的第一份国际科技奖，第一位获奖人为美国科学院院士欧威曼博士。到现在，已有多位华裔学者获得该奖。

五

李书田一生的成就极多，单在土木工程上就有很高的造诣。第一次留美期间，李书田随同世界著名工程师瓦代尔博士做桥梁设计工作。此后，他又征得学校和导师的同意自费赴欧进修，参观考察了英、法、比、荷等多国的港埠、桥梁、库坝类大型工程，并因此了解掌握了世界土木工程的最新技术和研究动态。后因母校的邀请，李书田回国主要从事教育和水利事业，在土木工程上的工作才淡了下来。这种状态一直持续到他第二次赴美之前。

1950年，已经50岁的李书田离开台湾再次孤身赴美。这一次，李书田再也没有回来。到了美国之后，首要问题是生活，李书田为此重操旧业，在一家建筑公司做设计工程师。因为有之前跟随瓦代尔的经历，设计桥梁对李书田来说轻车熟路。在这家公司工作期间，李书田为美国乃至古巴的雇主设计过数十座桥梁。拿到康奈尔大学土木工程博士学位后，李书田又到塞拉库斯建筑公司做技术总监。62岁那年，李书田到南达科他州矿机大学做研究院导师和地质工艺学科执行委主任，并在这一时期成为美国土木工程师学会会员、美国土木工程学会会员。这时候的李书田还没有加入美国国籍。

李书田在水利上的成就也很多。在北洋工学院院长任内，李书田曾对各学科的人数分布做了统计，发现自1920年至1927年，北洋本科毕业861人中，503人为土木人才。其中水利学以104人居首。这说明，社会迫切需要水利高级人才。这时候，李书田就有了在北洋工学院设置独立的水利系的念头。1933年，李书田将一些高年级学生转入水利工程组。在西北工学院时期，水利工程组直接称水利系，李书田兼任水利系主任，首开我国国立大学水利工程教育的先河。1935年，李书田在北洋工学院建立水利工程研究所等机构，于1937年培养出我国第一批工学硕士，其中不少是水利人才。

其实，李书田从中学时就关心水利问题。他的老家卢龙位于滦河、青龙河交汇处，常常发生水患，人民苦不堪言，在街上经常能看见为了生活而不得不卖儿卖女的人。

李书田看到这种状况，很是心痛，于是开始在课余潜心阅读大量古代地理著作，诸如《山海经》《水经注》一类，为之后研习水利打下了良好的基础。那时候，水利是包含在土木工程里的，还没有被细分出来。在北洋大学读书时，李书田选择了土木工程，到了康奈尔大学依旧攻读土木工程，归国后的第一个职务就是顺直水利委员会秘书长，兼职北洋大学教授。1928年，该委员会改组为华北水利委员会。

在华北水利委员会任职期间，李书田积极宣传水利知识，开办了多期华北水利讲学班，设置了黄河水文站，指导参与了潮白河、滹沱河灌溉工程，永定河善后工程、永定河治本工程等水利工程的规划设计。1929年6月，国民政府准备实行孙中山《建国方略》中的计划，在河北乐亭县建立北方大港，李书田被任命为筹备处副主任。但是，实际上主要是他在主持工作。

对北方大港，李书田有着不输于母校的热情，刚上任，就带领技术员在乐亭沿海进行勘测，并很快撰写出了《北方大港之现状及初步计划》。9月，李书田和李仪祉又以华北水利委员会的名义，组织编印了《北方大港》专刊，介绍勘测结果和可行性较强的建港方案。遗憾的是，因为国民政府内部的纷争，北方大港计划被迫搁浅，李书田为此甚为伤心。不久之后，好友陈立夫请其执掌唐山工学院，多少有些借此转移李书田注意力的意思。

大港没建成，李书田对于水利的热情不减。1930年，导淮委员会邀请国内水利专家齐聚南京，共同商讨"导淮计划"（1913年，袁世凯政府设立导淮局，并与美国红十字会签订导淮借款合约，计划导淮水全部入江，后因战争废止。国民政府成立后设立导淮委员会，继续此项淮河治理计划），会上，李书田建议组织中国水利工程师协会。

其实，两年前，也就是归国不久，李书田就与李仪祉商议组建这个协会。但是，终因时局变动，没能实现，或许是当局不够重视，时隔两年，这次提议仍未能成功。执着的李书田不甘于就此放弃，第二年，再次提出了这个建议，终于得以实现。1931年4月22日，中国水利工程师协会成立大会在南京导淮委员会举行，公推李仪祉为会长，李书田为副会长。

也是这一年，李书田和李仪祉趁热打铁，将中国第一水工实验所

20世纪30年代初李书田考察黄河

天津大学校史馆内的水工实验模型

的筹备工作纳入协会的议事日程（水工实验所的建立可以说一波三折，笔者在后面会单独加以说明）。在筹建水利工程师协会和水工实验所的这段时间，李书田相继完成了《农田水利出版物之搜集》《华北水利建设概况》两部著作。

1934年起，李书田成为黄河水利委员会委员，并于1943—1948年担任副委员长一职。任内，李书田指导参与了"渭河治理""黄河中下游治理""宁夏灌区的改建与发展"等工程的规划设计，撰写了《中国历代治河名人录及其事迹略述》《中国治河原理、工程用具发明考》《华北水利资源概况》等文章。

他还联络各水系流域机构技术负责人员，编写了20世纪40年代中国水利方面的权威著作《中国水利问题》一书。在书中，李书田阐述了以流域治河的理念，提出：根治黄河水患，必须标本兼治，注重中游水土保持工作，广倡植树造林；黄河开发利用要结合防洪、灌溉、航运、发电、围垦等方面统筹兼顾，量力而行。李书田的想法非常有前瞻性。抗战胜利后，国民政府为李书田颁发"胜利勋章"和一等金色水利奖章，用以表彰他在国家水利上的贡献。李书田的治黄思想得到了毛泽东的关注，他曾嘱咐周恩来总理设法挽留，欲委以重任。

六

前面提到的中国第一水工实验所的建立，是我国传统水利向现代水利科学转化的主要标志之一，李书田对于它的落成，功不可没。

1928年，在华北水利委员会第一次委员大会上，李仪祉和李书田就提出争取用荷兰退还的庚子赔款来建立河工实验场，但未获批准。在这期间，留德回国且有水工实验经验的李赋都提议，先在华北水利委员会内部设立一个临时水工实验场所，而李书田也在河北省立工业学院（现河北工业大学前身）促成了市政水利工程学系的建立，华北水利委员会遂与该系商议合办华北水工实验所。双方于 1931 年 1 月达成协议，各出预算经费的十分之一（1.5 万元），成立了由彭济群等三人组成的工款保管委员会。8 月，李仪祉、李书田在中国水利工程学会第一届年会上再次提出设立国立中央水工实验馆的提案。可惜，这些提案仍然没有受到重视，未能实现。

1933 年 9 月 15 日，华北水利委员会第十八次大会决定实施实验所工程。此时，黄河水利委员会表示加入合作并拨款 3 万元。为便于工作，决定成立董事会，李仪祉任董事长，李书田任副董事长，并将原华北水工实验所名称改为中国第一水工实验所。

1934 年 6 月 1 日，中国第一水工实验所奠基仪式在河北省立工业学院院内举行，次年 11 月建成。抗日战争期间，水工实验所被日寇飞机炸毁，所里一批德国进口机器设备存入英租界，幸运保留。1947

1935 年李书田参加中国水利工程学会

年，李书田又担当起重建水工实验所的重任。1949 年，更名为水利部天津水工实验所，1954 年，天津发大水，实验所被毁。第二年，人员、设备迁往北京。1956 年，实验所与南京水利实验处迁往北京的部分合并为北京水利科学研究院（即今水利水电科学研究院），成为水利部直属水工实验研究机构。

水工实验所在落成当日就开始了实验工作。由主持完落成大典的李仪祉亲自放水，进行永定河中上游工程处委托的官厅坝消力实验，第二年 5 月，实验完成。截至 1937 年实验所被毁，相继完成了黄土河流预备实验、卢沟桥滚水坝消力实验、透水坝实验等。除了官方实验，实验所还接受北洋工学院和河北省立工业学院的教师进行科研成果实验，并接收两校学生到此实习。这样一来，水工实验所把这两所学校的科研资源和社会的项目结合起来，建立起科学研究为社会服务的模式。这种模式即后来美国所形成的大学服务社会的"硅谷模式"。

七

纵观李书田的执教生涯，他虽然因为浓重的北洋情结，做出了引起争议的举动，但是，他在办学上的严谨和执着，还是值得今人去学习的。

李书田怀有极端的精英主义教育理念，认为，办大学就是为了培养精英。执掌北洋工学院期间，他坚持"重质不重量，贵精不贵多，宁缺毋滥"的原则，从不随意降低录取分数线。

1934 年，北洋工学院机械系计划招生 45 人，但因为不符合标准，最终只招录了 11 人。这一类的事情还有很多，一度使北洋的录取分数线被称为"铁线"。不仅招录如此，被招学生进入北洋工学院之后要求依旧严格。李书田组织制定了一系列诸如《国立北洋工学院学则》之类的规章制度，并且严格施行。按照《国立北洋工学院学则》

要求，不仅每学期结束后要张榜公布所有人的成绩，座位的顺序也是依据成绩排名来安排，在编辑学生名册和毕业班纪念册时，也是以成绩优劣为排序依据。

为了培养精英，李书田从不怕得罪人。他本人就是一位天赋很高又非常刻苦的精英，时常用自己的标准去要求师生。李书田提出过这样的教授考评意见。他说："我出题，教授回答得好，就续聘你；答不好，就对不住了，请你走人。"学生也经常考试，大考相对比较固定，小考不定期进行，且没有指定范围，即使学生昼夜苦读，也有可能不及格。北洋的"传统"是两次以上不及格，将会被留级或退学。据魏寿昆回忆，北洋淘汰率最高时曾达60%。在陕西城固时，也曾传言李书田说，"不累死几个学生，就办不好学院"。恰巧学校附近有两座学生坟墓，就被人戏称为"分校"。

这些规定和办校原则放到现在，恐怕还会引发争议。依据李书田的教育理念，他是要培养精英的，而非我们所认同的大众"普及"教育。或许，这也是他在新中国成立前选择离开的原因之一吧。

虽然要求严格，但李书田并不是要北洋工学院的学生成为死钻书本的书呆子，在强调学习成绩的同时，他也十分重视师生的体育锻炼和校园文化建设。

他曾说："若无一个强健的体魄，学生则莫入北洋。"在他任内，特聘武术名家任体育部主任，将体育课改为必修课，明令学生每周至少锻炼4次，如有缺席超过1/3课时，即不准毕业、升级。对校园内的体育设施，他也极力完善，增修各种运动赛场。他还主持修订了北洋新校歌，将校内刊物《北洋半月刊》改为《北洋周刊》，并面向全国发行。《北洋理工季刊》也是这一时期开始出版发行的。曾任黄河水利委员会高级工程师的阎树楠回忆说："北洋功课紧，要求严，是事实，但依我看来，学生绝不是死啃书本的书呆子。"

对于整个工程教育，李书田也有新的思考。他曾经总结过1895年至1935年中国工程教育的历史，在此基础上，提出了中国工程教育应该遵循的指导方针。即，①培养深厚的科学基础；②训练实际的工程技术；③训练组织与管理的能力；④培养创业与刻苦的志气；⑤培养研究中国实际问题的兴趣。为了实现这些方针，他在北洋工学院带头实践。

第一，是培养学生浓厚的科学基础。在这一点上，李书田认为，教师最重要，因此，他极力为北洋工学院招募好教师，曾有言："本校（即北洋）教授非博士不聘。"这是很高的标准，因为当时国内博士原本就很少，就是现在国内大学的教授中，也不全是博士。

此外，李书田对聘来的教授还要进行定期考核。对学生，李书田同样不放松。他与学生见面只用英语对话，还随机出题要学生回答，学生虽然对他很是敬重，但是，老远看见他，都要躲着走，怕答不出他的问题，落下个不好的印象。

第二，是实际的工程技术训练。李书田非常认同《公羊传》中"巧心劳手成器物曰工"的说法，认为"巧心"，扎实的理论，与"劳手"，熟练的技术，此二者必须结合起来，才能成为一名合格的工程师。因此，在教学安排上，他要求学生，除了在校内和实验室实习外，从三、四年级开始，每年寒暑假必须进行一项地质调查或者实地测量等类的实习，实习费用由学校负担。

第三，是增强组织与管理能力。李书田觉得，工程师与科学家不同，不能只窝在自己的小范围里埋头钻研，而是要与各种工程人员打交道，所以，组织与管理能力不可或缺。为此，他告诫学生："同学在校四年有接触约700同学之机会，如能认识了解此700同学，是将来之借助和助人的一大力量，胜过一张文凭而有余。"他还曾制定了一年级学生必须以组为单位进行演讲，开展演讲比赛的规定，并计入学分，以此来锻炼学生的交际能力和口头表达能力。

第四，是培养创业与刻苦的志气。他告诉新同学："在入校开始，必须立一新志向，以求上进，要以一本纯正思想而辨别是非，一定要立定求学计划，以做基础。该计划包括学业之如何研求，体格之如何锻炼，及操行之如何养成，均须有一计划，加以同学间互相慰勉。"

第五，是培养研究中国实际问题的兴趣。北洋的院系有不少就是根据国家的实际需求所设。比如，水利单独设系，和建立航空工程组，目的是解决中国亟须解决的水利和航空问题。

八

李书田说："一个工程学者最低限度应当：办一两桩工程学术事业，以继往开来，或办一两桩工程建设事业，以厚生利用；著述一两本工程书籍，以流传现代工程学术至于将来，方不负前贤之以昔日工程学术由著述而传之现辈；贡献一两篇关于工程学术之创作论文，以增进人类之知识；完成一两件关于工程技术之创作发明，以裨益人类之福利；促进人类相互间之道德，以期光大人之所以为人。斯五者果能兼善，则一个工程学者之立德、立言、立功备矣。"他用一生验证了这段话。

作为教育大家的他所推崇的精英教育理念，其实，我们现在依然需要。很多时候，我们都在讲普及大众教育，而忽视了精英教育。但是，一个国家的发展还是需要精英的。看看世界上的强国，不管是科技、经济还是军事，总是要有那么一些精英来支撑的。所以，李书田的精英教育理念，至今仍有存在的价值。

领袖之师
——文字学家、方志学家黎锦熙

□李海阳

毛泽东有很多位老师。比如，毛宇居、杨昌济、徐特立、王立庵、方维夏等，他们无一不从思想文化和人格品行上给毛泽东以影响。而在毛泽东众多的老师中，黎锦熙的学识和人品，可以说，是数一数二的。他与毛泽东亦师亦友，两人的情谊持续了一生。毛泽东的一生，坚持革命的道路，但是，对黎锦熙的学术研究给予了充分的支持和肯定；黎锦熙的一生，致力于中国语言文字学，但是，对中国革命和新中国有着特殊的感情，两人之间的情谊有着共同的理想基础，超越于政党利益之上，所以成为"可与商量学问，言天下国家大计"的挚友。

抗战时期，一代语言文字学大师黎锦熙曾执教于西北联大，历时九载。他为西北联大撰写校歌，并首次提出西北大学的"陕源"说。同时，西北这片广阔的土地为黎锦熙提供了一个

黎锦熙

新的研究领域。在这里,他结合实际的经验和体会,出版了《方志今议》一书,并参加城固、洛川、同官(今铜川)、黄陵、宜川等地的修志工作,为陕西地方志的建设和发展,为中国方志理论做出了重要贡献。

一、与毛泽东的师生之谊

1911年,黎锦熙以全校第一的成绩毕业于湖南优级师范学堂。毕业后的一段时间,他在长沙可说是一位风云人物,曾参加过孙中山领导的同盟会。同年10月25日,他受聘担任谭延闿的秘书及都督府民政部秘书,因不满当时政府的腐败,只干到11月5日,便坚决辞去职务,在湖南的政坛上只干了10天。之后,黎锦熙主要做了三件事,即教书、办报和编书。他先任《长沙日报》主编,因持论每与当局不洽,报社改组,他也被排挤出来;接着,又创办《湖南公报》,仍任总编,几乎每日写社论、时评。1913年,黎锦熙应湖南省立编译局之聘,负责编辑小学教科书,他把《西游记》和《水浒传》中的部分章节选为课文,还编进了不少白话文的文章,这在当时来说,实在是非同小可,轰动了教育界。1914年,他与杨怀中、徐特立、方维夏等人组织创办了以介绍欧美新书,以及编辑中小学各科教材为主的"宏文图书编译社",先后编辑出版了一系列中小学国文课本。他还与王恩华合作出版了《三十年来中等学校国文选本书目提要》,书中收集介绍了自1908年至1937年间,全国60余种课本,不仅为当时中国语文教科书的改革提供了重要参考和借鉴,对后世语文教材史的研究,也有重要的史料价值。1913年到1914年间,黎锦熙在湖南省第四师范学校担任历史教师,在毛泽东所在的班级——预科第一班教历史课(后"一师"与"四师"合并,改称湖南省立第一师范学校,黎与毛仍为师生)。黎锦熙创新性地利用图表法进行教学,他教历史课,把

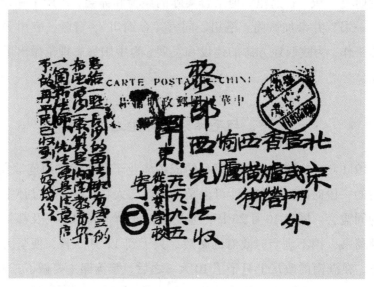

毛泽东致黎锦熙的明信片

历史年代、人物、事件、历史地位和贡献等,用图表法加以排列,学生不用老师多费口舌,便可以把某个纷繁的历史问题搞清楚,在头脑中留下具体深刻的印象。黎锦熙的图样法、纲目排列法,使毛泽东受益匪浅。受此启发,毛泽东发明了一套独特精妙的图样草稿方法,大到中国革命或建设的总体构想(总图样),小到某一方面或某一阶段的规划和设计(分图样),他总是事先用铅笔在纸上勾勒出来,经过缜密的调查、分析和论证后,才形成决议和文件,这在毛泽东留下的不少讲话草稿中都可以看到。黎锦熙只比毛泽东大3岁,两人年龄相仿,加之又是湘潭同乡,彼此之间有很多共同语言,诸多方面投缘,他们虽为师生,却情兼师友。毛泽东关心国家命运,博览群书,这让黎锦熙非常喜欢,认为毛别具一格,并且经常发表言论支持毛泽东的观点。对于毛泽东来讲,他不但在才学上敬佩这位比自己年纪大不了多少的老师,而且在思想见解上也服膺于他,不仅在课堂里向黎锦熙求学问道，还经常利用课余时间到他的住处，共同切磋学术见解，交换对政治形势的看法，探求人生与救国的大道理。在一个时期，他们两人几乎到了须臾不离的亲密地步，这是全校师生人所共知的事。教学之余，黎锦熙与杨昌济、徐特立、方维夏等"一师"的教员一道，组织了"宏文图书编译社"，又附办刊物《公言》，发表公正舆论，抨击教育界弊政，黎锦熙常请毛泽东等学生协助《公言》报馆抄写稿件，并付给他们一定的酬劳。几十年后，黎锦熙回忆说：在湖南办报时有三个青年帮助抄写过文稿，一个是不问文稿的内容，什么都照抄；一个是凡见到文稿，中有问题总要提出来，并有代为润色的时候；一个是看到他不同意的文稿干脆就不代抄。这三个青年对待抄写文稿的态度不同，后来各自的成就也不一样，第一位默默无闻；第二位后来成了著名作家，即田汉同志；第三位成了伟大的人物，就是毛泽东。

1915年9月，黎锦熙赴北京任职，仍与毛泽东有通信联系。到1920年，毛泽东曾六次给黎锦熙写信，称黎锦熙是"弘通广大""可与商量学问，言天下国家之大计"的良师挚友；黎锦熙则言："得润之书，大有见地，非庸碌者"，给予极高评价。1918年时，毛泽东也到了北京，在北大图书馆谋得阅览室雇员的工作。黎锦熙经常到毛泽东的住处问寒问暖。黎锦熙知道毛泽东工资微薄，生活清苦，便对他给予多方照顾，每逢星期日，毛泽东来自己家聚谈时，都会准备一顿丰盛的饭菜，让他打打"牙祭"。考虑到毛泽东烟瘾很大，黎锦熙还会在桌上摆上两包好烟。1919年春节，黎锦熙把毛泽东请到家里一起包饺子。在这里，毛泽东度过了平生第一个具有北京风味的春节。

1920年5月，毛泽东由北京返回长沙，从此开始了职业革命家的生涯，毛泽东与黎锦熙的通信也中断了数十年。在连年战争、特务横行、颠沛流离的年代里，黎锦熙始终冒着危险完好地保存着毛泽东寄给他的书信和《湘江评论》《新民学会会员通信集》等早期革命文献，直到新中国成立后上交给国家，这成为研究毛泽东早期革命思想的珍贵资料。当初，毛泽东主编和出版的《湘江评论》，遭到张敬尧军阀政府的仇视和破坏。《湘江评论》第五号出版时，毛泽东亲自到印刷厂监印。他守在印刷机旁，把刚装订好的一本《湘江评论》第五号装入信封，亲自到邮局寄给黎锦熙先生。等到毛泽东吃过晚饭再去印刷厂时，张敬尧已派兵查抄了全部刊物，并当即销毁了。后来，《湘江评论》第五号，全国仅留下黎锦熙手中唯一的这一本，现陈列在韶山毛泽东纪念馆。

1939年，毛泽东得知多年失去联系的黎锦熙在陕西城固西北大学任教时，特意从延安把《论持久战》一书寄赠给了黎锦熙。接到毛泽东的赠书后，黎锦熙激动异常，立即组织师生研读，并在师生中大力宣传"抗战必胜"的观点。

不久，西北联大文学院院长马师儒返回陕北米脂县老家奔丧，顺便参观了延安的工厂、学校、机关，并谒见了毛泽东，毛泽东得知他是黎锦熙的同事，特意宴请了他，席终还叮嘱道："返回陕南后，代我问候我的老师黎劭西（黎锦熙的字）先生！"马师儒不负重托，返回学校后便在西北联大"总理纪念周"的聚会上公开了此事。

1948年年底，解放军包围了北平，国民党要员纷纷裹胁知名人士乘飞机南下，黎锦熙断然拒绝国民政府要他乘飞机去南京的指示，将通知书撕毁，用地道的湘潭话对家人说："我嘛！我要在咯里等嗒那个唐宗、宋祖都稍逊风骚的伟人呢！"

1949年，北平解放不久，毛泽东从北师大校长汤藻贞处打听到黎锦熙的下落，便驱车到北师大宿舍探望黎锦熙。黎锦熙闻讯已先从家中赶去迎候，毛泽东见了黎锦熙就叫"黎老师"，黎锦熙忙说不敢。几十年后重逢，亲切叙旧。后来，毛泽东请大家吃饭，派人到西单一菜馆要了两桌湘菜。大家请毛泽东坐上座，毛泽东不肯，扶着黎锦熙的胳膊说："这里您最大，又是我的老师，哪里有让学生坐上位的道理。"坚持让黎锦熙坐了上座。新中国成立时,毛泽东还请黎锦熙出席了开国大典。此后,毛泽东多次到黎锦熙家造访,也多次请他到中南海家中叙谈,饭后两人又同在中南海漫步。有一次荷花盛开,毛泽东还特意接黎锦熙同赏。1953年,毛泽东还将他家中的各种珍贵补药,分送给黎锦熙。这一切,对黎锦熙来说,是一种莫大的安慰和鼓舞,但他却从不以此骄人,也从未向毛泽东提出过任何过分的要求。

"文革"期间,黎锦熙的图书资料被查封,研究工作一度被迫中断。红卫兵冲到黎锦熙家想抄他的家,黎锦熙不动声色,让红卫兵看看他书桌上的那些书信。红卫兵一看,全是毛主席的亲笔手书,立即毕恭毕敬地将信原封不动放好,退出黎家,再也不敢来冒犯。1972年,当得知黎锦熙工作和生活条件不好时,毛泽东又亲自将朝阳门北小街46号——一所四合院批给他居住,从而使他有了一个更好的治学环境。

二、黎锦熙在西大

1937年夏,国立北平师范大学、国立北平大学和天津的北洋工学院流亡西安,合组为国立西安临时大学,黎锦熙随同北平师大迁往西安。1938年春,西安临大迁往汉中,改名为西北联大,黎锦熙亦随之来到城固小县。黎很有感慨,他说,过去对这些边远省区,只是在讲堂上了解一些,很肤浅,而今身历其境,觉得中国真是地大物博。因此,他认为,文化人的第一步工作就是要给所在的地方修县志。从那时起,黎锦熙涉足陕西地方志的修撰工作,得到城固县长余正东的热情支持,被聘担任编修方志总纂,为陕西地方志建设和中国方志理论做出了重要的贡献。首先,他编撰了《城固县志续修工作方案》(又名《方志今议》),这成为黎锦熙方志理论的奠基性著作。其理论的核心体现在他所提出的修志"四原则"和取材"三宗"。四条原则:①

城固县博物馆所藏黎锦熙的《方志今议》

明"三术"(续新篇之术、补正缺遗舛误之术和创新之术);②立"两标"(地志之历史化和历史之地志化);③广"四用"(方志的科学资源、地方年鉴、教学材料和旅行指导四种功用);④破"四障"(破除旧志中的类不关文、文不拘体、叙事不立断限、出版不必全书等四个弊端)。"三宗"即方志材料来源的实际调查(发展为方桌访问)、档案整理(发展为报告抄送)、群书采录(发展为剪贴)。这些理论形成一整套体系,开创了民国时期新型方志的先声。根据这些理论,黎锦熙于1942年至1944年,先后撰成《洛川县志》26卷、《同官县志》32卷、《黄陵县志》21卷、《宜川县志》27卷等8部陕西地方县志,并相继

國立西北聯合大學校歌

並序連襞，卅載燕都迥；
聯輝合耀，文化開泰隴。
漢江千里源嫓冢，天山萬仞自卑隆；
文理導愚蒙，
政法倡忠勇；
師資拯民窮，
實業樹人表；
健體明醫弱者雄。
勤樸公誠校訓崇。
華夏聲威，神州文物；
原從西北，化被東南；
努力發揚我四千年國族之雄風！

黎錦熙　民國二十七年秋

国立西北联合大学校歌

國立西北大學校史

黎錦熙

（正文略）

— 1 —

黎锦熙撰写的《国立西北大学校史》

铅印出版。当时的陕西省政府主席邵力子认为他的新志,"不仅依次续编,而且应时创格,实已踏入科学方法的途径,而富有时代精神的特色,这是更值得赞美的"。城固县博物馆如今存有《方志今议》的单行本。其中有一本非常珍贵,上有许寿裳的题字。那时,西北联大历史系也正在从事汉代张骞墓的发掘工作,并竖立《增修汉博望侯张公墓道碑记》,请黎锦熙书写,他在写碑文时,使用了新式标点符号。

黎锦熙在西北联大国文系出任系主任,无疑是执牛耳者,在全校范围也有着举足轻重的积极影响。

1938年秋,他受命撰写了《国立西北联合大学校歌》,歌词是:"并序连黉,卅载燕都迥。联辉合耀,文化开秦陇。汉江千里源嶓冢,天山万仞自卑隆。文理导愚蒙;政法倡忠勇;师资树人表;实业拯民穷;健体明医弱者雄。勤朴公诚校训崇。华夏声威,神州文物,原从西北,化被南东。努力发扬我四千年国族之雄风!"歌词前六句,追溯西北联大的前身北师大、平大、北洋工学院都创立于光绪末年,此时已有四十年,因时势所迫,遂联为一体,由平津迁来西北,又从西安转移到汉中,自当为开发西北文化尽力,尔后,说不定还会向新疆进发呢。当时,也确实有过讨论,一旦陕西被日军占领,西北联大将迁往新疆。据黎锦熙介绍:"初议迁,所向不能决。余谓若具远略,宜指西北,度陇屯甘凉,趋新疆,是为左宗棠路线。若避入蜀,是为唐明皇路线。迁陕南,是为唐德宗路线。仅少西移,则为杨贵妃路线矣。然此时新疆道阻且长,固不能往;惟校名西北,终不可忘情天山也,行远自迩,登高自卑,当脚踏实地以图之,故曰'天山万仞自卑隆'也。"中间六句,介绍联大的内部实力和校风,学校设有文理、法商、师范、农、工、医诸学院,"公诚勤朴"四字是联大常委会议正式通过的校训。后来,据蒋介石训词,全国高校统一以"礼义廉耻"为校训,西北联大则仍坚持培养"公诚勤朴"之校训。结句五句,表明学校的使命和目标所在,西北现在虽然落后,追根溯源,中华文化最初是从西北肇始，逐渐影响到西南的，结尾落到西北联大应以继承和发扬中国传统文化和中华民族精神为崇高使命。这首校歌经联大常委会议决议修正通过后，已托作曲家制谱，却因学校改组，联大易名，终告流产。

黎锦熙心有不甘，情有独钟，遂于1944年5月在城固，以歌词为纲，撰写了一部简明的《国立西北大学校史》，每句歌词就是一个小标题，以具体、详尽而又凝练的笔触，抒写了西大的方方面面，成为了解西大校史的经典性文献。这部黎锦熙的《国立西北大学校史》是关于"西北大学两源说"的最早表述。同时，记述了陕源的西北大学和京源的北平大学、北平师范大学和北洋工学院的历史源流，并指出"此非但西北大学之导源，亦中国现代史上大学教育之概观也"。

黎锦熙在书中将西北大学的"京源"溯至北平大学法商学院的前身，即清光绪二十八年（1902）京师大学堂恢复后始设的速成科仕学馆，后经京师法政学堂（1906）、北京法政专门学校（1912）、京师大学技法科（1927），直至国立北平大学法学院（1928），相沿极为清晰，使"京源"西北大学第一次出现在正式校史中。

1939年8月，西北联大改为西北大学，师范学院独立为西北师院，后迁往兰州，黎锦熙任该校教务主任。因交通、住房等问题一时解决不了，决定分年迁移，兰州暂定为分院。当时在兰州，学校的生活是比较艰苦的，各方面条件也差，但黎锦熙仍在孜孜不倦地从事汉字改革工作。有学生认为，搞国语运动浪费时间，因此去请教他。他回答说：人活着要为最大多数人谋最大的幸福。这样，人生才有意义。中国文盲多，我们做学术就要从这个角度去考虑，为老百姓做启蒙运动。学生们又问："先生是部聘教授，声望地位都很高，哪儿都可去，为什么偏偏要把这块金字招牌挂在这个地方呢？"他耐心地答道："这个地方落后，需要人才，而师院是培养人才的，我为什么不把这块招牌挂在这里呢？"他的一席话，使学生们深受教益。

三、在语言文字上的贡献

黎锦熙虽然对中国革命和新中国有着特殊的情感，但主要精力还是放在学术上。他曾任北京高等师范学校、北京女子师范大学、北京大学、燕京大学国文系教授，并先后三次出任北京师范大学校长。他性格谨慎，含蓄沉稳，选择了最为冷僻的语言文字学作为自己终身的研究方向，在中国语言学史和语文现代化历史上，主要的贡献表现在现代汉语语法学、国语运动和辞典编纂三个方面。

1915年，黎锦熙任北京政府教育部教科书编审处编审员，黎锦熙和陈懋治等人认为，当时最紧迫的问题是文字问题，因此，分别写文章，倡导改革文字。1916年，黎锦熙倡导组织了"中华国语研究会"，他为该会拟定的宗旨是：（1）国语统一，即规定标准语。我国地域广大，人口众多，方言复杂，需要进行国语的统一。（2）言文一致，即普及白话文。1920年，黎锦熙和中华国语研究会同仁共同努力，促成教育部改定小学的"国文科"为"国语科"，下令全国废除小学"读经"，并以白话文取代文言文，实行了言文一致。

1925年，教育部再次议决小学读《孝经》，黎锦熙无比激愤，当即公开上书教育部反对"读经"。同年，黎锦熙更以惊人的气魄，发动浙、皖、苏三省的"焚烧小学文言文教科书运动"，以坚持五四运动以来的革命传统，捍卫新文化的成果。在他不懈的努力下，以后的几年，初中、高中的"国文"也改为了"国语"。

1918年以后，以鲁迅为首的新文学作家，创作了《狂人日记》等一大批反封建的白话文学作品，"国粹派"却说，白话文学作品虽有"文学"，却无"文法"，有"文"无"法"终是无以"文"。1920年，黎锦熙在北京高等师范国文系首创讲授"国文文法"，用大量例证阐明白话文不仅有"法"，而且其"法"缜密，足以指导"文"。后来经

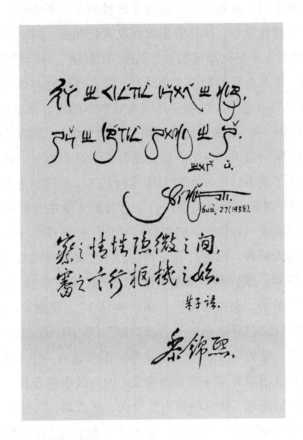

黎锦熙的题词

过反复教学实践，丰富内容，整理成册，他又于 1924 年出版了《新著国语文法》，这部以"国语"命名的语法著作，借鉴英语语法，发掘汉语的特点，第一次科学地、系统地揭示了我国白话文内在的语言规律，称为"黎氏语法体系"，此书刚一出版，即轰动全国，大中小学无不争先恐后采用，至 1959 年已再版了 24 次之多，产生了深远的影响。1926 年，全国国语运动大会在北京召开，黎锦熙发表了《全国国语运动大会宣言》的长篇讲演，并作了一首寓意深刻的《龟德颂》，以"任重能背,道远不退;快快儿地慢慢走,不睡!"等诗句来勉励与会者。就在这年,他受中华教育改进社嘱托,创编了中英文对照的《国语四千年来变化潮流图》,采用"图解法",将我国语言文学的发展源流、来龙去脉勾勒得十分清楚,极富有特色和创造性,该书作为中国教育展品之一,送往在美国费城举办的世界博览会,荣获奖章、奖状。1934年,黎锦熙出版《国语运动史纲》,总结近现代以来的国语运动,阐明有关理论、方法,是为国语运动史上一部重要的著作。笔者购买了商务印书馆新近再版发行的《国语运动史纲》一书,黎锦熙在书中,对简字运动时期注音字母与新文学联合运动时期的国语研究会、国语统一筹备会,国语罗马字与注音符号推行时期、运动时期的《中国大辞典》编纂处等,都进行了生动细致的介绍。

1923年,黎锦熙与刘复、钱玄同、赵元任等11人组成国语罗马字拼音委员会,创拟和推广"国语罗马字",研制和推行汉语拼音方案,草拟汉语拼音字母——"双拼制"(草案),准备将来进行文字改革。当时,黎锦熙发表了《汉字革命军前进的一条大道》,强调了词类连写对汉语拼音文字的重要意义,因为汉语同音异义词太多了,如果按文法的条理,使它联结为复合词、多音词,就解决了中国人最不习惯的拼音制问题。1928年,蔡元培任大学院(即教育部)部长,公布原先未获北洋政府教育部批准的"国语罗马字拼音法式",从此,国语罗马字正式诞生。抗日战争时期,日本帝国主义侵略势力深入我国内地,为了更有效地推行国语,搞好文字改革和扫盲工作,黎锦熙还创造性地设计了有注音字母的汉字铜模,来印刷识字课本和民众读物,以此唤醒民众一致抗日。抗战胜利后,100多位受过严格训练的"黎门弟子"前往台湾推行国语。同时,将那套注音汉字铜模也运往台湾。据说,现今台湾省的1000多种儿童读物及台湾省第四大报纸《国语日报》仍使用这种铜模印刷,这对台湾的国语推行起了很大的作用。1958年2月,《汉语拼音方案》经过第一届全国人民代表大会第五次会议批准，正式公布。从此，汉字改革进入了一个崭新的时期，黎锦熙为之奋斗数十年的理想，终于实现了。

除了"语音""语法"的改革外，在"词类"方面，黎锦熙也做出了重要成就。他创建了《中国大辞典》编纂处，进行大、中、小型辞典、字典、韵书的编纂工作，认为这是为推广普通话，促进汉语规范化最直接最有效的手段。《中国大辞典》编纂处的目标是"对于中国文字做一番根本的大改革，因而不能不给四千年来语言文字和它所表现的一切文化学术等等结算一个详密的总账"。"规模务求大，材料务求多，时间不怕长，理想尽高远。"可以想到，在当时国民党统治下，以极其有限的经费、人力与资料，是无法实现这一宏伟设想的。即使如此，黎锦熙等人还是写了不少论著。据1934年统计，他们所撰写的论著共有296种，约600卷。黎锦熙所撰写的《审音通说》《论"将"》《说"把"》等论文，及《国语运动史纲》《比较文法》等专著，都是利用该处资料写成的，此外，《佩文新韵》（与白涤合编）、《中华新韵》（与魏建功等合编）、《国语辞典》及《汉语辞典》等多种辞书专著，也先后出版。

1949年2月，毛泽东指定黎锦熙、吴玉章、范文澜、成仿吾、马叙伦、郭沫若、沈雁冰等7人组成"中国文字改革协会"（国家语言文字工作委员会前身），由黎锦熙任常务理事会副主席、汉字整理委员会主任。黎锦熙也不负众望，先后参加了制订汉语拼音方案、简化汉字、推广普通话、汉语规范化等大量的工作，公布了三批简化汉字，制订了汉语拼音方案，并著有《国语新文字论》《论注音汉字》《词类大系》《字母与注音论丛》《文字改革论丛》等专著，达到了他学术生涯的巅峰状态，为中国的文字改革事业做出了巨大贡献。

一生服膺于"勤、恒"二字的黎锦熙，坚持写日记70多年，他的日记也很有特色，12岁起写日记，一直写到89岁临终前，从未间断。日记内容包括当时的国内外大事、学术流变、人物品评、社会生活和工作情况等各方面，记述或详或略，有珍贵的史料价值。日记的文字形式不一：开始用文言体，写行楷汉字；到1920年改用语体，写注音符号；1926年改写国语罗马字；1958年改用汉语拼音方案书写；1972年以后，一直用他自创的汉语双拼草案书写。可见，他写日记不仅是为了记事抒怀，而且是利用写日记做文字改革的实践，检验各种拼音方案的优劣，从而不断地改进。此外，黎锦熙题词时，也是用罗马字拼音来书写。

  1972年，黎锦熙已是83岁高龄的老人了。可是，他还在不停地工作，即使是在生病输液的时候，也继续逐字逐句地审订文稿。黎锦熙1919年曾为自己撰联一副："终身文字改革，豁出去了；个人环境毁誉，满不在乎。"到了1975年，他86岁寿诞时，又将这对联略改几字云"已拼生涯，豁出去；何嫌毁誉，满不在乎"。这位五四运动的先驱者，为了文字的改革，他是奉献了自己整整一生的。当1976年9月9日毛泽东逝世的噩耗传来，黎锦熙悲痛万分，身体日渐衰弱。1978年3月27日夜间，黎锦熙因心脏病发作，不幸病逝于书桌旁。临终前，他的手中还紧紧攥着一份未及改完的在北京地区语言学科规划会上的书面发言稿……当我们现在每天写着简便规范的简化汉字，使用拼音输入法轻松打字、上网留言，充分享受信息时代的便捷时，我们不应忘记黎锦熙先生在艰难的岁月里为所有这一切做出的巨大功绩。

退出政治之后
——哲学家、经济学家罗章龙

□李海阳

在西北联大的教授中，罗章龙的名气非常大，上了年纪的人都知道，他被永远开除党籍，有过"另立中央"之举。除了政治上的起伏波折外，罗章龙又是学术上确有建树的学者。在离党之后，他转向教书，先后在河南大学、西北大学、湖南大学等校任教，潜心研究经济史学、哲学，对党史、工人运动史卓有贡献，他是中国最早翻译《康德传》的学者，撰有被学术界严重忽视的本体论专著《全元论》，他是最早系统研究中国古代经济史的学者，对这一学科有奠基之功。他对党史提供的史料，是中共早期活动史的重要文献之一。

一

罗章龙 1896 年 11 月 30 日出生于湖南浏阳东乡沔江村一个世代农家，父亲长年外出做工。他少年时就读于家乡的狮山小学、南台高小。南小是进步师生集中的地方，校长刘人熙原是爱国志士谭嗣同、唐才常的老师，他们的品行影响着后学，罗章龙在这所学校里得到许多优秀教师的指导，鼓舞他"要做好人，须得好友"。1912 年，罗章

罗章龙

龙考入长沙第一联合中学（长郡中学）就读，至 1916 年毕业。

少年时代的罗章龙喜欢交友和游历。1915 年夏的一天，罗章龙在长沙第一联合中学内看到一则"二十八划生征友启事"，启事中邀请有志于爱国工作的青年和他联系，指明要结交能刻苦耐劳、意志坚定、随时准备为国捐躯的青年做朋友，并云："愿嘤鸣以求友，敢步将伯之呼。"读完启事，罗章龙颇为感动，遂作书响应，按照启事的联系地址寄去一信，信末署名纵宇一郎，之后很快接到回信，约定见面的时间和地点。几天后，两人在定王台湖南省立图书馆见面，在交谈中，罗章龙方得知征友者为毛泽东，二十八划（画）乃其名字的笔画数。两人谈了有两三个小时，毛泽东表示：我们谈得很好，愿结管鲍之谊，以后要常见面。

此后数年，罗章龙和毛泽东经常结伴而行，步行参观了长沙周围很多名胜古迹。有时，毛泽东单独出游，回到长沙，就情不自禁地找罗章龙叙谈观感。这一时期，毛泽东还邀请罗章龙一同步行从长沙回到他的家乡——韶山，沿途他们化装做乞丐，走村串户，以锻炼体魄，体验穷苦人的生活。通过这一段时间的接触，罗章龙从毛泽东的言行中获得了许多新思想、新知识，他们之间的友谊也随着时间的推移而日益深厚。

1918 年 4 月，由毛泽东、蔡和森和罗章龙等人发起的新民学会正式成立。学会成立后，即决定派罗章龙等 3 人去日本学习。临行前，学会在长沙北门外的平浪宫聚餐，为其饯行，毛泽东到码头送行，并赠罗章龙《送纵宇一郎东游》诗，其中云："沧海横流安足虑，世事纷纭从君理。"

罗章龙到达上海后，购买了前往日本神户的船票，正待出发，忽闻东京发生日本警察迫害中国侨民的事件。听到一些从日本回来的留学生控诉日本反动军政当局的暴行后，罗章龙激于义愤，乃退票登岸，决定返湘，中止了日本之行。

回到长沙，罗章龙和毛泽东等 8 名新民学会会员，于当年 8 月至北京，做会员赴法勤工俭学的准备工作。当时，他们借住在景山东街三眼井吉安所夹道 7 号，半年多时间，8 个人挤在三间很小的房子里，隆然高亢，大被同眠，连翻身都得先同两旁的人打招呼，但却心向未来，充满改造国家的激情。此后，罗章龙考入北大德文预科，再升入哲学系。为了解决生活和驻京会务事宜，经杨怀中先生推介，毛泽东进入北大图书馆当助理员。

为组织和发动湖南的自治运动，毛泽东于 1919 年 4 月回到长沙，罗章龙仍在北大学习，兼理新民学会有关会务，并逐渐成为北大学生运动的中坚，受到蔡元培、陈独秀、李大钊的赏识。"五四"当天游行至赵家楼曹汝霖住宅时，罗章龙和其他四五位学生搭人梯，从窗户跳进曹宅，放进潮水般的学生，痛打了躲在宅内的章宗祥（曹汝霖不在家），又放火烧了赵家楼。事后，罗章龙即写信将北京"五四"发生的情况告诉毛泽东，毛泽东亦回信告知他湖南驱张运动的新形势。就这样，在长期的革命活动中，他俩南北呼应，书信联络，或叙友情，或谈国事。1927 年 8 月以后，两人以中共中央委员身份回湖南组织武装斗争，毛泽东即赴铜鼓指挥军事，罗章龙坐镇长沙，准备里应外合占领省城，这就是历史上有名的"秋收暴动"。

1931 年的中共六届四中全会后，罗章龙被开除出中央委员会、开除党籍，背上了"另立中央"的罪名。时隔 18 年，罗章龙在给毛泽东的信中写道：自从离开党到现在，没有加入过反动的国民党或三青团,没有做过国民党的官吏,没有加入过其他反革命党派,没有加入过假革命的政治党派团体,"这样终于保持了共产党员的操守和清白"。对罗章龙历史上的问题,毛泽东生前一直没有改变说法,1971年8月间的党内谈话中还说:"罗章龙,右派,另立中央,分裂党,也没有得逞。"但对老友离党后的表现,毛泽东还是关注的。

1949年10月14日,毛泽东就罗章龙来信电示湖南省委:"湖南大学教授罗仲言即罗章龙来信申诉他自被开除党籍后17年中从事教育和著述工作的成绩,说他并无危害党和革命的行为,请派人至湖南大学调查是否确实属实电告。"(见《建国以来毛泽东文稿》)我们没有见到湖南省委的调查报告。但此后不久,罗章龙前往北京,毛泽东让身边的杨尚昆送他了一本东北版的《毛泽东选集》。1964年,有关领导奉党中央主席的指示还要为罗章龙建造安度晚年的住房,因"文化大革命"而未施工。

二

从新民学会成立,至1930年前后,是罗章龙革命生涯最活跃的时期。在北京大学期间,他开始直接攻读欧洲社会主义思潮的原著,和同学一起试译《共产党宣言》,以及有关十月革命的文章,全文翻译了德文版的《康德传》一书。从1920年开始,罗章龙是"北京大学马克思学说研究会"的发起人之一,在共产国际代表的指导下,与李大钊等人共同组织进步师生,宣传马克思主义思想,是参加党的创建的活动家之一。之后,又任中共北京大学支部书记、中共北方区委委员,兼中国劳动组合书记部北方分部主任,先后参加领导了1921年年底的陇海铁路大罢工、1922年长辛店8月大罢工和10月开滦五矿大罢工等。1923年,京汉铁路大罢工中,罗章龙为全线总指挥,亲临罢工前线指挥。在长辛店,他中弹负伤,经纠察队救护,才突出重围。脱险后,他坚持北京区委工作,处理"二七"善后事宜,在险恶的环境下,夜以继日地赶写出10万字的《京汉人流血记》,当年3月,即在北京出版,后又重印7次,共发行约15万册,是中国最早的详尽报道"二七"罢工的重要文献。党的"三大"至"六大",四次代表大会上,罗章龙均被选为中央委员或候补委员,曾与陈独秀、毛泽东等共同主持中共中央的工作。1928年中共"六大"后,再次被任命为中央工委书记,主持全国总工会,主编过全总机关报《中国工人》和《劳动报》《斗争导报》等,并编著了《1928—1930年中国职工运动状况》和《工人宝鉴》。

可是,在1931年,罗章龙的人生拐了一个很大的弯。众多的中共党史著述中都提到:1931年1月7日,中共扩大的六届四中全会在上海秘密召开。这次会议是由共产国际东方部部长米夫一手策划和操纵的。在参加会议的正式代表根本不足法定人数的情况下,会议最后通过了米夫事先拟定的补选中央委员和中央政治局委员名单,王明被直接增补为中央政治局委员。米夫的做法激起了罗章龙、史文彬、何孟雄等从事革命实际工作的一批干部的强烈不满。而在不多见的材料中又有记载,四中全会之后,米夫又召集会议,在压服反对派不成功时,他恼羞成怒,口头宣布开除所有持反对意见的同志的党籍。

在这样的情况下,罗章龙、史文彬、何孟雄、林育南等人连续召开会议,通过了罗章龙执笔的《力争紧急会议反对四中全会的报告大纲》,递交"致共产国际的抗争信",并散发"告同志书"等。此时,何孟雄、林育南等30多人遭叛徒出卖被捕入狱,罗章龙等人认为,这是由王明一派造成的,党内斗争进一步激化。

1931年1月17日,罗章龙掌控下的中华全国总工会在上海召开党团会议。会议宣布成立由罗章龙、徐锡根、王克全、何孟雄、王凤飞5人任常委的"临时中央干事会"(此即后来人们通常所说的"第二中央"),罗章龙任"书记"。1月27日,当时中共中央政治局的王明等人做出《关于开除罗章龙中央委员及党籍的决议》和《关于开除王克全同志中央政治局委员和中央委员、王凤飞同志中央委员等问题决议案》。随后,他们又宣布开除王克全、徐畏三、吴雨铭等人的党籍。

　　罗章龙虽然和他所反对的王明一起成为中共党史上的重要人物,但他的情况与王明大有不同。王明的错误路线后来虽遭到清算,可他一直留在党内,1945年的"七大"、1956年的"八大",均选王明做中央委员,但他担任的实际工作很少;而罗章龙再也没有回到党内,却在晚年承担着党交给他的主要任务,担任中国革命博物馆顾问,负责鉴定党史资料。事过多年,党史上许多有争议的人物、事件和积案,被清理出了头绪,有了新的结论。但是,对罗章龙的问题并没有新的结论,其中主要原因是:党为了维护自身的团结和统一,有一条必须遵循的组织原则,就是"在任何情况下,都不许用其他形式的组织取代党委会及其常委会的领导"(见《关于党内政治生活的若干准

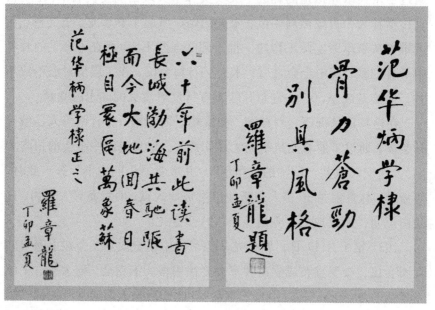

罗章龙手迹

则》)。罗章龙虽被开除党籍，但党内许多领导，如毛泽东、胡耀邦，后来在生活上还是对他很关照。

离党之初，罗章龙先去东北，隐匿生活。同时，想在东北开展抗日工作。但其处境十分困难，积劳成疾后，不得不折回上海，一面养病，一面专心搜集国民经济学资料。1933年，在一次赴商业图书馆查阅资料时被捕入狱，经蔡元培等奔走营救，关押一年半后获释。

三

1934年秋天，罗章龙至开封河南大学经济系任教，改名罗仲言，先为教授，后兼系主任，致力于为国家培养人才，着手对中国经济史的研究。

在人生的转型期，罗章龙的政治热情并没有完全消失。他与撤到大西北的东北军关系密切。张学良曾专程去开封拜访过罗章龙。罗章龙带学生去西安实习时，张学良还亲自驾驶飞机，陪他在空中观赏华山风光。根据不同角度的史料做印证，史学界也注意到，罗章龙对西安事变的发生，有过不可忽视的影响，主要是通过张学良身边亲信黎天才去起作用，黎曾经是罗章龙的得力助手，罗章龙成了西安城外唯一预先得知西安事变将爆发的"知情人"。

抗战全面爆发后，罗章龙离开河南大学，绕道武汉、重庆，来到汉中城固，在西北联大和西北大学工作了将近10年。作为学者的罗仲言，西北大学的学生们只知道他是留德的资深经济学教授，并不了解他就是大名鼎鼎的罗章龙。罗章龙勤于治学，能诗善文，却拙于言辞，木讷质朴，蔼然学者风，课间为学生解惑释疑，常急得面颈泛红，犹结结巴巴无法尽其意。他个头不高，戴着深度眼镜，在课堂上也一口湖南腔，偶尔还闹点笑话。比如，他说"威尼斯商人都是做生意的"，这句话曾经成为同学们的课余谈资。虽然如此，大家仍公认他为西大经济系的台柱,奠定了经济系的基础,他对经济学有精湛研究,尤其专攻经济史学。他的学术见解深刻而独到,以李斯特的国民经济学为蓝本,而对英国古典学派批判较多。在经济理论方面,大体言之,是反对个人主义而提倡国家主义,反对自由政策而提倡保护政策,他强调国民生产力的培养应为国家财富之本。

罗章龙在城固时的一位学生刘淑端曾回忆,罗老师当时开两门课,一是讲经济学原理,二是讲中国的国民经济史,主要讲华夏社会形成国家形态几千年以来的经济运行,是利用史籍资料追踪国民物质生活的记录。他说是国计民生的"总传记";他很重视经济史学研究的方法,向学生介绍如何为科学发展定准绳,把学术视为人类理性思维的过程,是集人类多数智慧的合成。刘淑端与老师罗章龙的关系很好,她后来在西大经济系任教授,现已近 90 高龄,罗章龙去世后,她还一直在生活上帮助罗章龙的孙女,如今她保存着大量关于罗章龙的书信、论文及书籍等。一些听过罗章龙讲课的学生也曾说,他讲中国经济史这门课很有独到见解,他把历史上的著名人物,如秦始皇、曹操、王莽、王安石一一列举,就他们在变法改革中对国民经济所起的作用及得失给予中肯的评价,同学们听后感到既新鲜又合乎情理,大大激发了大家的民族自豪感和自尊心。

罗章龙早年曾就读于北京大学哲学系,还去欧洲游历过,在德国如同访问学者,打下了坚实的哲学社会科学功底,进入中年又倡导"全元论"这种哲学思想,这是他探索哲学体系时带独创性的尝试,通俗来讲,就是认为各种学术思想错综复杂,互相通联,互相完成,互相为用,强调"全面"观察事物的重要性,其核心思想是坚决反对"孤元",进而又认为,"多元"离"全元"尚有一步之遥。

在城固教书时,罗章龙远离政治,潜心学问,他把城固称作自己的"第二故乡"。在此期间,他最重要的学术成果是完成了《中国国民经济史》和《经济史学原论》等著述。《中国国民经济史》于 1944

年由商务印书馆出版,史料翔实,见解独到,建立起独特的中国经济史研究体系,精辟地阐明了中西经济史发展的关系,国内出版界及经济学和史学方面的专家给予了高度评价,视其为"近年出版中国经济史之佳构",国学大师钱穆、著名经济学家马寅初及著名史学家顾颉刚等皆有嘉评,该书还获得当时教育部学术审议会奖金,并被教育部列入"大学丛书"。《中国国民经济史》可说是罗章龙从政界转向学界的里程碑式的成果,他有一首题自著《中国国民经济史》的诗,记述感怀。

    史学荒伧几究心,扣盘扪烛哪堪寻,
    博闻约取寻常事,巨眼凭谁识古今。

  1947年12月,应胡庶华邀请,罗章龙乘飞机离开西安,前往长沙岳麓山湖南大学任教,继续经济史等方面的教学和研究工作,并著有《近代欧洲各国经济政策》一书。1950年12月,罗章龙编著的《社会主义国民经济计划原理》正式出版,受到了全国高校、干部学校和政府经济计划部门的重视,到1951年5月,连续3次印刷仍供不应求。1953年8月,因全国高等学校院系调整,他从湖南大学经济系调到刚刚创办的中南财经学院计划系。在中南财院,他继续讲授国民经济计划原理,成为国内这一专业的著名教授。

四

  罗章龙记忆力非常好,尤其对早期革命生涯的记忆"历历在目"。他养成了随想随记的习惯,信封上、报纸上都有他用笔记下的某个历史片段。有时半夜突然醒来,也会抓起笔来记录,之后又沉沉睡去。他在城固十年之余暇中,便积稿成帙,初步整得30万字文稿,这是他第一阶段回忆党史的成果。到湖南大学任教以后的数年里,又走访秋收起义诸遗迹,并与一些健在的革命战士、英烈遗属见面,共同回忆当年的战斗情景，又写了一些资料。1953年以后，罗章龙结合当年兼任汉口市委书记、中共湖北省委宣传部主任的亲身经历，开始对大革命时期武汉政府、中共湖北省委和汉口市委有关的许多旧址进行访问，回忆亲历往事，同时大量收集史料。至20世纪60年代，他将手书整理的全部稿件分订成十几册，当时无法印行，精心保存在家中。"文革"期间，罗章龙珍藏了多年的文稿，以及一些历史原版照片，被红卫兵抄家抄走，此后无踪无影，甚为惋惜。

1978年，在中南财经学院的罗章龙，表示愿在有生之年把亲身经历的党史情况回忆写出来，留给后人参考，希望有关方面能在工作上给予一些帮助。当年5月，中共湖北省委宣传部会同湖北省委党校、湖北省革命博物馆、武汉大学等单位，特邀罗章龙主讲有关党史问题，历时一月有余。罗章龙当时身体比较健康，行动自如，头脑清晰，声音洪亮，谈起往事，如数家珍，一点不像80多岁老人的样子。这年9月，他又应邀赴北京，参加由李维汉主持、由中国革命博物馆和全国政协文史委员会联合举办的大革命时期党史问题座谈会，直到春节才结束。

1979年6月，罗章龙奉调进京，任中国革命博物馆顾问，具体工作就是鉴定革命文物，接待来访的研究党史的同志，答疑咨询。在一些同志的敦促建议下，罗章龙在原有回忆的基础上，补充、整理完成了一部《椿园载记》，此书约23万字，内容包括：新民学会、五四运动到北方历次大罢工，以及中共"三大"、中央执委会等等，提供了生动、具体、客观的第一手党史资料，十分珍贵。《椿园载记》一版再版，胡乔木生前给予很高的评价。

罗章龙的晚年，被看成中共早期党史的"活字典"，许多问题别人说不清，却被罗章龙迎刃而解。如北京大学仅存的8本关于社会主义理论的书籍，都盖有"亢慕义斋"的图章，这四字何意，一直是党史研究之谜，罗章龙到京后才破译"亢慕义斋"即"共产主义小屋"。

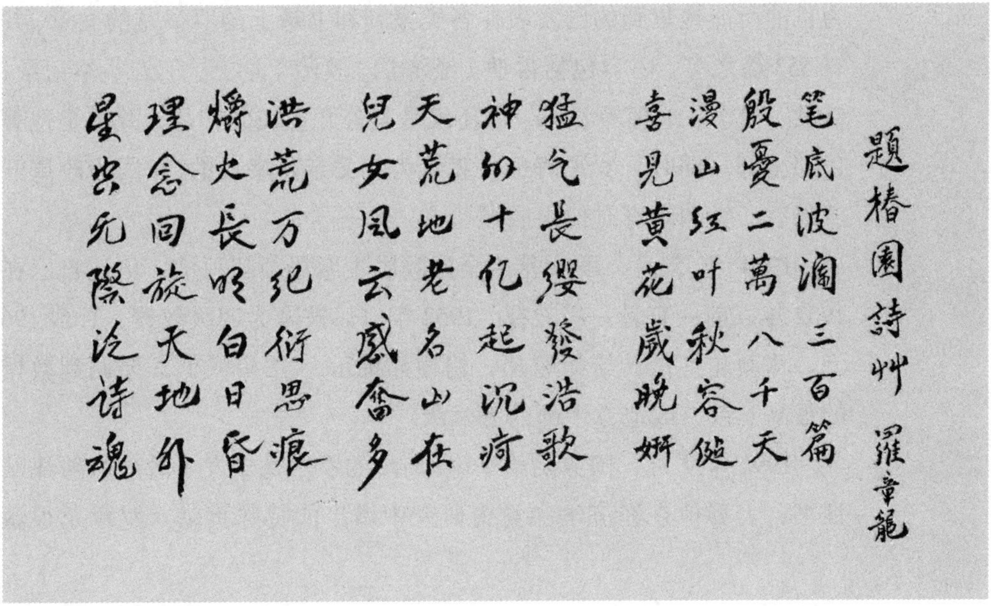

题椿园诗草　罗章龙

笔底波澜三百篇
殷忧二万八千天
漫山红叶秋容淡
喜见黄花岁晚妍
猛气长缨发浩歌
神州十亿起沉疴
天荒地老名山在
儿女风云感奋多
燎火长明白日昏
理念回旋天地外
洪荒万纪衍思痕
星虫无际论诗魂

罗章龙手书《题椿园诗草》

他还对党的生日做了细致的考证，认为北京建党小组的活动时间始为1920年5月，并不是党史书上所写的10月。他向组织证明，著名报人邵飘萍为共产党人；也使蒙尘的"二七"大罢工中的英烈张英韬得以昭雪。湖南秋收起义中的行动委员会，党史书上略而不详，罗章龙作为当事人，具体回忆了行动委员会的组织和活动。他还对他参加党的"六大"的经过做了详细回忆，大量揭露后来叛变的向忠发的丑恶行径。

<h2 style="text-align:center">五</h2>

罗章龙一生的著述颇丰。我们在编写此篇文章时，联系到了罗章龙的儿子罗平海先生。罗平海为我们提供了一份《罗章龙著述目录》，

为目前所能搜集到的已发表在各类报刊和书籍上的罗章龙的文章,共有553篇之多。内容包括哲学、经济学、政治、党史、工人斗争记录、诗歌、文学、地理等各类,这还仅是其公开发表的作品,并不是他著述的全部。同时,罗平海也一直认为,父亲是幸运的,"因为改革开放以后,党和政府对他很照顾"。

1984年5月,罗章龙给全国政协主席邓颖超写信,申述自己在1952年以前一直是一级教授,1952年以后被降为四级教授,月薪196元。邓颖超把信转给胡耀邦,胡耀邦批示:"工资太低,要调到教授的最高一级,或地方干部的五六级。"

1991年7月,国务院给96岁高龄的罗章龙颁发了政府特殊津贴证书,表彰他在经济学和党史研究中做出的特殊贡献。罗章龙很激

1978年罗章龙(右一)、萧三(前排左一)、乐天宇(二排中)同访李大钊故居

动，认为这是党和政府对他工作的肯定和鼓励，他嘱咐罗平海："你召集人来，我们还要对一些事情再研究，趁我记忆力还好……"

罗章龙为抢救党的历史资料工作付出了巨大的心血。与此同时，他的生命力也在逐渐衰弱。去世之前，曾三次病危。但他始终不忘自己的人生追求与信念，当革命博物馆的领导问他有无遗嘱时，他艰难地拿笔写下："共产主义是个伟大的事业。我的主义不变！"

1995年2月3日，罗章龙因病医治无效，在北京逝世，享年99岁。罗平海先生曾说，父亲长期以来有两个愿望：一个是希望身后陪伴李大钊同志，另一个是希望改变"分裂党"的结论。罗章龙有着一股湖南人特有的倔劲，一直希望理解，等待理解。

遵照罗章龙生前留言和家属意见，丧事从简，不举行追悼会，不举行遗体告别仪式。

新华社1995年2月21日发通稿，充分肯定了这位革命老人在晚年在抢救和搜集整理党史资料工作中所做出的巨大努力；《人民日报》2月22日转发新华社电文600字，简要概述了罗章龙的生平，两者都回避了被开除党籍这一影响其一生的重要问题。2月21日上午9时，在北京医院小型告别厅内，有关部门领导及亲友百余人为罗章龙送别30分钟，全国政协主席李瑞环委托副主席杨汝岱、中央统战部部长王兆国委托副部长刘延东参加送别。此前，李铁映也委托秘书电话慰问。罗平海将父亲的骨灰安葬在万安公墓，永远地陪伴着李大钊。

回忆罗章龙的著述与生活
——访罗章龙长子罗平海先生

作者（以下简称作）：罗老师，很感谢您能接受我们的采访。罗章龙先生是西北联大的教授，在汉中城固工作过，我们这次采访您，主要是想请您回忆一下罗章龙先生在西北联大工作期间的一些情况。您本人在城固待过吗？

罗平海（以下简称罗）：待过。但是，那个时候我的年龄比较小，我在上小学和初中。

罗平海

作：后来您离开城固以后，再回过城固吗？

罗：没有。因为后来我父亲也不在城固了，他离开城固到四川、西安，然后又回到湖南。

作：当时，罗章龙先生是怎么到教育界来的？

罗：这个说起来话就长了。1931年，中共六届四中全会后，他被王明等人开除党籍，起初还想继续为党做一些工作，但是最后他那一批人中如何孟雄等 23 位同志在"龙华惨案"中牺牲了，北方也牺牲了一大批干部，他也没法做什么了。他先到东北走了一圈，待了一段时间以后，又回到上海，决心开始做一些学术研究。他自己后来曾经说过，想仿效马克思搞学术研究。马克思创建了第一国际，后来被第二国际开除，其后许多年，他在伦敦图书馆潜心研究，著述了《资本论》。我父亲自己也想效法共产主义先哲，以学术研究这种方式，继续为无产阶级的解放事业工作。但在一次去上海商业图书馆时，突然被国民党抓了。这时，我父亲已经离开党三年，和组织上也没有什么联系，国民党还是没有放过他，把他作为共产党领袖逮捕。这件事偶然被一位外国报纸的记者从英国巡捕房探得消息，立即在上海的一份英文晚报透露出来，其他报纸随即相互转载，一时流传开来。事后得知，他刚被抓，蒋介石本想把他就地处决，由于报纸上公开披露，就无法秘密下手了，这也为以后的营救赢得了时间。被捕的消息被我父亲在总工会工作的战友李梅羹知道后，随即通知我母亲，组织营救。李梅羹和父亲是北大的同学，又同是共产主义组织成员。李梅羹亲自到南京去找中央研究院院长蔡元培先生。蔡元培听到后，答应全力设法营救。蔡元培原是北大的校长，和我父亲有师生之谊。他主要通过主持民权保障同盟工作的杨杏佛先生的活动设法营救，经过多方努力，终于在 1934 年下半年，在蔡元培的极力保释下，父亲以无条件保释的方式出狱。

  出狱以后，有人劝他出国，他没有去。蔡元培时为中央研究院的院长，希望他到中央研究院工作。他也谢绝了，父亲的想法是远离政治。恰逢杨丙辰（字震文）先生出任河南大学的校长，杨丙辰教授原为北京大学德文系主任，我父亲在北大先上的是德文预科，后来进入哲学系。父亲上德文预科时，曾翻译德国的名著《茵梦湖》，受到杨丙辰主任的赏识（杨丙辰是我国当时著名的翻译家，翻译过许多德国作家的作品。——编者注），有师生之谊。河南大学有很多北大的同

1935年，罗章龙与长子罗平海在河南时的合影

学,还有北大同学会,经过联系后,杨校长就邀请他到河南大学去。那时,光有校长推介还不行,还得经过学校教授委员会的审批、答辩,他这些方面也通过了,就成为河南大学的教授,教经济学,时值1934年;1935年后,兼任经济系主任。

作:他后来是怎么到西北联大的?

罗:1937年,抗日战争爆发后,河南开封遭到轰炸,战事迫近,河南大学从开封迁往靠近湖北的鸡公山,选址在原张学良的寓所。这个时期比较混乱,河南大学后来又准备迁到更偏远的地方(豫西地区),父亲考虑是否随迁,犹豫之时,刚好河南大学的一个同事从西北发信来,说西北联合大学成立了,希望他能去任教。那时,交通很不方便,他先到了重庆,在重庆耽搁了一段时间,大概是1939年暑假,辗转经成都到了地处陕西南部城固的西北联合大学。当时,西北联大的校长是胡庶华教授,也是留德的,还是湖南同乡。对马克思主义也有些了解。因为这些关系,他能接受我父亲。大致过程就是这样。

作:您父亲是中共早期重要的领导人,后来又是著名的学者,一生留下很多著述。非常感谢您在前两天提供给我们的《罗章龙著述目录》。这么多的著述,我们短时间内还找不齐,更没时间阅读。所以,只好请您给我们介绍一下他著述的大致情况(罗平海老人经过多年积累,整理出了一份完整的《罗章龙著述目录》,采访前通过电子邮件发给我们。该目录囊括了他所找到的罗章龙著作名称,有很高的学术价值)。

罗:从《罗章龙著述目录》上看,他的著作主要分四个时期:第一个时期是1931年以前。那时,他在党中央和全国总工会工作,所写的多是与党的工作相关的文件或政论性文章;第二个时期就是1935年后,在他教书期间,这一阶段的文章主要是学术研究性的论文或专著;第三个时期是新中国成立后到20世纪50年代中期,那时,他也投入到对社会主义经济建设的研究中,写了一些东西;第四个时期是

1947年，罗章龙在西北大学时的全家合影

20世纪80年代初，罗章龙（右）与王鹤寿（左）在北京市原如意胡同

"文革"后，主要是应各级党史研究机构要求所做的回忆和采访。比如，他出版了早期革命生涯的回忆录《椿园载记》等。

作：他在不同时期的著述，有不同的特点吧？

罗：是的，先说第一时期。当时，他在党内主要负责两方面的工作，最初负责宣传工作，1923年"三大"时，他主持中央宣传部工作，参加《向导》的编辑工作。之前主编过中共北方区委的机关报《工人周刊》，第一次国共合作武汉政府时期，他还担任过中共湖北省委宣传部部长，主编过湖北省委机关报《群众》，所以，在这些报刊上发表过不少文章。他在党内从事的第二项工作是负责工人运动的领导，后来（1928年）担任全国总工会的党团书记，全国总工会的委员长等。所以，他这一时期有很大一部分著作是关于工人运动的。1925年，在河南郑州召开全国铁路总工会第二次全国会议。当时，他是铁路总工会的委员长，他把这次会议上的汇报、文件、决议等编写成为一本书，书名是《1925年的铁路工会》。1926年，第三次全国铁路工人代表大会在天津召开，他又将这次会议的文件编为《铁总年鉴》。这本书印出来没多久，就被北洋军阀政府查抄了，如今留存量更少。这两本书可以说是我国铁路工人运动的重要文献，对研究这一时期工运史很有价值。

第二个时期，就是他教书以后写的东西。大致上也分为两部分：一类是经济时事评论，内容很广泛，涉及当时各国经济政策的分析，也包括对国民党货币和工商政策等的评论等，有很多文章发表在西安《正报》上。另一类是专门的学术著作，如在西北联大（后来的西北大学）时写就的《中国国民经济史》。1945年，该书获当时教育部学术审议会奖金，并被列入大学丛书，是中国经济学界最早用现代经济学理念研究中国经济史的代表作。

第三个时期，是新中国成立初期。大学里进行全校性的政治学习，要上这方面的政治理论公共课。当时，湖南大学校长李达和他都是政治课教师,并著述有关讲义;后来为适应社会主义经济建设,他编写了《社会主义国民经济计划原理》一书。

1953年,知识分子思想改造运动开始,加上院系调整,湖南大学经济系并入武汉的中南财经学院,他也随之调动,后来在图书馆担任工作,离开了教学第一线,没有再写什么东西。

作:是的,从《罗章龙著述目录》上看,从1957年到1979年,他几乎没有写过什么东西。

罗:第四个时期是1978年以后,党史研究工作恢复正常,各地党史研究机构对他进行专访,请他回忆早期党的一些工作情况。这一时期,他发表的文章大多和此有关,主要针对20世纪30年代以前,党的事件和人物的回忆,澄清了党史上的一些疑难问题。1980年,在李维汉同志的关心下,他被调到北京,任中国革命博物馆顾问,主要工作是鉴定党的早期文物资料,探访革命旧址和接待各地来访等。

作:从学术分类的角度看,罗章龙先生的著述,大致上也可以分为四类:第一类,政治理论;第二类,哲学;第三类,经济学;第四类,文学翻译。我们注意到,他是中国最早翻译《康德传》的人;在20世纪20年代还亲自参观过康德的故居柯尼斯堡城,可以说,他是中国最早研究康德的学者。他后来还写过《非宗教论》和《全元论》这类哲学研究专著,尤其是《全元论》,是专业的本体论论著。

您对他的哲学研究有什么评价?

罗:他是学德文的,对德国哲学和文学,在学生时代就有很浓厚的兴趣,他读马克思的书,有不少是读德文原版的,他的哲学论述比较专业、深奥,说实在的,我也不太懂。但是,有些哲学专业的学者对其评价还不错。

作:他在经济学上的贡献似乎更大一些。

罗:是的,经济学的文章和专著更多一些。他对中国经济史有自己独到的看法,同时,研究各国的经济体制和政策,写了《近代欧洲各国经济政策》一书和相关论文。来京后，我曾经帮助他整理过《中国国民经济史》，但也主要是校正过去一些印刷上的错误。

作：他在经济学上的主要研究方法是什么？

罗：我觉着他基本的立场和研究方法都是马克思主义的，他是中国最早的马克思主义研究会的成员，在学生时代就接触马克思主义。他在研究中国古代经济史时，自觉地运用了马克思主义的原理，尽管那时是新中国成立前，不好明说，但精神实质是马克思主义的。新中国成立后，与他写《社会主义国民经济计划原理》的思想逻辑是一致的。20世纪80年代初期，他本想把《中国国民经济史》再版，他的学生王雷鸣先生帮助他整理了一遍，托李维汉同志找到湖南的一个出版社，都准备出版了，但正赶上出版社转制，稍有耽搁。再往后，中国开始逐步发展市场经济，大量引入西方经济学。所以，就把这本书压下来，不再出版了。他在经济学研究方法上，坚持马克思主义观点，这是由他的信仰决定的，他终身都是信仰马克思主义的。

作：看来，一位政治活动家的学术研究与政治信仰永远是无法分割的。罗章龙先生首先是位政治活动家，然后才是学者，他的学术研究表达了他的政治信念。所以，我们又不得不回到一个老问题：他这样一位对马克思主义有着坚定信念的人，又怎么会脱离党的组织呢？

罗：对马克思主义理论的信仰和政治境遇是两回事。他脱离党组织的情况比较复杂。1930年，王明从莫斯科回国后，在第三国际的策划下，要全面掌控党的领导权。而我父亲这一批人大多从建党时就参加了革命，工作在基层，而且一直和工人群众在一起，亲历了多次的胜利和失败，深感党的领导关系着革命的成败。据他回忆说，他们从实际斗争中深受当时"左"倾路线之害，眼见革命形势从大革命失败后逐渐复苏，由于"左"倾思想指导，导致许多无谓牺牲，使党在工人群众中的威信下降，党的处境更为艰难。这时，王明以一个缺乏实际斗争经验，只会空谈"理论"的学生，在第三国际的授意下，要来

1944年出版的《中国国民经济史》

执掌全党的领导权，执行比以往更"左"的路线，他们不能容忍。有这种想法的不是他一个人，而是一大批人。这些人都是身受过"左"倾错误领导危害的。由于当时中共中央是第三国际的一个支部，是受第三国际控制的，经费也主要来自苏联的供给。他们需要的是一个听命于他们的党，并不以中国革命的前途为重，并不看重有实际斗争经验的老同志。而我父亲领导的全国总工会，其经费来自基层工会和总部设在欧洲（德国）的职工国际，经济上有一定的独立性。对共产国际的控制和作为，敢于发出不同声音。当然，这场斗争，最后还是失败了。一大批同志在各种"罪名"下被开除出党，随后是遭国民党捕杀，而风流云散。而王明错误路线最终导致"白区党损失百分之百，苏区党损失百分之九十"的历史悲剧。

作：我们从别的地方看到介绍说，罗章龙先生还参与了"西安事变"的策划。您是否了解他的这一段经历？

罗：那是我父亲在河南大学任教时期的活动，我也是从别人的文章中看到的。

作：在西北联大时期，他和中共地下党是否有联系？和西北大学的左翼教授们联系是否密切？

罗：这一时期和中共地下党没有组织上的联系，和西北大学的左翼教授们好像也没有多少联系。毕竟他以前曾是共产党的领导人之一，国民党方面对他还是不放心，我想暗中监视的事情，可能也是有的。在我的印象中，他和同事的交往不是太多，一天到晚埋头做学问，闲暇时会带我们参观陕南的名胜古迹，给我们讲一些历史故事。当时，在西大就有人评价我父亲是一个"书呆子"。

作：您对在城固时期的生活还有哪些印象？

罗：在城固西北联大时期，是我父亲学术研究上最投入、也最有成果的时期。那时，他精力旺盛，全力以赴地投入教学和著述。在城固，生活水平较低，很多教授除了教书外，还搞副业。比如，有的买田地，还有的搞运输。我父亲什么也不干，只是埋头做学问。

抗战时期，日本人轰炸后方比较厉害。汉中也遭到轰炸，城固虽然还没有遭到轰炸，但是，躲警报是常有的事，记得我们每天晚上五六点钟就把饭吃完了，然后等到警报来了，全县城人就会跑到城外田埂、树下躲警报，差不多 11 点多的时候，警报才会解除，也困得不行，走不动了，才能回家，每天晚上如此。每天都得把重要的东西准备好，随时准备跑。对父亲来说，最重要的就是讲义，那时候，全是手写稿，还没印出来，很大一捆，有时候我也帮忙背，对父亲来说，其他的什么都可以不带，讲义是必须随身带的。此外，在城固这段时间，他还写了一些诗。他住的独院，起得比较早，睡得比较晚，他从城里到法商学院要走很远的路，穿着长袍每天早出晚归，整天风尘仆仆的，饭都是在学校里吃的。

1940年以后，通货膨胀。因为担心货币贬值，每年夏收时候，他就到集市上去买大量的谷子和麦子，存起来，足够吃一年。每日三餐，我继母就拿一口袋谷物去磨坊换面粉回来，真是以物易物。

作：您继母叫什么名字？她是什么时候到你家的？有资料上说，她就是城固人，是什么家庭出身？受过教育吗？

罗：我继母是汉中城固人，叫张可南，是普通人家出身的，好像受过小学教育。她是1942年以后和我父亲结婚的。那时，我已经上中学了，一直住校。1946年以后，我出去上学、工作，也没在家里待，所以，和继母交流较少。她是1976年去世的。

作：那您的亲生母亲，也就是罗章龙先生原来的夫人的情况呢？

罗：我母亲叫刘炎（也有的地方写成刘鄢），她是湖南安化人，早年在周南女中上学，她和向警予同期参加党的工作。曾经担任过湖南锡矿山党的书记、工人纠察队长。湖南"马日事变"后，党组织遭到破坏，她只身突围来到长沙，接着参加了秋收起义，在秋收起义时与我父亲认识结合的。她后来在全国总工会女工部工作，常在《中国工人》上发表有关罢工斗争的文章。六届四中全会后，也受到牵连，脱离了党组织，随我父亲至河南。之后，两个人之间产生了矛盾，我母亲不愿守在家里当家庭妇女，她想继续做社会工作，就离开了我父亲到上海。她开始是在一个职业学校教书，七七事变后，参加抗日救亡工作。上海沦陷后，经香港辗转到了长沙，在长沙市的某伤兵医院工作。那时，她一直把我带在身边。后来她工作日益繁重，长沙的伤兵医院要迁往武汉，不能再带孩子，就把我送进了战时儿童保育院，后来保育院迁到了湘西永绥。

作：那您又是怎么到的城固？

罗：武汉失守后，我母亲转赴重庆，偶遇我父亲。我父亲得知我的下落后，出资由我母亲去湘西把我接出来。那是很艰难的。当时，湘西的土匪很多，经常在公路上设卡，拦截过往车辆，我们绕道贵州，费尽周折，才到重庆。她接着就离开了，我则随父亲到了城固。

作：那您母亲后来的情况呢？

罗：后来的情况，我就不清楚了，再也没有联系过。现在湖南安化县党史委好像有些关于她的资料，我看网上还有个"刘炎"纪念馆。

作：在日常生活中，您父亲是一个什么样的人？对您要求严格吗？

罗：他性格倔强，对己对人要求严格。他这个人对信念很执着，生活上安于清贫、朴素，对名利看得很淡。他对我要求也比较严格，小时候每逢假期，他都会把我关在屋里，要我背诵他指定的诗词文章，背不出不许玩。我很贪玩，周围有一群小玩伴，但他没为此事打过我的手板。

作：从资料上看，您也曾经在西北大学上过学，算是西大校友。

罗：是的，在城固时，我先上的是西北师范学院的附中，你们说过的郁士元教授的儿子郁协平是我在附中的同学。1947年，我高中二年级暑期回到西安。暑期后，西大招生时，我父亲让我以同等学历考西大法商学院，我以试一试的态度，报考了商学系，不承想居然考上了，为该系第一名，有奖学金。我父亲就坚持让我上西大，我在中学喜欢数理化课程，对商学或经济学科一无所知，但拗不过他的意愿，就上了西大。但是，后来我父亲去了湖南（应湖南大学校长，曾任西北大学校长的胡庶华邀请，罗章龙1947年被聘为湖南大学教授。——编者注）。我还是按自己的志趣，复学高中，改考了川大物理系，后来在大学教物理。

作：感谢您接受我们的采访。

（李寻、童言采访整理）

名士内外
——西北联大教授许兴凯的学术及精神世界

□ 高　远

一

西北联大诸教授中，许兴凯大概是最富有名士范儿的一位！

许兴凯，1900 年出生于北京，蒙古族，1952 年病逝于西安，一生经历复杂丰富，颇具传奇色彩。

他是名师，1926 年毕业于北京师范大学；1929 年，被北平大学聘为教授，主讲日本史；1931—1934 年，担任天津法商学院政治系教授、北京师范大学社会学讲师、北平大学法学院政治学讲师，以及燕京大学新闻系教授；1938 年，任西北联大教授，讲授日本史和中国政治制度史；抗战结束及新中国成立后，继续任教于西北大学，直至去世。非常有意思的是，许兴凯在大学所学的是理化专业，但后来，他讲授的却是政治和历史。他口才很好，知识丰富，思想活跃，故事、典故、段子信手拈来，以至几十年后，当年听过他课的西北联大学生还能原原本本复述出他在课堂上的"奇谈怪论"。还有学生这样作诗调侃他："生成子羽相，却富无盐才。疯语满乐城，自称摩登来。"

他是当时的当红作家,著有《太太的国难》《摩登过节》《明清演义》《县太爷》等著作。其中,长篇小说《县太爷》曾在《大公报》连载,轰动一时。据说,其声名之高,犹在《三毛流浪记》之上。

不过,这位名作家的形象却让人不敢恭维,他身材矮胖,不修边幅,走起路来像鸭子一样摇摇摆摆,长相方面有点像老太婆,而且满脸麻子。或许正是为了自我解嘲,他在发表《县太爷》等小说时,用的笔名即为"老太婆"。

许兴凯

他是名学者,日本问题研究专家,著有《日本帝国主义与东三省》《日本政治经济研究》等著作,本文稍后会详细介绍他的这两本著作。

他是当时的新闻界名人。许兴凯年轻时曾参与过《新青年》的具体工作,担任过《晨报》的编辑;1928年,许兴凯应少帅张学良之邀,前往沈阳担任《新民晚报》的主笔,因为他敢骂日本人,报纸销量很好;西北联大城固时期,许兴凯还主办了一份《城固报》,亲自写了不少文章。

由上所述可看出,许兴凯确为当时社会名流,既为名流,加之自己性格的原因,于是便演绎出了不少的名士行为。

其一,好客,讲排场,讲究吃。据许兴凯的儿子许继昌先生回忆,父亲在北京时经常请客,而且请客地点都是当时北京的大馆子,如全聚德、东来顺等,自然也有很多人回请他。到了城固后,当地有位名叫王晓康的乡绅,慕许兴凯之名,经常请许兴凯吃饭,逢年过节还要给许兴凯送土特产。

其二,参与社会热点问题讨论。许兴凯曾参与"国山"问题的讨

许兴凯著作《日本帝国主义与东三省》

许兴凯著作《日本政治经济研究》

论。1933 年，他写成《泰山游记》一书。其中，在第三篇《讲演泰山》中，记述了他在泰安县立师范传习所对来泰山修学旅行的东北中学学生军的讲演，提出了"泰山可以代表我们中国"，被认为是近代倡导泰山作为中国"国山"的先声之一。城固时期，许兴凯经常应邀到民众大礼堂做演讲，颇受当地市民、职员和学生的欢迎。

其三，捧名角。在北京时，许兴凯是京剧四大名旦之一程砚秋先生的"铁杆粉丝"。每次程砚秋登台亮相，许兴凯即带头领着一大帮子"粉丝"大声叫好，演出完毕后，又到后台看程砚秋卸妆，一起去吃消夜。第二天，还在报纸上写程砚秋昨晚演出的剧评文章，极尽吹捧之能事。许兴凯自己也能唱京剧，在当时是北京城里著名的票友。

1951 年，程砚秋赴新疆进行考察工作，路经西安时，专程去西北大学许兴凯的寓所看望了许兴凯。

其四，狂放不羁。许兴凯的儿子许继昌先生这样回忆父亲："许兴凯教授'其貌不扬'，日常生活放荡不羁，平时不修边幅，旁若无人，不管不顾，沿街唱歌唱戏，自以为乐。他最喜欢的歌，最爱唱的歌，至今我仍记住歌词的那首是：'向前走，别后退，生死已到最后关头。同胞被屠杀，土地被强占，我们再也不能忍受，我们再也不能忍受。'……有时，唱得高兴了，还手舞足蹈起来，起初路人还以为我父亲是神经病患者，后来时间长了，唱得多了，也就不以为然。大家都知道，这位唱者不是神经病，而是西北联大的教授，并且传说着就是笔名为'老太婆'者。"

也许因为许兴凯经常狂态毕露，行为举止怪异，造成了很多事情以讹传讹。比如，笔者就曾见到有人著文说，许兴凯经常在家做红烧肉吃，当以此求证于许继昌先生时，他断然否认说，我父亲从来不做饭，更不会做红烧肉。

其五，摆摊说书。这是许兴凯在西北联大流传最广的故事，西北联大在城固后期，有一段时间，许兴凯在校门口支了一个摊子，说起

西北联大法商学院城固办学旧址,"回"字型建筑,建于1914—1917年间,上下两层63间约2400平米

了评书,《三国演义》《水浒传》之类的。为何这么做,坊间传言是他对待遇不满,以此进行抗议。不过,据许继昌先生讲,当时他家里经济条件尚可,父亲不会因为生活原因而去说书,而且,也不是出于政治原因,至于究竟为什么,他也说不清楚。笔者认为,许兴凯说书,可能真的没有什么具体的原因,而是天性使然,在表达某种情绪而已。当然,不管怎么说,在常人看来,这种行为都是挺怪异的!

其六,开堂坐诊。许兴凯原本不懂中医,后来患上了高血压,到城固后,自己摸索着给自己治病,开始研究起了中医,还写成了《巴山采药记》一书,在《城固报》上连载。家人生病了,都是他开方子抓药治病。某次,夫人腿上长了一大片疱疹,许兴凯遍查药书,终于找到一个偏方,将韭菜捣烂,敷于患处,几个月后,竟治好了夫人的病。许兴凯懂中医之名传出后,前来就诊者渐多,他也来者不拒,热情接待,开堂坐诊。当然,全都是免费的。

二

以上笔者讲述了许兴凯的名士范儿。看起来，许兴凯是一位很超然的人物。实则不然，许兴凯的一生中，和政治渊源颇深，经历复杂，他陷入其中，冷暖自知。

中国共产党的先驱李大钊是第一位在政治上给许兴凯影响的人物。前文讲过，许兴凯曾在《新青年》参与过具体工作，推荐者即为李大钊。1920年，许兴凯考入北京师范大学。此时，李大钊正在筹建中国共产党。同年3月，组织了"马克思学说研究会"，许兴凯是成员之一，他还担任了北京高师社会主义青年团支部书记。

1922年，许兴凯又担任了北京高师中共支部书记。1922年春，许兴凯介绍楚图南加入了中国社会主义青年团，并特意领他拜访了李大钊。1922年12月，许兴凯创办《教育新刊》。1923年，又以北京高师教育革新社名义创立以促进劳动阶级觉悟为宗旨的劳动学校。可以这么说，一直到1926年，许兴凯从北京师范大学毕业，他一直在李大钊的领导之下，从事马克思主义的革命宣传活动。

1927年，李大钊遇害，对许兴凯影响很大，新中国成立后，他在自传中这么写道："本人因胆小，退出了实际政治运动，而走专门教书著作之路。"

然而，实际情况则并非如此。许兴凯并没有完全脱离政治活动，也没有走专门教书著作之路。

1927年，许兴凯任北京三中校长兼北京市教育局督学，教师中有一位名叫张苏的革命家（后担任过最高人民检察院副检察长），1928年，当局要抓捕张苏，许兴凯让张苏装扮成人力车夫离开了学校。1928年，许兴凯应张学良之邀，前往沈阳担任《新民晚报》主笔。张学良为什么要请许兴凯，笔者没有看到相关史料说明。但至少可以说

1951 年历史系师生合影（二排左一林冠一、左二许兴凯、左三陈直、左六陈登原、左八侯外庐、右五岳劼恒）

明，许兴凯与张学良有着不浅的交往。正是在沈阳期间，许兴凯开始着手《日本帝国主义与东三省》一书的写作，意在揭露日本侵吞中国的野心。这是学术行为，但从另一个角度，也可以解读为政治活动。

1930 年，《日本帝国主义与东三省》一书出版，后被翻译成了日文，许兴凯已然成为日本问题研究专家，还被国民政府请到庐山做过讲演。1934 年，许兴凯东渡日本留学，不知是否与此有关，目前尚无史料证明。

与此同时，许兴凯与中国共产党并没有失去联系。据相关史料披露，1931 年，原中共中央特科重要领导人顾顺章叛变革命后，陈赓离开上海，秘密抵达天津，指示老地下党员吴成方成立"北京特科"，吴成方在当时的上层知名知识分子中物色了一些人为"北京特科"工作，其中就有许兴凯。至于许兴凯在"北京特科"到底做了什么工作，笔者至今尚未查阅到相关史料。

1937 年，许兴凯自日本回国。蒋介石在庐山召集部分大学教授、学者、名流等"商讨国是"。

这期间，蒋介石问许兴凯想干点什么时，许兴凯说，想了解了解基层政治情况。同年，许兴凯走马上任河南滑县县长。1938年，滑县沦陷于日军之手。许兴凯逃离滑县，最终辗转来到了城固，任教于西北联大。在此期间，他还在第一战区司令部挂了个"少将参议"的虚衔。

新中国成立后，曾经研究过马克思主义学说的许兴凯曾宣称"我的时代到来了"，他也的确在西北大学开设过"马列主义理论"等课程。1952年，思想改造运动开始，许兴凯是被改造对象之一。这一年，他因脑溢血病逝于西安。

三

在学术研究方面，许兴凯的主要方向是日本问题研究和教育学研究。在日本问题研究方面，其研究著作主要包括《日本帝国主义与东三省》《日本政治经济研究》和《日本学术界及学术机关》等。其中，《日本帝国主义与东三省》自1928年开始收集资料做准备工作，到1930年由上海昆仑书店出版，此后还被松浦珪三翻译成日文在日本出版。全书分为政治编、铁路编和经济编三大部分，分别详述了日本在中国东北的殖民政策、司法、行政、驻军、邮电，以及教育经营，中、日、俄三国铁路的历史、现状、价值及相互关系，和日本对东北的原料掠夺，以及中国将来的抵制方法和出路等；《日本政治经济研究》1932年由百城书局出版，全面讲述了日本资本主义经济的产生、发展和没落，以及日本法西斯运动的情况；《日本学术界及学术机关》1936年由国立北平研究院出版。

近代中国对日本的研究出现过两次高潮。第一次，是中日甲午战争前后，第二次，是20世纪30年代抗日战争前后。为了说明许兴凯的学术水平和在当时的学术地位，我们不妨拿当时另外两位日本研究专家及著作，来和他做一些对比分析，分别是戴季陶的《日本论》和蒋百里的《日本人》。

从时间上来讲，戴季陶的《日本论》撰写于1927年至1928年间，并于1928年由上海民智书店出版。蒋百里的《日本人》撰写于1938年，在《大公报上》连载，和许兴凯撰写其日本问题著作的时间相差不大。可以这么说，许兴凯是20世纪30年代研究日本最早的专家之一。

从个人身份及经历来讲，戴季陶是国民党元老，曾在日本生活过4年时间，后来又作为孙中山先生的日语翻译和机要秘书，参与了孙中山在日本的一切活动，和日本政界的一些重要人物有过直接交往，还和其中一些人有着不浅的交情。

蒋百里是民国时期著名的军事理论家和军事教育家，曾留学日本陆军士官学校，和张孝准、蔡锷并称为"士官三杰"。抗日战争中，蒋百里是中国国民政府对日作战计划的主要设计者之一，除著有《日本人》之外，还著有《国防论》。

相比前两位，许兴凯没有他们显赫的政治背景和地位，在出版《日本帝国主义与东三省》和《日本政治经济研究》两部著作之时，他还没有到过日本。

正是由于个人身份与经历的不同，导致了各人的日本研究著作呈现出不同的文风和面貌。戴季陶的《日本论》既有纵深的历史叙述，又有横截面的政治人物介绍，以及这些人物与自己的交往过程讲述，优美如同散文。由于他往往把历史叙述与人物介绍结合在一起，不仅生动传神，富有故事性，而且呈现出了历史丰富复杂的一面，可读性非常强。此外，还可看出，他对日本，真是"又爱又恨"啊！

蒋百里的《日本人》则呈现出抗战时期一名军人的特点，往往只列提纲，短促简洁，如同匕首投枪，说的都是抗战最紧要的话，他在文章最后这样说道："胜也罢，败也罢，就是不要同他讲和！"如此铿锵有力的话，既表明了自己的态度立场，又表达了他对日本的深刻理解，毛泽东主席在《论持久战》一文中即引用了这句话。

而许兴凯呢，由于当时没有日本生活的经历，所以对日本的理解没有戴、蒋两人那么复杂、深刻，体现出单一但却执着的特点。与戴季陶对日本的"又爱又恨"相比，许兴凯将日本当作了一个完全的敌对国，所有的研究都是为了要找到对付它的办法。

在《日本帝国主义与东三省》一书的"自序"中，许兴凯这样写道："研究中国近年政治，不能离开对日本的关系，而研究中日关系，不能离开满蒙关系。满蒙在国际上的重大意义如此。"

在《日本政治经济研究》一书的"序"中，他更是这样写道，"中国的需要明瞭日本，是人所共知，尤其是九一八日本帝国主义最终而最凶地向中国发起进攻以后"，"日本帝国主义永远和中国革命相敌对，无论是过去资产阶级的民主革命，或是发展中无产阶级的社会革命"。

而戴季陶则是这么说的："我劝中国人，从今以后，要切切实实下一个研究日本的功夫……要晓得他的过去如何，方才晓得他的现在是从哪里来的。晓得他现在真相，方才能够推测他将来的趋向是怎么样的。拿句旧话来讲，'知己知彼，百战百胜'，无论是怎样反对攻击他，总而言之，非晓得他不可。"

两者对比可看出，虽然戴季陶和许兴凯的最终目的都是为了对付日本，但许兴凯的言语要直接得多。当然，这和两人的身份、地位不同有关，戴季陶是政治家，说话著文要考虑政治影响，所以，更加谨慎。许兴凯更多的是一位学者，所以，说话则要口无遮拦得多。

整体风格上，许兴凯的研究著作朴实无华，大量统计图表的罗列是其重要特点，如《日本帝国主义与东三省》一书中，图表就多达250余幅，这还是在出版时经许兴凯删减过的结果。这些图表均是许兴凯和助手参阅中、日、英报刊整理而成的。图表多，自然会减少可读性，好处却是直接，一目了然，富有资料性。

但是，这并不是说，许兴凯的学术著作缺少个性特征。相反地，其著作中处处可见许兴凯的个人特点：

其一，运用了马克思主义的观点来分析问题。这一点，在他论述日本帝国主义的产生、发展，以及没落的过程中体现得尤为明显，这是他早年研究马克思主义学说给他的深刻影响。

许兴凯认为，日本帝国主义终究会走向灭亡的，这是由其本质特点决定的，这样的论述在《日本帝国主义与东三省》中随处可见。

比如，在"政治编"第五节"殖民政策果有效乎"中，他就这样写道："日本帝国主义到了绝境，继续出演的便是战争了！战争的结果，推测怎么样呢？以日本国家的富力，担任目前的巨大军费（每年约四亿左右，占全国总支出的三分之一以上）已经受不了，战事若继续数年，恐怕就陷入德国第二的地位。更何况尚有无产阶级的革命运动乘虚而起。这悲惨的结局，就是日本所谓的'国是'，满蒙殖民政策的政策最终成绩。"

其二，富有远见。比如，上文他对日本殖民政策的论述便是。对此，他还有过更精彩的论断："日本对东三省的殖民政策，不止是无用，并且是危险得很，至少也有八九分的亡国可能。日本舍南进政策极力向大陆经营，以为可以免除和英美等国家冲突，其实这北进政策又何尝不与英美等国家冲突。"事实证明，许兴凯的这种评估还是很准确的，日本本土后来遭到美国原子弹攻击，差点儿真亡了国。在《日本帝国主义与东三省》的"自序"中，许兴凯说："在将来日美战争开始，日本或将更进一步，占领满蒙亦未可知。"果然，一年之后，九一八事变爆发，日本完全占领了中国。

在比较日、美等帝国主义国家对中国进行文化侵略时，许兴凯认为，日本和美国都采取了拉拢、培植中国留学生的做法。比如，日本甚至鼓励日本女人嫁给中国留学生，因为这些留学生回到中国后，会在中国政治上占据重要地位，其最终目的是利用这些留学生，达到控制中国的目的。许兴凯接着这样比较日、美文化侵略的不同之处，他认为，当时日本留学生的影响力已不及美国留学生。他这样论述道：

"美国在中国势力已经达到了全盛时期,这是必然的,由美国学校出身学生在中国势力日渐膨胀,可以看出来。我们眼看着美国煤油大王、汽车大王等等过剩商品,要向中国输入,过剩资本要投到中国,美帝国主义者将继续于日本、英国之后在长江南北大放异彩。这太平洋对岸大钓客所用的香饵就是出产在鱼腹中的庚子赔款。浅视的帝国主义者都吞下去了,美国却用以上钩,二十余年后结果便大不相同了。'百年之计树人',帝国主义者也得了这个秘诀。"

读这段文字,笔者既佩服许兴凯的远见卓识,又倒吸一口凉气。他说的是当时的情况,又何尝不是我们现在所面临的情况呢!今天,美国的文化、观念等等,正披着先进文明的外衣,侵入我们国家的思想、科学、生活等各个领域,美国对中国的文化侵略政策实际上从来没有改变,一直以可怕的耐心在布一个大局。许先生几十年前的提醒真是值得我们好好反省!笔者读这段文字时,还有另一个很深的感触:许兴凯毕竟是文学家,即便是在整体风格朴实的学术著作里,也展露出了他作为文学家的良好直觉和才华,针砭时弊,一针见血,颇有鲁迅之风。

其三,提出了对付日本殖民主义的办法。《日本帝国主义与东三省》的"铁路编"中,许兴凯念念不忘、一直呼吁中国应该在东北地区完善自己的铁路系统和吞吐港,以对付日、俄的掠夺。他这么分析道:"东三省的国际铁路分为三个大系统:一个是日本的南满铁路系统及其吞吐港:大连;一个是俄国中东铁路系统及其吞吐港:海参崴港;一个是中国的北宁铁路系统及其吞吐港:葫芦岛港。可惜,中国的葫芦岛开港尚未成功,所以中国的铁路系统还不能成立,中国的北宁、奉海、大同等铁路不过是日本的南满铁路的营养线,因为没有自己的吞吐港,所运输货物的出口或入口终必经大连,也就是终必经南满铁路。所以东三省的铁路竞争,事实上仅是日俄两国的南满和中东铁路及其附属的吞吐港:大连和海参崴的竞争而已。"

许兴凯的意思非常明白，也就是说，中国只要建立起自己铁路系统的吞吐港，就能对抗日俄两国的铁路竞争。不得不说，这种见解具有远大的战略眼光，但结合当时的实际政治局面来看，却未免有些天真。因为日本帝国主义根本不会给中国竞争机会，九一八事变后，日军全境占领东北，为了把从东北掠夺来的大量物资财富和资源运往本土，他们决定重建中国政府自1910年以来一直建设未成的葫芦岛港，至1940年已完成了大部分工程。葫芦岛港真正为中国政府所用，是在新中国成立之后，先是作为重要的军用港口，1960年，渤海造船厂建成投产，又成为中国船舶工业的重要基地。1984年，葫芦岛港对内开放，2000年，宣布正式对外开放，成为国家一类口岸。

四

许兴凯在学术研究方面的另一个方向是教育学的研究，集中在他的青年时期。1922年，许兴凯将西方关于"智慧测量"这一方法引进中国，出版了《智慧测量》一书。1925年，美国"道尔顿制"创始人柏克赫斯特来华游历演讲。

同年，许兴凯出版了《柏女士讲演讨论集》一书，介绍了柏女士的"道尔顿教学法"。所谓"道尔顿教学法"，就是在学习中强调学生的兴趣，让学生知道自己的兴趣之所在，向自己的兴趣靠近，老师在教学中，将有相同兴趣的学生集中在一起共同学习、共同讨论，互相进步，老师仅是指导。在中国教育面临改革的今天，许兴凯所引进的"道尔顿教学法"很有价值，值得深入研究。

五

总结一下许兴凯的学术成就：

其一，许兴凯是一位爱国学者，针对日本对中国的殖民主义侵略，他痛心疾首，大声疾呼反抗，拳拳之心可见。

其二，许兴凯研究的是实学、时学，即在特定的时期下，研究现实问题，以便找到相应的解决方法。在中国面临日本全面侵略的情况下，许兴凯研究日本问题，是为了找到对抗日本的方法。他把自己的命运与祖国紧紧连在了一起，体现了一位学者的良心与责任感。有意思的是，抗战全面爆发后，许兴凯反倒再没有系统研究日本问题。笔者推测，可能许兴凯认为，既然中日双方已经全面开打，此时需要的是战场上你死我活的拼杀争斗，而不是学术上的研究对策。

其三，在日本问题研究上，许兴凯与戴季陶、蒋百里在同一个水平层次上，尤其是他的远见卓识，具有非凡的穿透力。他提出的很多问题，在今天仍然具有重要的现实意义。

那么，与戴季陶和蒋百里著作流传于后世相比，为什么许兴凯的学问却在很长一段时间里湮没无闻了呢？

首先，与大环境有关。许兴凯最重要的一个身份是西北联大的教授，由于复杂的历史和现实原因，西北联大在很长的一段时间里湮没无闻，许兴凯作为西北联大的教授，其人其学问被遗忘，并不意外。

其次，在个人地位上，许兴凯没有办法与戴季陶和蒋百里相比，或者说，后者的学问得以流传，很大程度上依赖于他们是著名的政治家或军事家的身份，人们因为关注他们的人，随之才关注了他们的学问。

最后，也与许兴凯学问的特点有关。许兴凯的学问是"实学"，重要的特点是统计图表的罗列，在当时具有现实参考价值，时过境迁，就只具有文献意义了。尽管在其中，他有非常深刻的见解，但是，也随着人们对那些图表的遗忘，一起被忽略了。

六

以上笔者分别从名士、政治活动家、学者三个方面描述了许兴凯，那么，就产生了一个问题：哪一个才是更真实的许兴凯呢？

答案是：都是真实的许兴凯！离开哪一方面，都构不成他这么一位完整的人物。而且，许兴凯的三重身份，建立在一个共同的基础之上：天性上的激情、骨血里的冲动。他的名士做派，他在政治上的奔走，以及潜心于学问，都离不开这个根本。

从一生经历来看，许兴凯或许并没有特定的政治立场，他与共产党、国民党，以及国民党各派之中，都有过交往，而且关系平衡得很不错，更多的可能，不是因为他圆滑，而是天性在起作用，他把握住了一个大原则：即做对国家和民族有益的事情。早年，他参加共产党的活动，是出于自己救国救民的天性里的热血翻腾；后来，他研究日本问题，同样是为了挽救民族危难。总之，他就是这么一位依本性做事之人！

当然，我们后人评价一位历史人物，总会有各自不同的审美取向或者价值判断。就笔者而言，最先接触的许兴凯，是那位狂放不羁的名士，还有他那个多少有些可笑的形象，觉得他真是一位好玩之人，及至后来读他的学术著作，另一个许兴凯的轮廓便在脑海中浮现并清晰起来：庄重、严肃、睿智。渐渐地便忘了他原来的形象。因此，笔者要说：要真正了解一位学者，还是应该认真读他的学术著作，那是他的灵魂的栖居之地！

文章最后，再简略介绍一下许兴凯的家庭情况：许兴凯的夫人是清朝旗人的后代，与许兴凯育有五个子女，大儿子许继武，大女儿许继英，二儿子即许继昌，三儿子许继盛，别名江户，为了纪念他出生于日本江户，最小的儿子许继业则出生于汉中城固县。